CULTURA DA CRISE
E SEGURIDADE SOCIAL

Dados Internacionais de Catalogação na Publicação (CIP)
(Câmara Brasileira do Livro, SP, Brasil)

Mota, Ana Elizabete
    Cultura da crise e seguridade social / Ana Elizabete da Mota. –
7. ed. – São Paulo : Cortez, 2015.

    Bibliografia
    ISBN 978-85-249-2320-3

    1. Assistência social – Brasil 2. Brasil – Política social 3. Previdên-
cia social 4. Previdência social – Leis e legislação – Brasil 5. Seguro
social – Brasil I. Título.

15-00488
                                                  CDD-34:368.4(81)

Índices para catálogo sistemático:

1. Brasil : Previdência social : Direito previdenciário   34:368.4(81)
2. Brasil : Seguridade social : Direito previdenciário   34:368.4(81)

Ana Elizabete Mota

CULTURA DA CRISE
E SEGURIDADE SOCIAL

7ª edição
1ª reimpressão

CULTURA DA CRISE E SEGURIDADE SOCIAL
Ana Elizabete Mota

Capa: de Sign Arte Visual
Preparação de originais: Irene Hikishi
Revisão: Maria de Lourdes de Almeida
Composição: Linea Editora Ltda.
Assessoria editorial: Priscila Florio
Coordenação editorial: Danilo A. Q. Morales

Nenhuma parte desta obra pode ser reproduzida ou duplicada sem autorização expressa da autora e do editor.

© 1995 by Autora

Direitos para esta edição
CORTEZ EDITORA
Rua Monte Alegre, 1074 – Perdizes
05014-001 – São Paulo – SP
Tel.: (11) 3864-0111   Fax: (11) 3864-4290
E-mail: cortez@cortezeditora.com.br
www.cortezeditora.com.br

Impresso no Brasil – fevereiro de 2017

A Marliete Mota.
A André, Nina e Arnaldo, pedaços de mim.

Sumário

Siglas 9

Prefácio 11

Apresentação 19

Introdução 25

CAPÍTULO I — Crise econômica e constituição de hegemonia . 53
1. As mudanças na ordem econômica mundial 53
2. Crise e reestruturação produtiva 71
3. Crise e consenso hegemônico 86

CAPÍTULO II — A cultura política da crise dos anos 80 97
1. O debate sobre a crise 97
2. A cultura da crise no Brasil 111
3. Os eixos da cultura da crise no Brasil 120

CAPÍTULO III — A seguridade social em tempo de crise 131
1. A trajetória da seguridade social: da experiência fordista-keynesiana à flexibilização neoliberal 131

2. As particularidades da seguridade social brasileira
no pós-64 153

3. A ação política dos empresários e dos trabalhadores e
o percurso da seguridade social nos anos 80 168

CAPÍTULO IV — Ideário da reforma: o cidadão-pobre,
o cidadão-fabril e o cidadão-consumidor 177

1. A hegemonia nasce na fábrica 177

2. A proteção social na empresa privada: o ideário
do cidadão-fabril 184

3. As propostas para a seguridade social na era da produção
flexível: a formação do cidadão-pobre e do
cidadão-consumidor 201

3.1 *Da crise da previdência à revisão constitucional* 205

4. As propostas do grande capital 216

4.1 *O pensamento da Fiesp* 216

4.2 *O pensamento da Febraban* 219

4.3 *O pensamento do Instituto Liberal* 221

5. As propostas dos organismos internacionais 225

5.1 *Fundo Monetário Internacional, Banco Mundial e Banco
Interamericano de Desenvolvimento* 225

6. A proposta dos trabalhadores 235

6.1 *O pensamento da Força Sindical* 235

6.2 *O pensamento da CUT* 237

Considerações finais 245

Referências 261

1. Obras e artigos de revistas 261

2. Fontes de pesquisa 274

Siglas

ABRAPP	Associação Brasileira das Entidades Fechadas de Previdência Privada
BID	Banco Interamericano de Desenvolvimento
BIRD	Banco Interamericano para Reconstrução e Desenvolvimento
CAP	Caixa de Aposentadorias e Pensões
CEE	Comunidade Econômica Europeia
CEPAL	Comissão Econômica para América Latina e Caribe
CLT	Consolidação das Leis do Trabalho
CNPS	Conselho Nacional de Previdência Social
COFINS	Contribuição sobre o faturamento das empresas
CUT	Central Única dos Trabalhadores
FEBRABAN	Federação Brasileira de Associações de Bancos
FGTS	Fundo de Garantia por Tempo de Serviço
FIESP	Federação das Indústrias do Estado de São Paulo
FINSOCIAL	Fundo de Investimento Social
FMI	Fundo Monetário Internacional
FUNRURAL	Fundo de Assistência ao Trabalhador Rural
IAP	Instituto de Aposentadorias e Pensões
IBGE	Instituto Brasileiro de Geografia e Estatística

INPS	Instituto Nacional de Previdência Social
INSS	Instituto Nacional de Seguro Social
IPEA	Instituto de Pesquisa Econômica Aplicada
MPAS	Ministério da Previdência e Assistência Social
MPS	Ministério da Previdência Social
MTPS	Ministério do Trabalho e Previdência Social
OCDE	Organização para Cooperação e Desenvolvimento Econômico
ONG	Organização não Governamental
PASEP	Programa de Formação do Patrimônio do Servidor Público
PIB	Produto Interno Bruto
PIS	Programa de Integração Social
PND	Plano Nacional de Desenvolvimento
PPS	Partido Popular Socialista
PSB	Partido Socialista Brasileiro
PSTU	Partido Socialista dos Trabalhadores Unificados
PT	Partido dos Trabalhadores
PV	Partido Verde
SENAI	Serviço Nacional de Aprendizagem Industrial
SESC	Serviço Social do Comércio
SESI	Serviço Social da Indústria
SRS	Seguro de Riscos Sociais
UBE	União Brasileira dos Empresários
VRS	Valor de Referência de Seguridade

Prefácio

A sociedade capitalista vem, ao longo das últimas décadas, atravessando uma série de modificações que tem chamado a atenção de pesquisadores e políticos. Anuncia-se que, ao estarmos vivendo a terceira revolução industrial, o trabalho, no seu sentido clássico, não tem mais significado. Atribui-se à tecnologia toda essa imensa transformação. Mas, afinal, é a sociedade do trabalho que perece ou se trata de quebrar o trabalhador coletivo e/ou os coletivos de trabalhadores e, com eles, as suas sociabilidades? Como se deu esse processo?

O Capital subordinou o Trabalho, real e formalmente. *Superou* o trabalhador artesanal pelo moderno operário fabril. Concentrou trabalho e capital no processo produtivo. A história sob o capitalismo aparece como a *história do capital*, das técnicas, da produção e nunca do trabalho. As forças produtivas do Trabalho aparecem como forças produtivas do Capital. Este, aparece como natural, eterno, imutável e, cada vez mais, progressista. Aparece como negação da historicidade do trabalhador. Tudo se passa no interior do círculo do capital: o trabalho parece não ter vida própria. *A ordem do capital aparece,* hic et nunc, *como a liberdade de todas as classes*. No entanto, nesse processo, esse trabalhador, contraditoriamente, se transformou em um ser coletivo. À perda (relativa) da sua autonomia, acrescenta (ou pode acrescentar) uma qualidade nova: ele é a força produtiva por excelência.

Atomizado, ele aparece, no processo do capital, como indivíduo. Essa condição é básica para ocultar sua situação. O trabalhador e o capitalista aparecem como indivíduos. É exatamente essa semelhança que permite torná-los "idênticos": todos são iguais perante a lei. Nas formações sociais capitalistas, *a opressão e a exploração se encontram fundidas, sob a aparência da liberdade e igualdade de todos*. Na sua luta cotidiana o trabalhador — como coletivo — construiu sua identidade, ainda que parcial. Construiu-se, nessa luta e por ela, não obstante tudo, uma experiência socialista.

Paralelamente a essa experiência, o Capitalismo viveu sua mais importante crise: a dos anos 30. Crise orgânica do Capital, ela viabilizou/tornou necessário um conjunto de medidas de contratendência que tratou de conduzir/reconduzir as classes trabalhadoras ao leito econômico-corporativo. Para fazer face a essa crise, o capitalismo (seus intelectuais orgânicos, seus práticos) construiu uma experiência combinada de keynesianismo e *Welfare State*, visando compatibilizar a acumulação e a valorização capitalistas com direitos políticos e sociais mínimos para os trabalhadores. Gestaram-se formas combinadas de liberalismo e de social-democracia. Reconstruir o capitalismo como o único horizonte possível era a tarefa; e se conseguiu, com bastante êxito, fazer as classes trabalhadoras aceitarem esse patamar, esse horizonte histórico.

Passada a época nazifascista, a maior parte da Europa viveu uma era de "social-democratização", tornada possível pela mais poderosa intervenção do capital, até então: o Plano Marshall. Face à alternativa russa, fortíssima no imaginário dos trabalhadores, os capitalistas de todo o mundo uniram-se: tudo valia contra o espectro vermelho. Sindicatos e partidos de esquerda (nem todos, é bom que se diga) se associaram ao capitalismo na busca de uma estabilidade que garantisse a "parceria antagônica". Tendo abandonado qualquer pretensão revolucionária, a maioria dos trabalhadores viviam a plenitude de um sindicalismo de resultados, criatura típica da Ordem do Capital.

Emergiu o chamado compromisso fordista: o pacto social em escala internacional. Compromisso que podemos sintetizar da seguinte forma: os capitalistas não se preocupavam com altos salários, desde que, obviamente, as centrais sindicais não tentassem limitar a acumulação e os lucros dos capitalistas. Compromisso que conviveu com o surgimento do desemprego estrutural e a ampliação da precarização do trabalho: foi uma espécie de reformismo burguês. Cabe aqui relembrar a síntese gramsciana segundo a qual o reformismo é a "política dos bons tempos". Referimo-nos, é claro, ao setor mais organizado das classes trabalhadoras e que estava ligado ao coração do capitalismo. Esse *gentlemen agreement*, em larga medida exitoso, *atuou no sentido da incorporação dos operários, novamente e de forma superior, à racionalidade capitalista*. O *Welfare State* foi a forma assumida pelo Estado capitalista, em alguns países, para, através de políticas sociais compensatórias, buscar a "fidelidade das massas", legitimando assim a ordem burguesa. Foram os chamados "anos gloriosos" do capitalismo.

Com a crise dos anos setenta e oitenta o capitalismo buscou livrar se das conquistas sociais que fora obrigado a conceder face à alternativa "socialista". Na busca de soluções para a crise, caracterizada de forma multifacetada pelos diversos movimentos em luta, o capitalismo, face ao desmonte objetivos das experiências ditas "socialistas", reciclou-se muito rapidamente. Liberados de todo e qualquer compromisso com a satisfação das necessidades reais da população e da ampliação da cidadania, ainda que a *proclamem ad nauseam*, os capitalistas recriaram a sua institucionalidade. Para tal, levaram a extremos a ideia de liberdade do mercado.

O capitalismo *aparece* hoje como o grande vitorioso, hegemônico e coveiro do socialismo. A história do século XX registrou um conflito entre duas formas de racionalidade classistas. A nova situação criada nega, temporariamente, à humanidade uma alternativa: a da racionalidade socialista. *A vitória do capitalismo é uma aparência necessária: ela se constitui em um poderoso elemento político ao permitir eludir o caráter de classe das opções econômico-políticas. Hoje, os capitalistas tentam passar a imagem segundo a qual modernidade-avanço científico-avanço político (dito democrático) são um mesmo e único processo. Realidade contra a qual, dizem, não se pode lutar: o capitalismo é a história natural da humanidade.*

A base da atual euforia capitalista é, ainda uma vez, a repressão, seja salarial, seja política, sobre o mundo do trabalho. O neoliberalismo aparentemente resolveu a situação em vários países e regiões. O programa de ajuste financeiro do FMI — e sua política monetarista — reduziu a quase nada os países subalternos. O preço foi brutal: desindustrialização, recessão, desemprego. O Chile e a Argentina são bons exemplos. Em muitos países, as reformas neoliberais permitiram reduzir as astronômicas taxas de inflação para a ordem dos 100% anuais, elevando, contudo, milhões de pessoas à miséria.

O discurso neoliberal é elemento constituidor dessa racionalidade. Está incorporado, tanto ao conjunto das relações sociais das quais é o suporte e o garantidor, quanto às tecnologias (*as máquinas são elas mesmas e as relações sociais que as tornam possível*). Esse discurso transforma os opositores ao projeto neoliberal em adversários do progresso e da modernidade, em irracionais. O domínio ideológico, exercido, universal e irrestritamente, pela mídia e pelos programas governamentais, torna invisível para o conjunto da população a situação de exclusão radical a que ela está submetida.

A intelectualidade, em grande medida, assumiu o discurso do fragmento, do detalhe, como única forma científica correta. A categoria marxista de análise da totalidade é transformada em algo totalitário. Todo e qualquer processo macro parece ser destituído de significado. O micro, identificado com o atual, com a verdade, torna-se elemento de denúncia da politização e da ideologização, ambas, necessária e solidariamente, irracionais. Esta é a *aparência* que se passa para as classes subalternas. Muitos desses intelectuais acabaram por aceitá-la e isso é decisivo. O mesmo, porém, não se dá na prática e na teorização dos dominantes.

Todo esse quadro levou e tem levado a que os movimentos partidário, sindical, popular e de esquerda, acabem por considerar, despolitizadamente, que fora do capitalismo não há solução, perdendo assim, e isso é decisivo, suas referências classistas. Mais do que a perda das referências, criou-se o vazio das experiências.

O mercado parece reinar sozinho, ancorado no maior monopólio de comunicação social jamais visto. Controlando as informações, detendo o comando sobre os instrumentos estatais, é fácil passar a ideia, *não se sabe durante quanto tempo*, de que tudo vai bem no melhor dos mundos. *É bom lembrar sempre que os benefícios sob a ordem do privado não podem ser socializados.* Se é verdade, no Brasil, que as classes subalternas percebem que os preços têm uma certa estabilidade, constatam, porém, lenta e dolorosamente, que não há trabalho, educação, saúde, aposentadoria e seguridade para todos.

Em complemento a isto, a justiça reescreve a Constituição ao "interpretá-la". Tenta-se redefinir as condições gerais do trabalho. O objetivo é a "desregulamentação": a quebra, a redução ao mínimo da legislação de proteção ao trabalho, abrindo caminho ao pleno domínio do mercado. É esse o discurso que se generaliza, é essa a prática que se aprofunda. O sentido da Revisão Constitucional que, no Brasil, está se realizando é o mesmo nos demais países capitalistas: tragédia e farsa.

A miséria, a destruição dos serviços públicos, a perda da cidadania, enfim a legitimação da opressão é vista como uma decorrência do mercado. A violência não escandaliza mais: está inteiramente banalizada. É pena... mas é assim mesmo. O neoliberalismo revela-se, então, no pior dos sentidos, um *darwinismo social*. O mercado é aquele onde os melhores adaptados, os racionais, triunfam. Os outros? Ora, os outros... Entregue a si mesmo, o neoliberalismo aprofundará a miséria e o *apartheid* social não declarado.

Faz-se necessário fazer crer às classes subalternas que seu "destino" é, para sempre, o da subordinação permanente à Ordem do Capital. Aqui intervém o discurso neoliberal, apagando as diferenças, homogeneizando as práticas. Essa é a estratégia. Busca-se assim impedir que o pensamento e as práticas das classes subalternas se transformem em identidade. Este é, no sentido gramsciano, a mais brutal dificuldade destas classes. O seu saber/pensamento é construído, errática e fragmentariamente, a partir da sua inserção subordinada na estrutura social. Elas têm que, em um processo permanente de luta contra essa dominação/saber, dar respostas concretas e imediatas aos problemas colocados pelos dominantes. É no próprio cerne das práticas e discursos dominantes, que aparecem diante da totalidade do social como a *única possibilidade*, como *campo* e naturalidade, como *horizonte*, que as respostas das classes subalternas se configuram como não saberes. E é exatamente por isso que os saberes/práticas dos dominantes ditam os ritmos e as formas de todo saber constituído.

A não estruturação autônoma das classes subalternas, o fato de que elas têm que ser resposta a outros — que são dominantes —, faz com que a totalidade da sua existência (rica e contraditória) seja reduzida à imediatez, à fragmentariedade, à cotidianidade, atuando, fundamentalmente, no limite do campo econômico-corporativo, ou seja, da sua reprodução pura e simples. A produção-reprodução ampliada das classes subalternas é assim desqualificada, descentrada em relação a si mesma e centrada na racionalidade contraditória do(s) seu(s) antagonista(s). A construção, por elas, em tal situação, do momento ético-político, da hegemonia, é imensamente dificultada.

Trata-se da luta hegemônica: projetos e racionalidades estão em confronto. Cabe aqui o desafio dos intelectuais: qual racionalidade implementar? que sociedade construir? Para realizar a construção da identidade das classes subalternas e, assim, produzir a ruptura constituidora de sua identidade e projeto, é necessário que elas se subtraiam aos discursos e práticas dominantes. Essa construção se faz ao mesmo tempo em que se luta contra os discursos/práticas das classes dominantes. Para as classes subalternas é vital construir uma racionalidade nova, distinta da anterior, que se coloque como reflexão política fundadora da possibilidade de um novo real, de um novo bloco histórico. E se apresentar, como revolucionária. Realizar isso significa dar passos decisivos em direção à liberdade e autonomia.

Cabe ao movimento social organizado trabalhar em uma perspectiva de reafirmação dos direitos sociais. Mais do que nunca, a construção do Projeto Democrático-Popular permitirá articular nossa agenda social. Educação, Saúde, Seguridade Social, Ciência e Tecnologia, entre tantas outras coisas, não podem ser submetidas ao "livre" jogo do mercado. Mesmo no chamado primeiro mundo, não é isto o que ocorre. O neoliberalismo quer transformar nossas sociedades em sucata, em produto descartável.

É sobre esse pano de fundo que se assenta o trabalho de Ana Elizabete Mota. Negando-se às fáceis e confortáveis seduções do atual como única verdade, Ana constrói uma sólida reflexão que desnuda os vínculos da teia infernal do Capital. Colocando-se na perspectiva das classes trabalhadoras, na perspectiva do futuro, Ana encontra as raízes da melhor tradição crítica. Essa tradição aliada à garra feminina, nordestina, humana, faz de Ana e do seu trabalho uma referência necessária para todos que pretendam embrenhar-se no debate da Seguridade. Aqui estão elementos vitais para a compreensão da nossa realidade.

Por último, mas não menos importante, resta afirmar que trabalhar com Ana foi um prazer e um orgulho. Foi a prova de que, apesar de tudo, a Universidade pode e deve continuar a ser um local de militância crítica, um lugar onde se pode trabalhar na construção de uma nova sociedade.

Edmundo Fernandes Dias

Apresentação

Este livro discute as tendências gerais da seguridade social brasileira como expressão particular de um movimento mais geral, consubstanciado na crise econômica, social e política dos anos 80.

A opção por essa área de investigação tem suas raízes num conjunto de observações empíricas — fruto da minha experiência como assistente social e militante sindical — e numa série de questionamentos teóricos e políticos que teci ao longo da minha trajetória como docente do curso de Serviço Social da Universidade Federal de Pernambuco.

A rigor, a temática trabalhada neste estudo incorpora o conjunto das reflexões e sistematização teóricas que venho fazendo desde 1978. Inicialmente, tratando as determinações da prática do Serviço Social nas empresas e, desde 1987, problematizando o processo de constituição da seguridade social própria dessas organizações, com base nas reivindicações sindicais dos trabalhadores, nas mudanças nos métodos de gestão da força de trabalho e na intervenção social do Estado.

Das primeiras pesquisas, resultou minha dissertação de mestrado, na qual concluí que os serviços sociais agenciados pelas empresas eram mediados pela ideologia da ajuda, transformando-se num verdadeiro "feitiço da ajuda".

Outra pesquisa, realizada nos finais dos anos 80, me deu condições de tematizar as inflexões do movimento sindical que, em torno daquela questão, começou a transformar, nos acordos coletivos de trabalho, as concessões voluntárias dos empresários em objeto de barganha, imprimindo um estatuto de direitos contratuais à oferta de serviços sociais.

Instrumentalizada pelos estudos realizados durante o Doutorado, iniciei uma nova problematização, relacionando as reivindicações sindicais por seguridade social com as mudanças nas iniciativas empresariais, seja no interior das empresas, seja no campo das políticas sociais em geral. Observei, então, uma série de implicações decorrentes daquela prática, na definição geral dos modos e condições de reprodução da força de trabalho no Brasil.

Constatei, assim, que as práticas assistenciais das empresas não se explicam apenas pela apreensão do que ocorre no espaço das unidades produtivas, nem se decidem em função dos embates políticos entre trabalhadores e patrões, durante as campanhas salariais. Antes, elas dependem da conjuntura econômica, social e política do país, do processo e das relações de trabalho desenvolvidas em cada empresa e da regulação social do Estado, processos esses mediados pela ação das classes sociais. Em resumo: é na gênese e no desenvolvimento das políticas sociais, em geral, e da seguridade social, em particular, que podemos identificar as determinações e as características da proteção social brasileira, seja ela operacionalizada pelas empresas ou pelas instituições do Estado.

Estas formulações embasaram a construção do objeto deste estudo — originalmente apresentado como tese de doutorado junto ao Programa de Pós-graduação em Serviço Social da PUC-SP — induzindo-me a pesquisar suas particularidades numa conjuntura de crise. Realizando um movimento de reapropriação do real, procurei identificar o movimento da seguridade social no Brasil dos anos 80 e 90 como manifestação particular de um movimento mais geral, marcado pela crise, pelo processo de reestruturação produtiva e pelas novas estratégias utilizadas pelo grande capital e pelos trabalhadores organizados.

Assim, percorri a trajetória da seguridade social a partir de 1964, identificando, inicialmente, as mudanças ocorridas nos anos 60 e 70, na vigência do regime militar e do *milagre brasileiro*. Em seguida, tratei especificamente das mudanças ocorridas na década de 80, e que se estendem pelos anos 90, período em que ocorrem, também, o processo de democratização e a instalação de uma crise econômica de dimensões internacionais.

O presente livro contém uma introdução, na qual exponho a construção do objeto de estudo, seguida de mais quatro capítulos. No primeiro abordo o contexto geral da crise dos anos 80, com destaque para os processos econômicos que afetam os países centrais e periféricos, para as características da reestruturação produtiva e para as principais prescrições dos organismos financeiros internacionais sobre os ajustes e reformas a serem realizados nos países periféricos.

No segundo capítulo, disserto sobre a construção da cultura política da crise, apresentando seus traços gerais e particularizando sua emergência no Brasil.

No terceiro capítulo, intitulado "A seguridade social em tempo de crise", trabalho a hipótese que norteou esse estudo, qual seja, que as tendências da seguridade social brasileira nos anos 80 e 90 expressam o movimento de formação de uma cultura política da crise, marcada pelo pensamento privatista e pela constituição do cidadão-consumidor. Neste mesmo capítulo discuto, do ponto de vista teórico e histórico, a relação entre a conjuntura de crise econômica, as mudanças no mundo do trabalho e na intervenção social do Estado, para, em seguida, discorrer sobre as particularidades da seguridade social brasileira pós-64, ocasião em que relaciono as transformações ocorridas com a experiência política dos empresários e trabalhadores no período.

No quarto e último capítulo, trabalho o ideário da reforma da seguridade social. Inicialmente, indico a relação entre a formação da cultura da crise e suas implicações nas mudanças da seguridade social nos anos 80, remetendo esse movimento ao campo da construção da hegemonia. Em seguida, destaco as estratégias dos empresários e dos trabalhadores organizados, mostrando como a ação desses sujeitos determinou dois movimentos básicos daquele processo de mudança: a proteção social da empresa e a proteção social do Estado.

Por fim, faço uma apreciação crítica das propostas do grande capital, dos organismos financeiros internacionais e dos trabalhadores assalariados em relação à reforma da seguridade social na revisão constitucional, apontando a dinâmica política que determinou o surgimento das tendências gerais da seguridade social brasileira nos anos 80 e 90, e materializando, assim, as minhas observações conclusivas.

Ao final desta apresentação, quero tornar público meu reconhecimento às instituições que viabilizaram minha participação no curso de Doutorado em Serviço Social da Pontifícia Universidade Católica de São Paulo: a Universidade Federal de Pernambuco e o Banco do Brasil S/A, possibilitando-me a realização da tese de doutorado que deu origem a este livro.

Às amigas Miriam Padilha, Rose Serra e Franci Cardoso, três doces *jagunças* que acompanharam cotidianamente o percurso deste estudo, agradeço a solidariedade, o carinho e as valiosas assessorias afetivo-intelectuais.

Às minhas irmãs e especialmente à minha mãe sou gratíssima pela ajuda e pela disponibilidade e paciência que tiveram para suportar todas as crises que atravessei. A Antonio Fernando o meu reconhecimento pela inestimável solidariedade.

Aos integrantes da banca examinadora da tese, os professores Gadiel Perruci, Edmundo Dias, José Paulo Netto e as professoras Nobuco Kameyama e Aldaíza Sposati, agradeço pelas observações e valiosas sugestões que incorporei ao conteúdo deste livro.

Ao professor Gadiel, que me acompanha desde os tempos do mestrado na UFPE, devo grande parte da minha formação acadêmica. Com ele aprendi um modo dialético e especial de pensar o real. Do professor Edmundo Dias, meu co-orientador e mestre na Unicamp, recebi o estímulo constante, a confiança intelectual, e as orientações que me permitiram desvendar o pensamento gramsciano. Reafirmo, a eles, a minha amizade, carinho, respeito intelectual e gratidão.

Finalmente, a Fernando Jaburu de Medeiros — o artesão do texto — devo não apenas a revisão meticulosa e competente dos originais, mas o apoio e o estímulo dados durante a fase final deste trabalho.

Ana Elizabete Mota
Recife, julho de 1995

Introdução

Inscrito no universo mais geral do debate sobre a crise econômica, social e política dos anos 80, o presente trabalho analisa as tendências da seguridade social no Brasil, a partir da última década, estendendo-se até os primeiros anos da década de 90.

A abordagem do tema é baseada na suposição de que a crise brasileira dos anos 80,[1] e que se prolonga na presente década, é formadora de uma cultura política que expressa os modos e as formas como as classes sociais enfrentam a referida crise.

Tomamos, como universo específico de discussão, a questão da seguridade social brasileira nos anos 80, particularizando a questão da previdência social e da assistência, porque objeto de disputas e embates entre empresários vinculados ao grande capital,

---

1. A expressão *crise brasileira dos anos 80* está sendo utilizada no sentido de demarcar o contexto socioeconômico e político do Brasil na década de 80. Tal observação se faz necessária tendo em vista as possíveis conotações que a expressão encerra. Assim, desde já, entendemos a crise brasileira como expressão particular de uma crise de natureza mais geral do capitalismo, cujos traços particularizantes são dados pelos modos e formas da inserção do Brasil na ordem capitalista mundial, consideradas as características históricas da formação econômica e social brasileira; isto é, sua base econômico-produtiva, a constituição das classes sociais e do Estado. Nesse sentido, a adoção da expressão *crise brasileira dos anos 80* é indicadora dos processos reais vividos pela sociedade na última década, sem, contudo, isolá-los das injunções do movimento geral do capitalismo internacional.

instituições do Estado, partidos e sindicatos de trabalhadores, além dos organismos financeiros internacionais, que são os responsáveis pela difusão das propostas do *Consenso de Washington* nos países periféricos.

O objetivo é analisar as propostas e as iniciativas de segmentos da burguesia brasileira, vinculados à grande indústria e ao capital financeiro, dos trabalhadores organizados nos sindicatos e nas centrais sindicais, e das organizações financeiras internacionais, *para identificar os eixos centrais desta cultura, particularizando a dimensão da sua interferência nas tendências da seguridade social brasileira, a partir dos anos 80.*

A hipótese central é de que, *no leito da crise brasileira dos anos 80, vem sendo gestada uma cultura política da crise que recicla as bases da constituição da hegemonia do grande capital.*

Dois vetores básicos vêm sendo privilegiados na formação dessa cultura: *a defesa do processo de privatização,* como forma de reduzir a intervenção estatal, e *a constituição do "cidadão-consumidor",* que é o sujeito político nuclear da sociedade regulada pelo mercado.

Esse movimento, formador de cultura, expressa uma tendência geral de enfrentamento da crise que perpassa as esferas da economia e da política e assume especificidades nas diversas áreas da vida social, como é o caso dos sistemas de seguridade social. Não se trata, portanto, de discutir os impactos da *cultura da crise* nas tendências da seguridade social brasileira, mas de examinar as particularidades da *seguridade em tempos de crise.*

Para tematizar essas particularidades, tornou-se imperativo indagar: *por que a seguridade é o alvo prioritário das reformas sociais em conjunturas de crise?*

A primeira hipótese é a de que o lugar ocupado pela seguridade social, no processo de produção e reprodução social, particulariza, no plano material e político, sua vinculação com as necessidades de socialização dos custos da reprodução da força de trabalho enquanto condição da acumulação do capital e com o processo político deflagrado pelos trabalhadores em torno das conquistas sociais, institucionalizadas nos direitos sociais.

Essa afirmação sugere que a seguridade social diz respeito tanto ao movimento de valorização do capital, como, também, às conquistas das classes trabalhadoras que, ao lutarem e conquistarem meios de reprodução da própria vida, impõem ao capital e ao Estado o desenvolvimento de ações que se confrontam com os interesses imediatos da acumulação.

Não se trata de uma ação mecânica do capital e tampouco do trabalho. Na realidade, as condições gerais do processo de produção material e de reprodução social são permeadas de contradições que, em determinadas conjunturas, se transformam em necessidades de classe e objeto da prática política dos trabalhadores e do capital. Esse processo depende do grau de desenvolvimento das forças produtivas e do nível de socialização da política conquistado pelas classes trabalhadoras.

Nas conjunturas de crise econômica, o desenlace desse movimento torna-se mais explícito, pois, a necessidade de criar mecanismos de contratendência à queda tendencial da taxa de lucro revela a estreita vinculação entre os requerimentos do processo de valorização e realização do capital e as condições sociopolíticas sob as quais o capital tenta superar as crises de sua reprodução, sem perder a condição de classe hegemônica, valendo-se, dentre outras medidas, das políticas sociais.

O núcleo temático da hipótese central deste estudo *é a relação entre crise e hegemonia*, que é indicativa de uma concepção teórica e política amplamente polemizada no interior do marxismo. Sua particularidade, enquanto hipótese de estudo, é definida pelas características do capitalismo deste final de século, pelas manifestações da crise no Brasil e pelas peculiaridades das relações de domínio, subordinação e exploração entre as classes sociais brasileiras.

Destaca-se, do ponto de vista histórico, o fato de que a burguesia, no Brasil, exercitou seu domínio sem construir um projeto hegemônico que evidenciasse seu papel de classe dirigente no conjunto da sua classe e junto às outras classes. De fato, a trajetória do capitalismo brasileiro particulariza uma via de transição para a ordem burguesa que tanto é distinta do modelo clássico de revolução burguesa, como da denominada via prussiana.[2] Assim, a burguesia brasileira, "dada sua fragilidade estrutural, mostrou-se incapaz de realizar suas tarefas econômicas e políticas, recorrendo e transferindo para o aparato do Estado as atividades básicas propulsoras do processo de industrialização e modernização, no período que se abre no pós-30" (Antunes, 1988, p. 103). Também na crise de 1964, as diversas frações da burguesia, segundo Antunes, "incapacitadas para exercer a direção ou hegemonia política e ideológica, mas, ao mesmo tempo, tendo a necessidade imperiosa de continuar dominando, [...] recorrem à *manu militari*, como condição para buscar uma nova fase de desenvolvimento, capaz de recuperar a economia, em estagnação desde o fim do governo Kubitschek, e reaquecer o padrão de acumulação" (1988, p. 114), optando, assim, por uma forma de "domínio político ditatorial, cuja finalidade imediata era recompor o conjunto heterogêneo das frações burguesas [...] em um novo bloco no poder" (1988, p. 114).

Do ponto de vista teórico, os conceitos de crise e hegemonia — que pertencem ao arcabouço da teoria social de inspiração marxiana — são básicos no tratamento dessa hipótese, em função

---

2. Sobre a via prussiana de transição, ver Coutinho, "As categorias de Gramsci e a realidade brasileira" (1988, p. 103-127), in: *Gramsci e a América Latina*; e Luiz Werneck Vianna, *Liberalismo e sindicato no Brasil* (1989, p. 128-141).

da capacidade que possuem de operar mediações entre o real que se quer desvendar e as categorias mais simples e mais gerais que permitem problematizar a ordem capitalista.

Erguida sob a matriz do materialismo histórico e dialético, a tradição marxista empreende o desvendamento do processo de produção e reprodução da sociedade capitalista, tematizando teórica e historicamente o processo de produção material e de reprodução social, numa perspectiva de ruptura e superação da ordem do capital.

Na clássica afirmação marxiana de que a "totalidade das relações de produção formam a estrutura econômica da sociedade, a base real sobre a qual se levanta uma superestrutura jurídica e política e à qual correspondem formas sociais determinadas de consciência" (Marx, 1978a, p. 129-130), está inscrito o principal eixo teórico que permite *identificar, na formação da cultura, um dos processos sociopolíticos mediadores da formação da consciência e das práticas sociais das classes.*

Já no pressuposto marxiano da determinação material das relações sociais, expresso na clássica afirmação de que "o modo de produção da vida material condiciona o desenvolvimento da vida social, política, intelectual em geral" (Marx, 1978a, p. 130), está fundamentado o entendimento sobre as relações entre as condições de existência e as manifestações ideológicas e políticas das práticas das classes sociais.

Tais pressupostos, erigidos sob algumas categorias-chave da teoria social de Marx, como é o caso da concepção de totalidade, da determinação do econômico, da relação entre base econômica e superestrutura política, caracterizam-se como referências teóricas e metodológicas básicas para o tratamento do objeto.

Contudo, como essas categorias não poderiam ser suficientes para o processo de análise de uma determinada conjuntura histórica —, aqui referenciada pelas crises periódicas do capital e pela complexidade das práticas das classes sociais no enfrentamento daquelas crises —, a construção da hipótese central implicou dois procedimentos diversos, mas intimamente relacionados.

O primeiro deles foi o da retenção daquelas categorias básicas que tematizam o processo de produção e reprodução das condições materiais, presentes na teoria do valor-trabalho elaborada originalmente por Marx.[3] Seguindo-se a esse procedimento, também foram retidas, no interior da análise histórica do desenvolvimento do capitalismo, aquelas categorias que, sem fugirem ao rigor interno da teoria, são passíveis de deslocamentos, ampliações e flexibilizações, necessários ao tratamento de novas problemáticas postas pela dinâmica e complexidade do capitalismo deste final do século XX.

Tratamos, no caso específico, das questões e formulações teóricas e históricas relativas à constituição e às práticas sociais das classes; às configurações contemporâneas das crises do capital; aos processos técnicos e políticos de enfrentamento dessas crises, além da emergência de novos modos e formas de domínio, exploração, subordinação e resistência, presentes nos confrontos entre as classes fundamentais.

Foram esses procedimentos que nos permitiram privilegiar as categorias de crise, cultura e hegemonia no tratamento do objeto de estudo. A potencialidade heurística dessas categorias não repousa na capacidade que elas têm para explicar as leis gerais do desenvolvimento do capitalismo, mas na capacidade que têm de operar mediações que permitem tratar a empiria da vida social, identificando sua gênese, conexões e vínculos com a totalidade social.

---

3. Ver Marx, *O capital*, livro I (1980), em especial capítulo I, item 4, O fetichismo da mercadoria: seu segredo. Ver, ainda, sobre a teoria do valor-trabalho, Rubin, *A teoria marxista do valor* (1980).

CULTURA DA CRISE E SEGURIDADE SOCIAL

Aqui, as referências essenciais são as mudanças no papel do Estado, a significação econômica e política das grandes corporações produtivas transnacionais, os processos de reestruturação produtiva e seus impactos no mundo da produção, além das novas modalidades de controle do capital sobre o trabalho.

Nesses termos, o papel mediador de tais categorias no conjunto do patrimônio categorial da teoria marxista — seja no âmbito da crítica da economia política, seja no âmbito da teoria política — permite atribuir aos conceitos de crise e hegemonia o estatuto de categorias analíticas do processo histórico real.

Esse movimento investigativo permitiu, também, definir a questão da formação da cultura como um processo social que estabelece o nexo entre crise e constituição de hegemonia no interior das práticas sociais das classes. Por isso mesmo, a cultura não se constitui numa categoria de análise, mas no próprio objeto da investigação.

Entretanto, foi a remissão teórica e histórica aos anos 1920, particularmente à crise de 1929, que nos permitiu apreender o debate sobre as crises do capital, bem como as polêmicas sobre os processos de reestruturação/esgotamento da dominação burguesa.

Cenário de um conjunto de questões teóricas e políticas, as discussões que se seguem aos anos 1920 são referentes à capacidade que tem o capital de superar suas crises, às novas formas de organização/desorganização do movimento operário e ao papel assumido pelo Estado no processo de ultrapassagem do capitalismo concorrencial para o capitalismo monopolista.[4]

Do ponto de vista político, o debate, após a Primeira Guerra Mundial, é polarizado pelos teóricos da social-democracia e da Internacional Comunista. Os primeiros viam, nessa etapa de

---

4. Sobre as crises do capital, ver Altvater, "A crise de 1929 e o debate sobre a teoria da crise" (1989a, p. 79-133); e Marramao, *O político e as transformações* (1990).

desenvolvimento do capitalismo, uma possibilidade de estabilização econômica, porque criadas as bases para uma democracia política e uma via pacífica de transição ao socialismo. Por sua vez, os reformistas, tendo por expoente Bernstein, atribuíam às reformas um caráter cumulativo de conquistas em favor do proletariado, o que, igualmente, permitiria a transição para o socialismo.[5]

Já o pensamento da Internacional Comunista, oscilando entre teses *catastrofistas* e/ou *voluntaristas*, vislumbrava os anos 1920 como palco de uma *crise geral* do capitalismo e que propiciaria o surgimento de uma revolução nos moldes soviéticos. Fortemente influenciados pelo pensamento economicista e fatalista, que prevaleceu no seio da II Internacional, os principais ideólogos do período[6] acreditavam que o desenvolvimento das forças produtivas levaria a um aguçamento dos conflitos de classe, determinando a irreversibilidade de um colapso do capitalismo e, consequentemente, a vitória da revolução proletária.

Essa remissão permitiu a *reapropriação* de algumas questões clássicas, como é o caso das indagações sobre as crises econômicas do capital e sobre os processos sociais e políticos por elas deflagrados. Em especial, as possibilidades de reestruturação econômica, de recomposição das bases do domínio burguês, além da ação política das classes trabalhadoras no processo de enfrentamento das crises.

Submetida a um processo de *atualização histórica*, que tem como parâmetro o capitalismo deste final de século, a investigação foi encaminhada no sentido de responder às seguintes questões: qual a natureza da crise econômica que se inicia nos anos 70? Como o capital está enfrentando essa crise? Sob que condições a burguesia

---

5. Sobre o pensamento da social-democracia, ver "O marxismo na época da Segunda Internacional," in Hobsbawm (org.), *História do marxismo*, 1982, v. II.

6. A principal referência do marxismo evolucionista é Kautsky.

tenta reciclar as bases da sua hegemonia? Qual é a estratégia das classes trabalhadoras no enfrentamento dessa crise marcada pela ofensiva da burguesia internacional?

A diferença entre essas formulações e as dos anos 20 pode ser tratada sob duas óticas. A primeira delas remete às elaborações construídas no seio da social-democracia e é relativa à estabilização econômica e política do denominado *capitalismo organizado*. Sua principal característica é a intervenção estatal como forma de corrigir os desequilíbrios econômicos, de que é exemplo a preservação dos salários com o objetivo de viabilizar o consumo, amparada na experiência keynesiana, vindo a compor o chamado *pacto fordista*. Tais indicações, nessa etapa de desenvolvimento do capitalismo, guardam estreita conexão com as contradições vividas pela social--democracia, nos países de capitalismo avançado, de que é exemplo a crise do *Welfare State*.

O segundo aspecto refere-se à configuração das crises do capital, nos anos 1910 e 1920, como prenúncio de *crise geral* do modo de produção e do sistema político. Ao identificar a crise como sendo a antessala da revolução, o pensamento veiculado pelos ideólogos da III Internacional supunha a politização mecânica dos processos econômicos.

Ora, além da radical diferença entre o contexto histórico das sociedades *orientais e ocidentais* (Gramsci, 1988b, p. 74-75), nas três primeiras décadas deste século, a crise contemporânea é fundamentalmente afetada pelos deslocamentos geopolíticos do capital, cuja principal característica é a sua natureza globalizada. Essa é a razão pela qual estaria fora, do quadro de referência desta crise, a hipótese de crise geral.

Ampliando ainda mais os traços distintos das crises, podemos destacar outro elemento, radicalmente diverso: é que, nesta crise, a burguesia trata o processo de *reestruturação econômica* sobre o leito de uma universalização da sociabilidade capitalista, vulgarmente pensada como o fim da história, em função da *débâcle* do socialismo real.

Em outros termos, os paradigmas do reformismo e da revolução insurrecional, típicos dos anos 20 e 30, estão neste momento destituídos de qualquer possibilidade histórica na ordem mundial contemporânea, "não porque esta tenha se imunizado à erosão das suas estruturas fundamentais, mas porque deixou para trás as condições que, noutro tempo, poderiam tornar eficazes aqueles paradigmas" (Netto, 1993, p. 52).

Diante desse quadro, torna-se imperativo conhecer o perfil da atual crise do capital e os seus impactos sociopolíticos na ordem societal vigente. Não se trata de pensar estes tempos de crise como esboço de uma *etérea* nova ordem social, tão ao gosto de alguns marxistas envergonhados. Já que os pilares do desenvolvimento do capitalismo — a propriedade privada dos meios de produção fundamentais, a socialização da produção e a apropriação da riqueza produzida — continuam viabilizando o processo de reprodução, é, no mínimo, falacioso fazer referências a uma *nova ordem*.

Por isso, de antemão, recusamos a hipótese de que as mudanças ocorridas na sociedade contemporânea — no curso de visíveis inovações nos modos e formas de gerir as contradições — sejam indicadoras da perenização da ordem burguesa.

Pelo contrário, trata-se de uma conjuntura de transição e, como tal, portadora de um conjunto potencial de iniciativas políticas, capazes de promover mudanças. A rigor, este é um período de disputas políticas em que a burguesia, no leito da crise, investe na perenização de uma sociedade baseada no mercado e na democracia dos livres proprietários, contrapondo-se às lutas das classes subalternas.

Por isso, é imprescindível identificar, com base no processo histórico real, qual o *locus* dos atuais conflitos e confrontos de classe. Isso porque, na atual conjuntura, os tradicionais espaços de conflitos de classe, em geral afetos à esfera do mundo do trabalho e às práticas institucionais de controle social, também se ampliam.

É no curso da ampliação das esferas de conflito que a correlação de forças entre as classes alarga-se para o âmbito da formação cultural, isto é, da construção de outras formas de racionalidade, da socialização de valores, informações e visões do mundo e da sociedade, como uma condição para a formação de subjetividades coletivas, necessárias à adesão das classes a um projeto econômico, social, político e cultural que consolide a hegemonia de uma classe.

Nesses termos, a elaboração teórica de Gramsci forneceu os fundamentos teóricos, políticos e históricos desta discussão ao incorporar uma determinada concepção da *relação entre a economia e a política.*

No que diz respeito ao tema das crises, Gramsci tem uma formulação bem particular. Afirma Portantiero que "para Gramsci é a presença das massas como sujeitos de ação o que definirá os precisos encaminhamentos das crises, dos projetos revolucionários e das iniciativas de recomposição capitalista, em um movimento conceitual que permite superar criticamente [...] o objetivismo e o voluntarismo presentes na tradição socialista" (Portantiero, 1987, p. 10).

Na realidade, em face das ideias difundidas pelas II e III Internacional e da frustração da revolução proletária, Gramsci teoriza sobre a capacidade que o capitalismo demonstrou para recompor sua dominação, com o objetivo político de entender o fracasso da revolução proletária no Ocidente e o de pensar alternativas políticas para superar a ordem do capital.

Segundo Portantiero, a teoria da hegemonia e a teoria da crise aparecem na obra de Gramsci como temas complementares e centrais de um enfoque que privilegiará a relação de forças entre as classes no processo de superação da ordem capitalista (1987, p. 43).

Para Gramsci, a construção da hegemonia do grupo dominante não se restringe às relações de dominação e exploração no terreno da economia, mas remete à formação de uma cultura que torna hegemônica e universal a visão de mundo de uma classe que, sendo dominante, é também dirigente no interior da própria classe e diante das frações majoritárias das demais classes.

Essa concepção não subtrai a economia da política, apenas lhe atribui uma relação não determinista. Segundo Gramsci: "embora a hegemonia seja ético-política, ela deve ser também econômica, baseada necessariamente na função decisiva exercida pelo grupo dominante no núcleo decisivo da atividade econômica" (Gramsci, 1978, p. 178).

Ora, esse é um vetor analítico fundamental no tratamento do objeto desta pesquisa, pois nos permite trabalhar a relação entre crise econômica e ação política de classes no âmbito da constituição da hegemonia, longe da tradição economicista e da tradição politicista.

Crítico sistemático das posições economicistas, Gramsci não atribui às crises econômicas o papel de desagregadoras do bloco dominante. Ele adota a concepção marxiana das crises — como contradições inerentes ao processo de acumulação —, mas é no tratamento da relação entre crise econômica e crise política que reside a originalidade do seu pensamento sobre o lugar das crises na construção da hegemonia. Para ele, há que ser feita a distinção entre as crises orgânicas, de longa duração, e as conjunturais, como meio de identificar as *suas determinações estruturais* (de natureza histórico-social), e *qualificar as mediações políticas*. Estas últimas permitem observar em que medida, numa determinada formação social, uma crise econômica cria as bases objetivas para a emergência de uma crise de hegemonia (cf. Gramsci, 1978, p. 187-190). Daí porque, ele afirma: "pode-se excluir que, de *per si*, as crises econômicas imediatas produzam acontecimentos fundamentais: apenas

CULTURA DA CRISE E SEGURIDADE SOCIAL

podem criar um terreno favorável à difusão de determinadas maneiras de pensar, de formular e resolver as questões que envolvem todo o curso ulterior da vida estatal" (Gramsci, 1988b, p. 52).

Nos textos clássicos de crítica da economia política,[7] as crises periódicas do capital são consideradas inerentes ao modo de produção capitalista. Elas se inscrevem no processo de reprodução social, cuja tendência é manter — sob tensões e desequilíbrios permanentes — o processo de valorização como condição da acumulação do capital.

Segundo Altvater, na obra de Marx, não é possível determinar uma teoria específica da crise. Esta última é concebida, sobretudo, "como aguçamento e regulação de contradições que resultam do movimento do valor". E complementa: "a teoria da crise só tem sentido no contexto de uma teoria da acumulação do capital" (1989a, p. 83).

As principais controvérsias acerca do pensamento de Marx sobre as crises do capital estão reunidas em três núcleos de problematização: a) os limites à rentabilidade do capital; b) as dimensões restritas do consumo; c) a superprodução de capital e de mercadorias.[8]

Quanto ao momento desencadeador das crises, as posições se polarizam entre os que as identificam nos limites do consumo (teses do subconsumo) e aqueles que as identificam nas condições de superprodução, pelo aumento da composição orgânica do capital.

Segundo Rubin (1980, p. 31), as crises "são hiatos dentro do processo de reprodução social", determinados pelo próprio equilíbrio

---

7. Cabe ressaltar que, na obra de Marx, a base conceitual que permite uma leitura das crises do capital é posta nos livros II e III de *O capital* e nos *Grundrisse*, quando ele discute a lei tendencial da queda da taxa de lucros e trata os esquemas de reprodução. Além dos textos marxianos, para discutir o tema, utilizamos as obras de Rosdolsky (1989), especialmente Partes V a VII; Mandel, *A crise do capital* (1990); Altvater (1989a, p. 79-133).

8. Sobre o tema, ver Altvater (1989a, p. 95-127).

instável que se dá entre o processo de produção material e as condições de realização do lucro, no interior da lógica da acumulação do capital.

Como referido por Marx: "Não são idênticas as condições da exploração imediata e as da realização dessa exploração" (1991a, p. 281). Enquanto a primeira remete à produção do sobretrabalho, no âmbito do desenvolvimento das forças produtivas, a segunda implica tanto a capacidade de consumo da sociedade como os modos e as formas por meio dos quais os diversos ramos de atividade produtiva se articulam. É, portanto, a possibilidade de ocorrência de descompassos entre esses dois momentos que cria as bases objetivas para a emergência de crises.

Segundo Marx: "As primeiras têm por limite apenas a força produtiva da sociedade, e as últimas, a proporcionalidade entre os diferentes ramos e o poder de consumo da sociedade. Mas esse poder não é determinado pela força produtiva absoluta, nem pela capacidade de consumo absoluta e sim condicionada [*sic*] por relações antagônicas de distribuição, que restringem o consumo da grande massa da sociedade a um mínimo variável dentro de limites mais ou menos estritos. Além disso, limita-o a propensão a acumular, a aumentar o capital e a produzir mais-valia em escala ampliada. É a lei da produção capitalista, imposta pelas revoluções constantes nos próprios métodos de produção e pela depreciação consequente do capital em funcionamento, pela luta geral da concorrência e pela necessidade de melhorar a produção e de ampliar sua escala, para a empresa simplesmente conservar-se, não perecer" (1991a, p. 281).

Discutindo as crises econômicas do capital, Mandel afirma que "o modo de produção capitalista é, ao mesmo tempo, produção mercantil generalizada e produção para o lucro das empresas operando independentemente uma das outras, mas não podendo existir isoladamente. É, além disso, um sistema voltado para a produção de uma massa incessantemente crescente de mais-valia (de sobretrabalho) e um sistema em que a apropriação real dessa mais-valia subordina-se à possibilidade de vender realmente as mercadorias que contêm tal mais-valia, pelo menos, ao seu preço de produção (incluindo o lucro médio), ou a preços que permitam realizar superlucros" (1990, p. 209).

Articulando necessidades de diversas ordens, o movimento da mercadoria consubstancia as bases do processo de realização e o faz sob um estado de *equilíbrio instável*, marcado pela *necessidade de uma relativa sincronia entre as empresas dos diversos ramos de produção* (o quê, quanto e quando produzir determinadas mercadorias), pela *organização sociotécnica da produção enquanto produtora de uma massa global de mais-valia* (aumento da produtividade/inovações tecnológicas/reestruturação produtiva) e pela *manutenção da solvabilidade requerida pela venda das mercadorias* (salários/crédito ao consumidor).

É essa *orquestração* que cria as condições objetivas para pensar-se as crises econômicas, não como momentos de colapsos da reprodução ampliada do capital, mas como o *mecanismo através do qual a lei do valor se impõe* (Mandel, 1990, p. 212). Para Marx, "as crises não são mais do que soluções momentâneas e violentas das contradições existentes, erupções bruscas que restauram transitoriamente o equilíbrio desfeito" (1991a, p. 286).

Por conseguinte, cabe-nos admitir que o próprio *equilíbrio instável* — entre o processo de produção material e as condições de realização do lucro no interior da lógica da acumulação do capital — permite em diferentes fases do desenvolvimento capitalista, que o ciclo de reprodução seja afetado por descompassos inerentes ao processo de realização.[9]

---

9. A respeito da relação entre produção e realização da mais-valia, que está na base da discussão marxiana das crises e em torno da qual se desenvolveram algumas polêmicas,

Segundo Mandel, "contrariamente às crises pré-capitalistas [...] que são quase todas de penúria física de *subprodução de valores de uso*, as crises capitalistas são crises de *superprodução de valores de troca*. Não é porque há muito poucos produtos que a vida econômica se desregula. É porque há a impossibilidade de venda de mercadorias a preços que garantam o lucro médio [...] que a vida econômica se desorganiza, que as fábricas fecham as suas portas, que os patrões demitem e que a produção, as rendas, as vendas, os investimentos e os empregos caem" (1990, p. 210). Isso ocorre porque, no modo de produção capitalista, "o processo de produção material, por um lado, e o sistema de relações de produção entre as unidades econômicas individuais, privadas, por outro, não estão ajustados um ao outro de antemão. Eles devem ajustar-se em cada etapa, em cada uma das transações isoladas em que se divide formalmente a vida econômica" (Rubin, 1980, p. 31).

Tais ajustes/desajustes, que se manifestam na queda da taxa de lucros e no processo de superprodução de mercadorias, também incluem outras mediações catalisadoras das crises que podem ter origem no "âmbito da produção, da circulação, da concorrência e da luta de classes" (Mandel, 1990, p. 213).

Todavia, esse reconhecimento não é suficiente para pensar-se as crises de modo genérico. Mandel, por exemplo, entende que há necessidade de *qualificar* histórica e conceitualmente as crises. Segundo ele, "para compreender o encadeamento real entre a queda da taxa de lucro, a crise de superprodução e o desencadeamento da crise, devemos distinguir os fenômenos de aparecimento da crise, seus detonadores, sua causa mais profunda e sua função no quadro da lógica imanente do modo de produção capitalista" (1990, p. 211).

---

consultar Rosdolsky (1989, p. 491-554), especificamente parte VII, e Mandel (1990), especialmente cap. XXV.

Discutindo a referida lei, Marx afirma que "a tendência gradual, para cair, da taxa geral de lucro é, portanto, apenas *expressão peculiar ao modo de produção capitalista*, do progresso da produtividade social do trabalho. A taxa de lucro pode, sem dúvida, cair em virtude de outras causas de natureza temporária, mas ficou demonstrado que é da essência do modo capitalista de produção, constituindo necessidade evidente, que, ao desenvolver-se ele, a taxa média geral da mais-valia tenha de exprimir-se em taxa geral cadente de lucro" (1991a, p. 243).

Mas, como afirma Altvater, se as crises se relacionam ao movimento do valor, não se pode deixar de perceber que se trata de uma relação social. "Daí, se deduz que as crises nunca são exclusivamente econômicas mas que são sempre sociais e políticas" (1989a, p. 83). Por isso mesmo, é impossível operarmos tematizações sobre as crises, exclusivamente, com base em uma teoria econômica — mesmo que reconheçamos a existência de uma base técnica inerente ao movimento do capital, na deflagração das crises.

Nessa linha de raciocínio e em face do objeto da pesquisa, interessa-nos, principalmente, afirmar que as crises econômicas são inerentes ao desenvolvimento do capitalismo e que, diante dos esquemas de reprodução ampliada do capital, a emergência de crises é uma tendência sempre presente.

Por outro lado, fugindo de uma perspectiva economicista, também não se trataria de trabalhar com uma *teoria política da crise*, mas de aceitar a hipótese de que a deflagração e o enfrentamento das crises é um processo no qual estão implicados a acumulação do capital e a ação política das classes.

Assim, o panorama da crise dos anos 80, e que se prolonga na presente década, traria no seu bojo a impossibilidade de pensarmos o enfrentamento da crise econômica sem a agudização dos processos políticos.

Tal afirmação reitera o nosso entendimento de que os períodos de crise são cenários de reorganizações de natureza econômica, social e política que, fatalmente, expressam iniciativas e interesses de classes.

Em outros termos: posto que as crises econômicas não se transformam mecanicamente em alavancas desagregadoras do bloco dominante — ao contrário, podem até favorecer novas formas de agregação de frações das classes dominantes —, isso significa que o enfrentamento das crises econômicas depende da capacidade das classes de fazerem política. Isto é, de reestruturarem progressivamente a hegemonia ameaçada ou de tecerem as bases para a construção de uma outra hegemonia.

Por isso, as crises do capital — expressão das contradições inerentes ao processo de acumulação — não têm o poder de deflagrar mecanicamente uma crise de hegemonia. É por implicarem a emergência de processos políticos que os períodos de crise podem conter as condições para reciclar as bases da hegemonia do grupo dominante ou esgarçá-las.

De dimensões políticas mais ampliadas, no nível superestrutural, uma crise de hegemonia caracteriza-se pelo enfraquecimento da direção política da classe no poder, ou pela perda do seu poder de direção e de manutenção do consenso hegemônico de classe.

A rigor, nas situações de crise, é possível haver o desencadeamento de um conjunto de iniciativas por parte das classes fundamentais. Essas iniciativas, no entanto, apenas evidenciam situações de confronto de *interesses imediatos*. Mas, a partir destas disputas *localizadas*, as classes podem vir a formar frentes consensuais de intervenção que alcancem o campo da luta hegemônica.

Nessas condições, as classes dominantes podem reciclar as bases do seu domínio, erigindo também novas formas de obtenção do consenso necessário à reestruturação da sua hegemonia, ou mesmo exercitar práticas coercitivas para neutralizar a emergência de iniciativas de outras classes que ameacem a sua hegemonia.

De outro modo, dependendo do nível de organização política, em situações de crise, as classes subalternas também podem ampliar suas bases organizativas, constituindo-se como *classe nacional* para obter o consenso na classe e junto a outras frações de classes, que é a *sua* prerrogativa para construir uma nova hegemonia. Dessa forma, as classes subalternas criam as condições a partir das quais podem esgarçar as práticas de dominação e a direção do grupo dominante.

São estes dois movimentos — rearticulação das classes no poder (que têm o domínio econômico) e articulação das classes que lutam pelo poder hegemônico (classes subalternizadas) — que caracterizam o confronto de classes e as disputas por projetos societais, em contextos de crises econômicas de natureza *orgânica*.

A leitura de Buci-Glucksmann sobre o tema é a de que, na evolução da teorização de Gramsci sobre a *revolução passiva*, existe uma verdadeira teoria da transição. Ela toma como referência as questões do *ressurgimento* e do *americanismo* para formular a tese de que "as formas de hegemonia não têm o mesmo conteúdo" para as classes dominantes e subalternas, "[...] não são idênticas quando se referem às formas de revolução passiva das classes dominantes no contexto econômico e político, ou quando programam um processo de socialização da política capaz de assegurar uma revolução cultural de massa" (1978, p. 123). Razão por que, segundo interpretação da autora, na transição, "ocorrem duas guerras de posição: a da classe dominante nas suas diversas formas de revolução passiva, a dissimétrica das classes subalternas que lutam pela sua hegemonia e por uma direção política da sociedade" (1978, p. 123).

Essa discussão nos permite extrair dois elementos fundamentais: a) a forma *hegemonia* não remete a uma mera inversão/troca dos sujeitos que detêm o poder; b) o processo de constituição da hegemonia é radicalmente distinto no que diz respeito à prática das classes fundamentais, capitalistas e trabalhadoras.

Por isso, reafirmamos que, em *períodos de crise, é a capacidade das classes fazerem política, isto é, de construírem formas de articulação e objetos de consenso de classe, que define as tendências do processo social.*

É, portanto, na materialidade do encaminhamento de propostas qualificadoras de uma direção política que se definem as possibilidades de formação do consenso na classe e, consequentemente, as bases sob as quais se desenvolve um processo político-cultural de reestruturação da hegemonia do capital ou a constituição de uma nova hegemonia das classes subalternas.

Altvater, em seu estudo a respeito das teorias marxistas das crises, afirma que, "como pressuposto para um desenvolvimento contínuo, depois da crise deve nascer — a partir da reestruturação — um novo projeto hegemônico. A hegemonia assim entendida, portanto, é posta em discussão pela crise, mas ela se reestrutura e se reproduz justamente através da crise na forma de revolução passiva" (1989a, p. 95).

Embora Altvater não discuta a questão da hegemonia, enquanto processo a ser conquistado pelas classes subalternas, seu argumento é bastante próximo àquele desenvolvido por Gramsci, em seu brilhante ensaio denominado "Americanismo e fordismo", quando discute o fordismo no leito dos mecanismos de contratendência à queda da taxa de lucro e qualifica o *americanismo* como um movimento constitutivo de hegemonia (Gramsci, 1988a).

Mesmo pertencendo a períodos e tradições teóricas diferentes, dentro do marxismo, os argumentos de Gramsci e as interpretações de Altvater são parametrados pela crise de 1929 e ambos tratam das estratégias que viabilizaram a superação daquela crise, ao mesmo tempo em que formavam uma nova cultura.[10]

Segundo Portantiero, esta é, inclusive, uma questão politicamente decisiva no pensamento gramsciano acerca das crises; e argumenta que o núcleo analítico da discussão de Gramsci sobre o assunto "é a preocupação por determinar a forma das contratendências que a crise gera, para estudar a capacidade de recomposição que o sistema possui e que as crises estimulam" (1987, p. 52).

Esse foi o caso do *fordismo* no segundo pós-guerra: ao mesmo tempo em que assimilava um conjunto de mudanças técnicas necessárias ao restabelecimento do processo de acumulação, também construía uma nova sociabilidade do trabalho assalariado, envolvendo mudanças nos padrões comportamentais dos trabalhadores, difundindo valores ético-morais e mobilizando ações institucionais.

Desse modo, o *fordismo*, base da hegemonia do *americanismo*, expressou um projeto mais amplo do que o de criar novos modos de organização do trabalho, viabilizadores da reestruturação produtiva, após a Segunda Guerra Mundial. No bojo das suas práticas, ele procurou "criar uma nova forma de sociedade e um Novo Homem, com as qualidades morais e intelectuais exigidas por essa nova sociedade" (Clarke, 1991, p. 129).

Assim, falar de *hegemonia* "é tratar de uma ação que atinge não apenas a estrutura econômica e a organização política da sociedade, mas que também age sobre o modo de pensar, de conhecer, e sobre as orientações ideológicas e culturais, presentes nas propostas e nos discursos das classes" (Tavares de Jesus, 1989, p. 42).

---

10. Na realidade, a crise de 1929 implicou um conjunto de mudanças estruturais, marcadas pela instauração de um novo padrão de acumulação, que exigiu transformações não apenas nos métodos e processos de trabalho, mas principalmente na gestão da força de trabalho em prol da formação e constituição do trabalhador-consumidor, que é o sujeito social da sociedade *fordista*.

É nesse sentido que aqui trataremos historicamente os perfis econômicos e políticos da crise dos anos 80, suas particularidades no Brasil e as iniciativas que, tanto no âmbito da economia como no da política, evidenciam quais os eixos de rearticulação/resistência das classes fundamentais diante da crise. Contudo, admitimos, desde já, que a discussão está centrada no âmbito da formação da cultura, aqui entendida como componente fundamental da hegemonia.

Marco de profundas mudanças econômicas, políticas e sociais, a década de 80 — período destacado neste estudo — será abordada com base em três aspectos fundamentais, que lhe imprimem características próprias: a) *as mudanças na ordem econômica mundial e seus impactos nos países centrais e periféricos;* b) *as mudanças no mundo do trabalho, como expressão das necessidades de reestruturação produtiva no leito de uma nova conjuntura política crítica;* c) *as bases econômicas, políticas e culturais que marcam a rearticulação da burguesia internacional, na reestruturação da sua hegemonia.*

Esses aspectos, tematizados numa conjuntura de crise, nos permitiram qualificar os anos 80 como um "período de crise orgânica", no qual a burguesia *tenta reestruturar a sua hegemonia*, no interior do processo de correlação de forças entre as classes.

Considerando essa problematização, nossa hipótese é a de que *as tendências da seguridade social brasileira, a partir dos anos 80, expressam o movimento de formação de uma cultura política da crise, que é marcada pelo pensamento privatista e pela constituição do cidadão-proprietário-consumidor.*

Tal hipótese não submete a discussão sobre as tendências da seguridade social brasileira a uma relação de causalidade entre crise econômica e crise da seguridade. Tampouco, à constatação dos nexos entre a constituição do trabalho assalariado, a necessidade de reprodução do trabalhador coletivo e a gestão estatal e privada da força de trabalho, no contexto mais geral da acumulação capitalista.

O essencial é a problematização da seguridade social em *tempos de crise*. Isso significa discuti-la no contexto das medidas de enfrentamento da crise que, invariavelmente, passam por reestruturações na base produtiva, pela desvalorização da força de trabalho e pelo redirecionamento dos mecanismos de regulação estatal. De igual modo, significa reconhecer que as consequências objetivas dessas iniciativas visando o enfrentamento da crise apontam para a penalização dos trabalhadores, principalmente porque implicam desemprego, redução dos salários e cortes de despesas com seguridade social.

É desse modo que, ao lado das medidas de ajuste macroeconômico, as mudanças no sistema de seguridade social brasileiro constituem o maior destaque da agenda das reformas liberais, que têm como principais formuladores os organismos financeiros internacionais,[11] os empresários vinculados ao grande capital e a burocracia estatal a eles associada.

No Brasil, a principal proposta do grande capital, em relação à previdência e à assistência, é a defesa do princípio da *universalização*, mediado por dois mecanismos: o mercado e a solidariedade entre classes antagônicas, constituindo uma modalidade de associação entre mercantilização/assistencialização da seguridade social.

Para implementar esse projeto, foi necessária a construção de algumas práticas que começam a ser implementadas em meados da década de 70, ainda no período da ditadura militar, sendo

---

11. Segundo Lourdes Sola, "o peso das agências de financiamento internacional, nas decisões econômicas internas de cada país, aumenta na razão direta da dependência daqueles em relação às fontes de financiamento internacional e à posição que ocupam nas relações internacionais que são de *força e de cooperação* (1993, p. 239), in: Sola, L. (org.), *Estado, mercado e democracia*.

objeto da ofensiva dos trabalhadores nos anos 80. Entretanto, desde o final desta década, o grande capital opera novas investidas no sentido de refuncionalizar a seguridade de acordo com seus interesses, no bojo da cultura política da crise.

A rigor, no Brasil, pós-1964, assiste-se a uma ampliação dos sistemas de previdência e saúde, para atender ao crescimento da massa de trabalhadores assalariados, em decorrência do crescimento experimentado pela economia brasileira no período de 1967 a 1979. Inegavelmente, essa ampliação da seguridade responde, também, pela necessidade de legitimação política dos governos militares, mas é a relação existente entre as fases de desenvolvimento do processo produtivo, a constituição do trabalhador coletivo, as formas de produção de mais-valia e os mecanismos de reprodução do salariato, que ampara a lógica da sua expansão.

Espelhados no *fordismo periférico* de que fala Lipietz (1988, p. 92-99), o Brasil dos anos 70 experimentou o crescimento da sua economia, absorvendo, nos setores produtivos fundamentais, práticas relativas à gestão da força de trabalho, que se assemelham àquelas dos países desenvolvidos. Em contrapartida, a periferia desse sistema pauperizou-se, deixando alargado o fosso entre o trabalhador assalariado da grande empresa e os demais trabalhadores *precarizados*.[12]

Esse fato teceu as bases para a associação, que viria a acontecer, na década de 80, entre mercantilização/assistencialização da seguridade social, agora tratada como uma necessidade provocada pela

---

12. Note-se que esta é uma tendência que se acentua nos anos 1990. No Brasil, os dados da PME/IBGE, em 1994, atestam o aumento da precariedade do trabalho. O percentual da população ocupada, trabalhando de 40 a 48 horas semanais e auferindo rendimento inferior a um salário mínimo, subiu 11,1%. Já o percentual de trabalhadores, com carteira assinada, caiu de 56%, em 1993, para 49%, em 1994. Destaque-se, ainda, que houve crescimento nos registros de trabalhadores por conta própria (*Conjuntura Econômica*, out. 1994; *Gazeta Mercantil*, 27 out. 1994).

crise que, sob a direção do *Consenso de Washington*, encontra nas classes dominantes brasileiras amplo apoio.

Contudo, é necessário reconhecer que, nos anos 80, emerge no cenário político brasileiro o novo sindicalismo, cuja característica principal é a politização das demandas dos trabalhadores assalariados. Há, portanto, uma relação entre o crescimento dos setores produtores de capital intensivo e a ampliação do movimento sindical.

Reconhecido como sujeito político pelo próprio grande capital, o sindicalismo dos anos 80 inaugura a prática das negociações coletivas entre grandes sindicatos e grandes empresas, consolidando o processo de *fordicização* das relações de trabalho no Brasil.

Contando, pois, com esse mecanismo, os trabalhadores do grande capital *enfrentam o processo de desvalorização da sua força de trabalho* — inerente ao processo de reestruturação produtiva — *exigindo das empresas a criação de mecanismos agenciadores de benefícios sociais, vinculando-os às condições de venda da sua força de trabalho.*

Dialética e contraditoriamente, esse movimento também determinou um outro perfil na seguridade social brasileira, marcado pela ação das empresas e do mercado no agenciamento de serviços de saúde e previdência, construindo uma prática em que a seguridade e a produtividade do trabalho se resolvem na moderna empresa capitalista, como produto de acordos entre grandes empresas e grandes sindicatos.

Presencia-se, no âmbito político, o surgimento de outra modalidade de socialização da reprodução da força de trabalho, na medida em que ela passa a ser suprida pelas empresas privadas e fica restrita a algumas categorias profissionais de trabalhadores.

Já sob a ótica do grande capital, observa-se a implementação do seu projeto neoliberal no contexto da constituição de uma cultura política da crise. É verdade que o capital absorve as demandas dos trabalhadores por benefícios sociais; mas, ao fazê-lo, procura imprimir uma direção coerente com as necessidades do processo de acumulação. Isto é, trata tais demandas como sinalizações de um consenso entre empresários e trabalhadores sobre a necessidade de privatização da seguridade social no Brasil.

Negando, implicitamente, a intermediação e o agenciamento do Estado, o capital absorve as demandas dos trabalhadores, no interior do processo de formação de uma cultura do *consentimento* da privatização da seguridade — em especial na esfera da previdência e saúde —, ao mesmo tempo em que difunde e socializa a necessidade de ampliação dos programas de assistência social, voltados para *os pobres*, procedimento esse coerente com a sua concepção do Estado mínimo e com a necessidade de reduzir os impactos sociais dos ajustes econômicos.

Como justifica Joan Nelson (1993, p. 358), um dos intelectuais do *Consenso de Washington*, trata-se de "uma abordagem mais ampla para reduzir as tensões entre a liberalização econômica e política e estimular a consolidação de ambas. Ao estabelecer-se uma economia de mercado, a limitação dos riscos assume a forma de *redes de segurança social* para os perdedores".

No âmbito da seguridade, a materialidade dessa proposta se dá mediante o atendimento das necessidades dos trabalhadores *precarizados* e de menor remuneração na escala salarial ou, mesmo, dos excluídos do processo de assalariamento, com a criação simultânea de sistemas privados de previdência, destinados aos trabalhadores do grande capital.

Podemos, pois, afirmar que o núcleo básico do movimento da seguridade no Brasil, *em tempos de crise*, é a assistencialização da seguridade social brasileira, que ocorre em sincronia com o movimento de privatização.

Procura-se gestar uma cultura do *americanismo*[13] no bojo de uma ideologia da crise, cujo propósito é o da formação de novos valores e padrões sociais compatíveis com as necessidades do capital, em tempos de crise.

Desse modo, as tendências da seguridade social brasileira, em particular as da previdência e da assistência, a partir dos anos 80, são determinadas pelas práticas sociais dos trabalhadores assalariados e de segmentos do empresariado vinculados ao grande capital, diante das exigências surgidas no processo de enfrentamento da crise econômica, como expressão particular de um movimento geral.

Assim, as mudanças imprimidas aos rumos da seguridade social brasileira são, também, determinadas pelos processos de ajustes macroeconômicos, tendo como protagonistas os organismos financeiros internacionais (FMI, BIRD e Banco Mundial), que são os veiculadores das indicações do *Consenso de Washington* para os países do Terceiro Mundo, em que estão incluídas as recomendações sobre os rumos da seguridade social brasileira *em tempos de crise*.

No entanto, mediatamente, essas determinações podem ser localizadas com base nas mudanças imprimidas no *mundo do trabalho* — cenário da reestruturação produtiva — posto que a questão da seguridade relaciona-se diretamente com a reprodução da força de trabalho e com os processos de exclusão e *precarização* do trabalho. Por sua vez, essa reestruturação é o *locus* da formação de uma *civiltà*, que pode atribuir às *ideologias práticas*, emergentes em situações de crise, o estatuto de uma visão indiferenciada de mundo, no contexto mais geral da crise global da sociedade contemporânea.

---

13. A referência ao americanismo é feita dentro da tradição do pensamento gramsciano exposto em "Americanismo e fordismo". Sua utilização aqui expressa nosso entendimento acerca do processo de formação da cultura como o *cimento* da constituição da hegemonia. Como sugere Glucksmann, o modelo americano de hegemonia define a concepção de cultura em Gramsci (Gramsci, 1988a, p. 375-434; Buci-Glucksmann, 1990, p. 106-112).

Nesse sentido, a previdência e a assistência social são consideradas como mecanismos que compõem o conjunto das práticas institucionais que interferem no processo de constituição do trabalhador coletivo e na gestão estatal e privada da reprodução da força de trabalho.

Se assim for, podemos argumentar que as atuais estratégias do capital — nas quais se inclui a construção de uma *nova* cultura política — não se confundem com o *velho* e conhecido *transformismo*, legitimador do poder da burguesia, para realizar redirecionamentos na intervenção do Estado.

Pelo contrário, defendemos a tese de que *o novo* reside no fato de a burguesia não mais querer nem poder exercitar *pelo alto* este poder. Para universalizar a sua ordem, é necessário formar uma cultura geradora do consentimento das classes — isto é, constituidora de hegemonia.

CAPÍTULO I

Crise econômica e constituição de hegemonia

1. AS MUDANÇAS NA ORDEM ECONÔMICA MUNDIAL

Finda a Segunda Guerra Mundial, as economias industrializadas experimentam um longo período de crescimento, baseadas no modelo fordista-keynesiano, sob a hegemonia dos Estados Unidos (Harvey, 1993, p. 119), mas que, no início dos anos 70, apresenta os primeiros e graves indícios de esgotamento.

A rigor, já nos finais da década de 60, as economias centrais começam a apresentar sinais de declínio do crescimento econômico, evidenciando o início da saturação daquele padrão de acumulação. A queda das taxas de lucro, as variações na produtividade, o endividamento internacional e o desemprego são indícios daquele processo.

Trata-se, segundo a análise de Mandel, da emergência de uma crise que expressa "o esgotamento da onda longa expansiva que começou nos Estados Unidos em 1940, na Europa e no Japão em 1948, e durou até o final dos anos 60" (1990, p. 13) quando, então, se inicia uma nova *onda longa recessiva*, caracterizada por uma taxa de crescimento médio inferior à alcançada nas décadas de 50 e 60.

Nos discursos oficiais, a crise econômica que se inicia nos anos 70, e que se torna mais visível nos anos 80, é problematizada a partir de fatores externos, como é o caso da crise do petróleo de 1973, das lutas sociais pela libertação dos povos do Terceiro Mundo, do comportamento dos sindicatos etc.[1]

Ora, se as crises "não são nem o resultado do acaso, nem o produto de elementos exógenos [...], elas correspondem, ao contrário, à lógica imanente do sistema, embora fatores exógenos e acidentais desempenhem evidentemente um papel nas particularidades de cada ciclo" (Mandel, 1990, p. 1), como foi o caso da crise do petróleo.

Assim sendo, a realidade da crise não se mostrou tão pontual, localizada num fator ou num conjunto de fatores. Sua duração e persistência deitaram por terra as visões *otimistas* que aguardavam sua superação com base na intervenção localizada sobre os supostos fatores detonantes da crise. Sua dimensão generalizada, expressa no movimento de retração da atividade econômica em todos os países capitalistas centrais, confirma exatamente o contrário.

Não se tratando de um acaso, as razões desse *desenlace* podem ser pensadas como "produto das transformações econômicas mais profundas que se produziram no curso do longo período de expansão" (Mandel, 1990, p. 11), identificadas nos avanços produtivos e na revolução tecnológica que lhes foram inerentes, e que propiciaram uma maior concentração e a internacionalização do capital e da produção.

---

1. Sobre o papel dos fatores externos na deflagração da crise, principalmente a questão da crise do petróleo, ver as observações críticas de Belluzzo e Coutinho (1982, p. 7-8) e Mandel (1990, p. 7-8).

Com efeito, a partir do segundo pós-guerra, o mundo capitalista presenciou um grande movimento de articulação entre as diversas economias, sob a hegemonia do grande capital monopolista norte-americano, que imprimiu à economia internacional o seu padrão de produção e de consumo. Essa articulação se processou via internacionalização do capital, por meio das empresas industriais transnacionais, da mundialização do capital financeiro e da divisão internacional dos mercados e do trabalho.

Pelo seu peso e características, a economia americana assegurou uma dinamização generalizada de todo o conjunto das economias avançadas no pós-1945. Entretanto, a economia americana, ao mesmo tempo em que avançava em direção a novos mercados produtores e consumidores, também permitia, no seu mercado interno, a penetração de produtos alemães e japoneses, alimentando a manutenção do ritmo de crescimento daqueles países (Tavares e Fiori, 1993, p. 19). Ao influenciar a concorrência intercapitalista, abria espaço para a penetração de suas empresas na Europa e nos países periféricos, incentivando, em consequência, as disputas pela ocupação do mercado internacional com a Alemanha e o Japão.

Os dois movimentos possibilitaram o fortalecimento tecnológico e financeiro das grandes empresas europeias e japonesas. Estas últimas, numa política industrial ofensiva, reagiram à penetração dos oligopólios americanos no seu mercado, intensificando esforços de renovação tecnológica nos setores em que a indústria americana já havia gerado inovações, embora não pudesse utilizá-las sem depreciar massas de capital fixo recém-instaladas.

Por sua vez, o grande capital europeu, num movimento de centralização e internacionalização, no interior da concorrência intercapitalista, possibilitou a expansão da indústria europeia nos países periféricos em bases tecnológicas mais avançadas do que a empresa americana.

Uma das consequências mais significativas da internacionalização, do ponto de vista político, residiu no fato de que as forças produtivas ultrapassaram os limites do próprio Estado nacional, fato que foi protagonizado pelo desenvolvimento das empresas transnacionais, que passaram a produzir mais-valia simultaneamente em vários países, esquivando-se do controle das políticas estatais regionalizadas. Na realidade, os limites da intervenção estatal confrontaram-se com a ruptura dos limites nacionais operada pelas empresas multinacionais, que se instalaram em todo o mundo (Mandel, 1990, p. 11-12; Belluzzo e Coutinho, 1982, p. 9-11).

Sem controle direto sobre a política industrial, a de preços e a de salários, o foco da intervenção governamental, para controlar os ciclos no pós-1945, consubstanciou-se na política de expansão monetária e do crédito, sendo esta "a característica principal da longa fase de expansão do pós-guerra do ponto de vista do funcionamento do conjunto da economia capitalista internacional, provocando o aparecimento de ciclos de crédito parcialmente autônomos com relação ao ciclo industrial, que procuravam compensá-lo" (Mandel, 1990, p. 11).

Como as políticas e as instituições financeiras continuaram nacionais (Banco Central, moeda, governos), esses ciclos se restringiam ao espaço nacional, provocando descompassos no plano internacional. Isto é, cada país tinha a sua política de crédito, embora fosse sensível às mudanças do mercado mundial (Mandel, 1990, p. 12).

Ocorre, porém, que a natureza dessas políticas de crédito e de expansão da base monetária determinaram a emergência de processos inflacionários, posto que, "a longo prazo, a aplicação repetida de uma política de expansão monetária [...] conduz a uma aceleração mundial da inflação" (Mandel, 1990, p. 12).

Por isso mesmo, "a partir do momento em que a inflação se acelerou em todos os países imperialistas e levou ao desmoronamento o sistema monetário internacional [...], todos os governos foram obrigados a aplicar simultaneamente uma política anti-inflacionária, mesmo que apenas pela pressão da concorrência" (Mandel, 1990, p. 12-13).

A partir dos finais da década de 60, o desempenho da economia americana já revelava perda de dinamismo, em especial pelos gastos armamentistas no auge da Guerra do Vietnã, enquanto as economias japonesa e alemã se tornavam competidoras eficazes, alterando o cenário das relações econômicas internacionais.

Marcada pelos déficits orçamentários, a economia americana se vê compelida a decretar a inconversibilidade do dólar em relação ao ouro, em 1971. Esse foi o ponto de partida para a crise econômica mundial do capitalismo. "O dólar inflacionava-se ao ser emitido em maior quantidade para cobrir o rombo orçamentário, o que depreciava as exportações dos países do III Mundo, valorizava as exportações americanas e dava início ao processo de inflação mundial" (Vizentini, 1992, p. 12).

A desvalorização do dólar, promovida pelo circuito financeiro privado, teve como consequência um movimento especulativo conhecido como o mercado das *euromoedas*, permitindo o início de um período de grande expansão do capital financeiro.

Essa medida provocou graves repercussões internacionais, determinando um conjunto de ajustes macroeconômicos nas economias ocidentais, na tentativa de implantar uma política anti-inflacionária, o que, por sua vez, implicou uma sincronização internacional do ciclo industrial. Essa sincronização impulsionou iniciativas expansionistas, alimentando a retomada do crescimento de todas as economias capitalistas no período 1971-73, sob a liderança dos Estados Unidos (Belluzzo e Coutinho, 1982, p. 9).

Foi nesse contexto que o cartel dos exportadores de petróleo aumentou significativamente os preços do produto, em 1973, o que, na realidade, acabou por ser uma manobra das transnacionais petrolíferas e dos Estados Unidos contra as economias japonesa ealemã, que não produziam petróleo (Belluzzo e Coutinho, 1982, p. 12).

Ora, se as bases da crise já estavam postas no período de expansão, e foram responsáveis por uma situação de superacumulação de capital, o aumento dos preços do petróleo foi apenas um catalisador do ciclo recessivo que se instalou entre 1974-75.

As repercussões da crise e das estratégias utilizadas para superá-la foram extremamente desiguais, tanto entre os países centrais, quanto entre eles e os países periféricos. Enquanto os Estados Unidos se beneficiaram pela pequena dependência do petróleo e pela entrada dos petrodólares, as economias periféricas foram extremamente penalizadas pelos preços dos produtos importados. Já os países exportadores de petróleo também se beneficiaram pela sua integração no bloco petrolífero.

Em síntese, podemos dizer que os prenúncios da crise, emergentes nos anos 60, foram inicialmente enfrentados com a intensificação do processo de internacionalização do grande capital. Mas, em face do volume dos investimentos em capital fixo, as empresas não conseguiram reestruturar a produção nas bases necessárias à manutenção das taxas de lucro. Esse movimento foi mais nítido na indústria americana do que nas indústrias alemãs e japonesas, que se tornam grandes competidoras em termos de conquista de mercados e de avanços tecnológicos, desde que elas já vinham desenvolvendo uma política de reestruturação industrial, nos finais dos anos 60. Esse é o quadro que vigora até 1975, quando se inicia uma *retomada desigual* do crescimento nos países centrais.

Segundo Mandel, essa retomada foi frágil, hesitante e se manifestou, sobretudo, pela dificuldade que encontrou a própria produção industrial para retomar o nível que mantinha antes da crise de 1974-75. Na realidade, a recuperação dos investimentos foi insatisfatória, não chegando a reverter a capacidade ociosa das empresas, pelo fato de não ter havido ampliação do consumo, visto que não houve redução das taxas de desemprego, nem aumento da poupança e da renda.

De fato, é a reprodução da situação vivida nos inícios dos anos 70 que leva a economia a enfrentar um novo ciclo recessivo no início dos anos 80. Isto é: inflação, expansão do mercado financeiro em detrimento do setor produtivo, que apresenta baixa evolução da utilização da capacidade instalada das empresas. Nesse sentido, os anos 80, a despeito da existência de períodos de recessão e recuperação, podem ser pensados no leito do desenvolvimento progressivo da crise, iniciada nos anos 70 e que se prolonga na presente década.

Apesar das iniciativas levadas a efeito pelo grande capital, "não houve nem reestruturação, nem expansão substancial do mercado mundial, nem uma reorganização fundamental do processo de trabalho que permitisse um crescimento qualitativo da produção de mais-valia, nem uma modificação fundamental das relações de forças sociais, elementos que teriam permitido ao capital assegurar novamente uma expansão comparável àquela dos anos pós-II guerra ou dos anos que precederam a Primeira Guerra Mundial" (Mandel, 1990, p. 247).

Na realidade, os ajustes produzidos para a superação da crise se mostraram insuficientes porque persistiam pontos de estrangulamento, tais como a queda dos investimentos produtivos, desemprego crescente e ampliação das dívidas dos países periféricos.

Considerando o exposto, elaboramos algumas conclusões sobre o cenário econômico dos anos 1980. Em princípio, reafirmamos que a crise dos anos 80 se qualifica como uma crise do capital, cuja principal determinação é econômica, expressa num movimento convergente em que a crise de superprodução é administrada mediante expansão do crédito para financiar tanto os déficits dos países hegemônicos como a integração funcional dos países periféricos ao processo de internacionalização do capital.

Assistimos, também, a uma fusão do capital bancário com o industrial, que é típica da fase dos monopólios. De fato, "cada retomada econômica que se sucedeu após 1971 foi apoiada numa massa de créditos cada vez maior relacionando-se com uma massa de lucros igual, ou sensivelmente inferior" (Mandel, 1990, p. 260). Assim, a recuperação foi alimentada por um endividamento visivelmente acelerado e orientada para as necessidades de cada período. Como exemplos, temos o caso específico dos créditos fornecidos aos países do Terceiro Mundo e às ex-economias socialistas nos anos 70, na fase do início da crise, bem como, nos anos 80, pela expansão do crédito ao governo e aos grandes trustes da América do Norte (Mandel, 1990, p. 261).

Inegavelmente, a clássica afirmação de que a crise expressa um descompasso entre produção e circulação, enquanto processo de produção e realização de mais-valia e, ao mesmo tempo, o momento a partir do qual a lei do valor se impõe, parece ser o elemento central do entendimento dessa crise.

Nesses termos, dois movimentos sincronizados caracterizam as iniciativas superadoras da crise econômica do capital: a reestruturação da produção e dos mercados.

Segundo Mandel, "a recessão foi provocada e se prolongou sob o efeito de uma baixa da taxa média de lucro, combinada com uma queda dos investimentos produtivos" (1990, p. 178). Essa recessão atingiu os países periféricos, sobretudo em dois aspectos: aumento dos preços das matérias-primas e agravamento da crise financeira dos anos 80, em decorrência das altas das taxas de juros praticadas no período.

A crise econômica requereu, assim, medidas de ajustes, necessárias ao processo de reestruturação da economia, mas que intensificaram as tensões sociais. Ao longo das duas últimas décadas, apesar das diversas iniciativas implementadas e que apontam para momentos de tênue recuperação da economia, a crise vem sendo enfrentada valendo-se de uma *cruzada* contra os mecanismos anticíclicos de base keynesiana, tendo como contrapartida um programa de corte neoliberal, marcado pela negação da regulação econômica estatal, pelo abandono das políticas de pleno emprego e pela redução dos mecanismos de seguridade social, em prol, é claro, da regulação operada pelo mercado.

Esse processo, entretanto, não permitiu que as economias capitalistas superassem a crise e restabelecessem níveis de crescimento econômico similares àqueles alcançados no segundo pós--guerra. Contraditoriamente, as iniciativas superadoras da crise econômica, pelo seu imbricamento no conjunto das relações sociais, foram catalisadoras dos processos sociopolíticos que a projetaram como uma crise global do capitalismo.

Visto que a trajetória do capitalismo não se reduz a uma dinâmica cíclica, formalmente identificada como fases de declínio, recuperação e auge, ela supõe um processo dinâmico de mudanças nas suas formas de existência, em que a organização da produção, dos mercados, dos salários, da intervenção estatal e das demais instituições é mutável, dentro do contexto mais ampliado da reprodução das suas estruturas fundamentais.

Evidente que o processo de reprodução e transformação do capitalismo, ainda que expressando um movimento geral, desenvolve-se em condições peculiares nos países centrais e nos periféricos.

Segundo Belluzzo e Coutinho, "a rápida internacionalização do grande capital monopolista das economias avançadas, nos 30 anos posteriores à Segunda Guerra Mundial, propiciou, sem sombra de dúvida, o avanço dos processos de industrialização na periferia" (1982, p. 24). Assim, o processo de expansão capitalista do segundo pós-guerra transformou de forma significativa as economias periféricas, incorporando-as ao processo de reprodução ampliada do capital, em escala global.

Dessa forma, um contingente significativo de países periféricos transformou-se em campo de absorção de investimentos produtivos, contribuindo para que o capital se reproduzisse a uma taxa de lucro mais elevada e num ritmo mais intenso, modificando, com base nisso, a condição de países eminentemente exportadores de produtos primários (Belluzzo e Coutinho, 1982, p. 27).

Entretanto, esse avanço dependeu da canalização de recursos públicos para o financiamento da indústria de bens de capital e de obras de infraestrutura. No cumprimento do papel de indutor da industrialização, o Estado atuou de forma incisiva na formação de uma base produtiva integrada às necessidades dos grandes oligopólios internacionais. Assim intervindo, o Estado cumpriu o papel do capital bancário e do setor privado, que não dispunha de reservas, nessa fase da industrialização.

Na etapa monopolista, essa não é uma questão pontual, pois que, na era dos monopólios, além das clássicas formas de intervenção estatal na preservação das condições da produção capitalista, o Estado passa a intervir na dinâmica econômica de forma sistemática e contínua.

Isto é, suas funções políticas imbricam-se com as funções econômicas.[2] Neste caso, as funções econômicas do Estado se organizam e ele passa a atuar como empresário, nos setores básicos, na assunção do controle de empresas em dificuldades financeiras, e como fornecedor de recursos públicos ao setor privado por meio de subsídios, empréstimos com juros baixos etc.

Considerando o caráter periférico dessas formações sociais e o seu papel como espaço de reprodução do capitalismo central, podemos afirmar que "as industrializações periféricas alcançaram

---

2. Sobre o tema, ver Netto (1992, p. 15-30).

graus diferentes de desenvolvimento. O que as distingue é a capacidade de reposição ampliada do capital constante, em especial do fluxo de capital circulante. Isto é, a sustentação do processo de acumulação capitalista, no que se refere aos elementos de maior peso dentro da massa de valor produzida, é a existência de um setor de bens de produção. O grau de integração e o peso relativo deste setor no sistema industrial definem, por sua vez, a profundidade que pode ser alcançada pela penetração das grandes empresas internacionais, particularmente no que diz respeito à produção de bens duráveis" (cf. Belluzzo e Coutinho, 1982, p. 28). Por isso, é o grau de desenvolvimento continuado do setor de bem de produção que define o nível de desenvolvimento e o estágio de integração do capitalismo periférico ao capital internacional.

Assim, é o ritmo de desenvolvimento do processo de expansão do capital que permite, enquanto movimento histórico real, apreender as particularidades de cada processo de acumulação e a relação orgânica entre o capital hegemônico e as economias periféricas.

No caso brasileiro, a peculiaridade desse processo, segundo Mello e Belluzzo, reside no papel do setor produtivo estatal, na dimensão do processo de internacionalização do setor produtivo e na extensão do controle do Estado sobre o processo de acumulação (1982, p. 144).

Tomando como marco o período a partir do qual se esgota o chamado modelo de substituição de importações — período denominado por Mello de *industrialização restringida* —, admitimos a segunda metade dos anos 50 como sendo o período em que se inicia a industrialização pesada, responsável pela mudança no padrão de acumulação vigente no Brasil.

Segundo Mello e Belluzzo, "o capitalismo monopolista de Estado se instaura no Brasil ao término do período Juscelino, que marca a última fase da industrialização. Isto porque só então são constituídas integralmente as bases necessárias para a autodeterminação do capital, cristalizadas no estabelecimento de relações entre os Departamentos de Bens de Produção, Bens de Consumo Assalariados e Bens de Consumo Capitalistas, o que impõe uma dinâmica essencialmente capitalista ao modo de acumulação" (1982, p. 144).

Esse modelo, baseado no crescimento acelerado da capacidade produtiva do setor de bens de produção e do setor de bens duráveis de consumo, requeria um financiamento que superava as disponibilidades do capital nacional privado e estrangeiro, já investidos no país. Ao mesmo tempo, tal expansão produzia uma "desaceleração do crescimento, ainda que se mantivesse a mesma taxa de investimento público, uma vez que a digestão da nova capacidade produtiva, criada nos departamentos de bens de produção e de bens de consumo, provocaria um corte nos investimentos privados. Houve, no entanto, muito mais que isto, e a expansão desembocou numa crise que se arrastou de 1962 a 1967" (Mello, 1984, p. 121). Em suma, no período que se inicia na segunda metade dos anos 1950 até 1961, presenciamos um movimento de redefinição e expansão do modelo de acumulação, responsável pela consolidação da industrialização brasileira em moldes tipicamente capitalistas; no entanto, esse período de expansão desembocou numa crise que se prolongou de 1962 a 1967.

Segundo Mello: "Não é difícil entender que um processo como este exigia como pré-requisito um determinado grau de desenvolvimento do capitalismo, uma ampliação das bases técnicas da acumulação, que se fizera durante a fase da industrialização restringida. Porém, não é menos certo que a industrialização pesada tinha escassas possibilidades de nascer como mero desdobramento do capital nacional e estrangeiro empregado nas indústrias leves: nem se dispunha de instrumentos prévios de mobilização e centralização de capitais, indispensáveis à maciça concentração de recursos internos e externos, exigida pelo bloco de investimentos pesados, nem se poderia obter estrutura técnica e financeira dos novos capitais a partir da diversificação da estrutura produtiva existente. A expansão, portanto, não poderia deixar de ser apoiada no Estado e no novo capital estrangeiro que se transfere sob a forma de capital produtivo" (1984, p. 118).

A estratégia implicou um sólido arranjo socioeconômico e político feito entre Estado, capital privado nacional e empresas transnacionais. Segundo Mello, "a ação do Estado foi decisiva, em primeiro lugar, porque se mostrou capaz de investir maciçamente em infraestrutura e nas indústrias de base sob sua responsabilidade, o que estimulou o investimento privado não só por lhe oferecer economias externas baratas, mas, também por lhe gerar demanda [...]. Coube-lhe ademais, uma tarefa essencial: estabelecer as bases da associação com a grande empresa oligopólica, definindo, claramente, um esquema de acumulação e lhe concedendo generosos favores" (Mello, 1984, p. 118).

Nesse sentido, o processo político desencadeado no pré-64 foi definitivo na inflexão do padrão de acumulação. Como afirma Netto (1984, p. 25), "o que o golpe derrubou foi uma alternativa de desenvolvimento econômico-social e político que era virtualmente a reversão do fio condutor da formação social brasileira". Isto é: ou o capital nacional privado articulava, com a participação do Estado, um esquema de acumulação que lhe permitisse desenvolver a industrialização pesada, ou teria que construir um outro arranjo político-econômico, privilegiando os interesses do capital estrangeiro para atingir o padrão de acumulação que lhe interessava.

Assim o chamado "milagre econômico" da década de 70 é o produto acabado de um movimento em que economia e política se vinculam estreitamente para viabilizar um processo de *modernização conservadora*. Suas características foram as benesses concedidas ao capital estrangeiro e aos grupos nacionais, o que permitiu a concentração e centralização do capital, além de instituir um padrão de industrialização dirigido ao atendimento da parcela elitizada de consumidores internos e às demandas do exterior. É nessas condições que o período 1967-74 é considerado de recuperação e expansão da economia brasileira.

Ora, a partir da primeira crise do petróleo, em 1974, a economia internacional apresenta mudanças significativas: com o prenúncio do esgotamento do modelo de acumulação, ao mesmo tempo em que se encerrava um período de crescimento iniciado nos anos 40, observa-se, também, o forte movimento especulativo que culmina com a segunda crise do petróleo, em 1979, e com as medidas restritivas de política monetária adotadas no início dos anos 80.

Esse período exigia processos de ajustes variados em face do grau de integração do país na economia internacional. Foi com o objetivo de intervir nesse quadro que o II PND — no período Geisel — deu ênfase à indústria de base e de bens de capital, embora tal projeto tenha sido inviabilizado em função das relações entre o empresariado e o Estado.

Segundo Mello e Belluzzo, "a maior razão do seu fracasso foi determinada pela incapacidade de se ajustar os interesses da grande empresa estatal, grande empresa nacional privada e corporação multinacional" (1982, p. 157), desencadeando uma crise de condução por parte do Estado.

A plena realização do programa de modificação da estrutura industrial brasileira, previsto no II PND, foi atropelada por fatores internos e externos. Internamente, as disputas de interesses setoriais do capital determinaram um processo de desenvolvimento desigual nos setores que deveriam construir uma estratégia articulada para desenvolver a indústria pesada. Isso se fez às custas da privatização dos fundos públicos e do processo de endividamento externo, mas privilegiando apenas alguns grupos nacionais e multinacionais.

Do ponto de vista das relações externas, o cenário da crise dos anos 70, com seus desdobramentos no mercado, nos juros e na crise da dívida externa em 1982, foi determinado não apenas pelas pressões inflacionárias como também pelo fato de a economia brasileira passar a ser administrada por políticas convencionais do tipo *stop and go*, marcada por movimentos relacionados principalmente com as negociações da dívida externa.

Nesses termos, longe de representar o desenvolvimento progressivo dos projetos do governo militar, a política econômica, planejada a partir do período Geisel, terminou por se constituir no principal ingrediente da crise dos anos 80, já que tal política foi sustentada pelo crédito internacional que viria a ser suspenso em 1983, período a partir do qual o país se vê obrigado a exportar capital para o pagamento dos empréstimos recebidos.

Esses fatos, entretanto, não impedem a constatação de que os anos 70, no Brasil, foram um período de expansão e crescimento econômico, produzindo significativas mudanças na estrutura produtiva, na formação do mercado de trabalho e na infraestrutura urbana. Ao longo da década, o país construiu um parque industrial significativo e integrado à economia internacional. Todavia, o saldo dessa *modernização conservadora* foi o aumento da concentração de renda, a pauperização da maioria da população e a precarização das condições de vida e de trabalho da maioria dos trabalhadores.

Dessa forma, a década de 80 caracteriza-se como um período em que convivem traços de continuidade, saturação e alguns indícios de ruptura do modelo implementado no pós-64. Podemos dizer que, em nível da economia, foi uma década que *congelou* algumas situações deflagradas desde os finais dos anos 70. Daí, ser considerada por muitos como a *década perdida*, em função das baixas taxas de crescimento do PIB, da compressão dos salários e do aumento da concentração da riqueza. Ao mesmo tempo, metabolizou um novo processo político, cujo principal protagonista foi a ação organizada de expressivos setores da sociedade civil, rompendo as bases de sustentação da ditadura militar e resultando, assim, no restabelecimento do Estado democrático.

Esse cenário imprime aos anos 80 a característica de uma década de transição, seja porque a superação da crise econômica não apontava para a reedição do modelo de desenvolvimento iniciado nos anos 50 e redimensionado no pós-64, seja porque os processos políticos de *transição pelo alto*, tão ao gosto das elites, também já não podiam ter continuidade, diante do grau de socialização da política conquistado pela sociedade desde, pelo menos, o movimento dos trabalhadores do ABC, nos finais da década de 70.

Numa linguagem gramsciana, afirmamos que os anos 80 marcam um período — extensivo aos anos iniciais da década de 90 — de crise orgânica. Como assinala Neves, "a transição que se iniciou em meados dos anos 70 transcendeu, pois, de um mero rearranjo entre as forças sociais que compunham o bloco de poder, qualificando-se como um processo de construção autônoma das diferentes forças sociais que passaram a incorporar, nas suas práticas, novos instrumentos de organização das massas. Significou o início de um processo de ruptura da ordem tutelada que presidiu as relações entre Estado e sociedade ao longo do nosso processo de modernização capitalista [...] impondo uma redefinição das práticas sociopolíticas das várias forças sociais em conflito — burguesia agrária, industrial, financeira e trabalhadores urbanos e rurais" (1994, p. 34-35).

A rigor, a partir da segunda metade dos anos 80, constatamos, no conjunto das transformações vividas pela sociedade brasileira, o surgimento de um novo processo de luta entre as classes fundamentais no Brasil. A ação política organizada de frações da burguesia e das classes trabalhadoras, via sindicatos, partidos e outros movimentos organizativos, nos permite caracterizar esse período como de ruptura com os parâmetros de organização e conflito que vigiam desde 1964, implicando, por isso mesmo, uma redefinição das práticas sociopolíticas das classes.

Dado que esse processo desenvolve-se no leito da crise econômica dos anos 80, podemos argumentar que, nos momentos de crise, tal articulação de forças é mediatizada pelos impactos diferenciais que a crise econômica imprime ao capital e ao trabalho. Por isso, em tempos de crise, o processo de construção da hegemonia de uma classe passa pelos modos operativos de enfrentamento da crise que expressam, numa determinada conjuntura, suas vinculações com os princípios definidores de um determinado projeto social.

Nesses termos, o tratamento indiferenciado da crise, qual seja o de afirmar que ela é uma questão que afeta *toda* a sociedade brasileira e que dela requer *frentes indiferenciadas* de ação, aponta para a diluição de projetos de classe em favor de modos operativos de enfrentamento da crise, que implicam consensos de classe.

Ora, do ponto de vista mais global, os diagnósticos indicam, quase por unanimidade, que a crise brasileira não é produto direto da crise internacional, mas é por ela determinada em função do modelo de desenvolvimento adotado pelo Brasil e pelas relações sociais nele vigentes.

Assim, não se trataria de um desdobramento da crise econômica internacional, nem tampouco da expressão *periférica* da crise global, mas da constatação de que ela é uma manifestação particular de um movimento geral. Isso significa identificar como "o particular se articula com o geral, no interior de uma totalidade historicamente construída" (Perruci, 1978, p. 7).

Considerando tal abordagem, podemos apontar, pelo menos, três pontos essenciais da articulação entre o global e o nacional: *a reestruturação produtiva em escala mundial; os mecanismos integrados de ajustes macroeconômicos; a rearticulação da hegemonia burguesa sob a influência do neoliberalismo.*

Como afirmam Tavares e Fiori, "as políticas de ajuste, ocorridas na década de 80, depois da crise da dívida externa de 1982, fazem parte de um movimento de ajuste global que se inicia com a crise do padrão monetário internacional e os choques do petróleo da década de 70, ao lado do processo simultâneo de reordenamento das relações entre o centro hegemônico do capitalismo e os demais países do mundo capitalista. Passa também por uma derrota política do chamado 'socialismo real' e desemboca numa generalização das políticas neoliberais em todos os países periféricos, começando pela América Latina, passando pela África e estendendo-se ao Leste Europeu e aos países que surgiram com a desintegração da União Soviética" (1993, p. 18).

Entendido como tendência geral, esse movimento se diferencia em função das peculiaridades sociais, econômicas e políticas de cada país. No Brasil dos anos 80, tais peculiaridades devem ser identificadas no fato de que *o processo de socialização do poder político não produziu rupturas nos mecanismos de socialização do trabalho e na apropriação da riqueza socialmente produzida.*

Ora, se o desenvolvimento progressivo do processo de socialização da política, protagonizado pela luta dos setores organizados das classes subalternas, é formador de uma direção política de classe e constitutivo de hegemonia, não seria atípico que a burguesia procurasse contrapor-se a esse processo. Tal é a razão pela qual a construção de uma cultura da crise é coerente com a deflagração de uma ofensiva burguesa que parece vir tentando *funcionalizar* a luta dos trabalhadores pela socialização do poder político, como um processo que diz respeito aos modos conjunturais e operacionais de enfrentamento da crise, servindo-se, para tanto, do grau de socialização da política, conquistado pelos trabalhadores ao longo dos anos 80. Trata-se de inflexionar o objeto da resistência — os impactos da crise sobre os trabalhadores — num objeto de adesão e consentimento.

2. CRISE E REESTRUTURAÇÃO PRODUTIVA

Numa conjuntura de crise, a reestruturação produtiva é uma iniciativa inerente ao estabelecimento de um novo *equilíbrio instável* que tem, como exigência básica, a reorganização do papel das forças produtivas na recomposição do ciclo de reprodução do capital, tanto na esfera da produção como na das relações sociais.

Essa reorganização, amplamente discutida na literatura especializada,[3] expressa a estratégia utilizada pelo capital em direção ao enfrentamento da crise econômica e pode ser *mapeada* em dois amplos movimentos.

O primeiro deles diz respeito aos requisitos necessários à recomposição do processo global de acumulação e tem *seu "locus" na reestruturação produtiva, implicando também a reordenação geoeconômica das fases do ciclo global da mercadoria.*

Por sua vez, esse movimento é catalisado valendo-se de intervenções:

a. *no âmbito do reordenamento do quadro hierárquico das nações*, em função de sua riqueza e poder, como é o caso da relação entre os países que formam o centro hegemônico e deles com os países periféricos;

b. *no mundo do trabalho*, seja em função das mudanças requeridas pela divisão sociotécnica do trabalho, produto da reordenação das fases do processo de produção e realização de mais-valia, em nível mundial, seja por força de

---

3. Sob denominações diversas, o tema da reestruturação produtiva vem sendo amplamente discutido nas ciências sociais. Vale destacar que, em geral, o tema da reestruturação fica subsumido às polêmicas sobre a chamada produção flexível, considerada como um modelo que equaciona a rigidez dos métodos fordistas de produção, no âmbito do processo de trabalho. Algumas referências aqui são fundamentais: Harvey, *A condição pós-moderna* (1993), especificamente partes II e IV; Burawoy (1985 e 1990); Clarke (1991); Boyer (1990); Lipietz (1988).

necessidades inerentes ao processo técnico de trabalho, determinado pelas transformações requeridas na reestruturação da produção e, ainda, pelo surgimento de novas exigências que afetam a constituição e reprodução do trabalhador coletivo.

O segundo movimento diz respeito aos *mecanismos sociopolíticos e institucionais, necessários à manutenção do processo de reprodução social, incidindo prioritariamente no âmbito da luta de classes e na relação entre ordem econômica e projeto político*. Situados no nível superestrutural, eles são mediados pela ação política das classes e das instituições, na qual se inclui o Estado. Isto é, dependem dos modos e das formas como as classes enfrentam politicamente as mudanças requeridas pelo processo de reorganização da produção, no contexto mais geral das relações sociais. Fato que demonstra não ser esta apenas uma reforma econômica, mas um movimento que interfere na organização social.

A tese subjacente à reestruturação é a de que toda crise no mercado mundial expressa desequilíbrios no âmbito da produção e da circulação de mercadorias e "ocasiona esforços por parte do capital a fim de superar tais contradições, reestruturando tanto a produção quanto os mercados" (Mandel, 1990, p. 197).

Na esfera da produção, as medidas objetivam a elevação da taxa de lucro, seja modificando os padrões tecnológicos, seja aumentando a produção de mais-valia, seja superando obstáculos sociopolíticos que afetam a produtividade da força de trabalho. No âmbito do mercado, as iniciativas devem interferir na esfera da circulação, por meio da criação de novas possibilidades de escoamento da produção (novos nichos de mercado) e da *redivisão* dos tradicionais mercados consumidores.

Nesses termos, uma discussão consequente sobre a reestruturação produtiva exige que sejam recuperados, no processo histórico real, os vínculos entre as questões afetas à crise econômica e às iniciativas reestruturadoras do processo de produção.

Se, do ponto de vista da economia, a crise dos anos 80 caracteriza-se como produto do esgotamento do padrão de acumulação, baseado na produção e no mercado de consumo de massa, do ponto de vista político, ela se caracteriza como uma crise orgânica, na medida em que os esgarçamentos das ideologias e dos projetos societais operam refrações sobre as formas de superação da crise.

Nela, estão implicados, de um lado, um conjunto de fatores objetivos que remetem ao cenário das relações econômicas internacionais, como é o caso das medidas de ajuste, do reordenamento das relações entre os países centrais e destes com os países do Terceiro Mundo, da regulação estatal, da globalização dos ciclos da mercadoria, da divisão internacional do trabalho e do mercado e, de outro lado, os processos sociopolíticos e culturais expressos nas questões afetas à relação entre sistema econômico e regime político, à correlação de forças entre classes e à definição de projetos societais.

Observamos, pois, que a reestruturação produtiva é apenas uma expressão particular de um movimento geral e não a determinação que funda uma nova ordem, como querem alguns estudiosos do assunto.

Por isso, pontuamos o atual reordenamento político e econômico internacional, as tendências da divisão internacional do trabalho e, no interior dela, as questões relativas à reorganização do processo de produção. Nesta última, estão incluídas as formas de gestão da força de trabalho, os mecanismos socioinstitucionais que interferem na reprodução do trabalhador, a questão tecnológica, a divisão técnica do trabalho, entre outros.

Historicamente, o processo de reestruturação industrial deve ser entendido como uma conjuntura específica: as iniciativas dos países centrais para enfrentarem o esgotamento do padrão de crescimento dos anos 70, sob a hegemonia norte-americana, de que são exemplos os impactos da política do fortalecimento do dólar, implementada pelos Estados Unidos, e a crise do petróleo que afetou o preço das matérias-primas.

As referências principais da reestruturação produtiva ficam por conta do Japão e da Alemanha, que conseguiram empreender suas reestruturações promovendo acentuadas mudanças na divisão internacional do trabalho, diferentemente dos Estados Unidos que, desde o início da década de 70, já não conseguiam difundir, para o mundo, seu padrão de produção e consumo.

O Japão, pressionado pela necessidade de fazer frente à crise da política monetária e cambial patrocinada pelos Estados Unidos, além dos impactos negativos produzidos pela crise do petróleo, é forçado a empreender uma mudança na sua estrutura industrial. Para tanto, dedicou-se à implementação de uma estratégia de transformação tecnológica, centrada na eletrônica de ponta e na difusão de novas técnicas de informação e controle no interior do aparelho produtivo. O resultado foi o aumento da produtividade e o lançamento de novos produtos que permitiram alcançar um mercado mundial de consumo de massa, criando as condições para resistir à instabilidade do dólar e do mercado.

Já a Alemanha, dentre os países da OCDE, comandou a sua reestruturação também com base na concorrência intercapitalista, assumindo o comando da reordenação do mercado europeu e enfrentando positivamente a instabilidade do dólar.

Segundo Tavares, o Japão e a Alemanha foram os países líderes na reestruturação industrial. Afirma a autora que, "com a reconversão industrial e a difusão acelerada do progresso técnico, as duas grandes economias industriais foram capazes de alcançar vantagens comparativas dinâmicas que lhes têm permitido altos índices de inserção no mercado internacional. No caso da Alemanha, a estratégia foi de consolidação da sua posição dominante na CEE e de controle da integração europeia. No caso do Japão, existe claramente uma estratégia de globalização mais completa, que envolveu num primeiro estágio uma nova divisão do trabalho na Ásia e a conquista em grande escala do mercado norte-americano" (1993a, p. 43).

Assim, o Japão vem comandando a internacionalização da Ásia, adotando uma estratégia que consiste em deixar *brechas* no mercado internacional para outros países asiáticos — Coreia do Sul e Taiwan.

Embora tendo perdido posição na reestruturação industrial, os Estados Unidos não perderam a sua condição de potência. De um lado, está o peso do dólar na economia internacional; de outro, o processo de construção de uma nova área de integração capitalista, formada pelo Canadá e México, contando com a periferia latino-americana.

Complementa, ainda, Tavares, que a novidade da economia americana é a *transnacionalização por dentro* do próprio espaço americano, num movimento contrário ao acontecido no pós-guerra. Capitais de todo o mundo dirigiram-se para os Estados Unidos em período relativamente curto e em montante considerável, influindo poderosamente na reestruturação da economia americana. Nesse sentido, comenta a mesma autora, a tendência esperada é de que os Estados Unidos venham a superar seus obstáculos na reestruturação industrial. No entanto, a "decadência americana", contraditoriamente, ficaria evidenciada no conjunto de problemas sociais e políticos internos, gerados pela transnacionalização da sua sociedade (1993a, p. 50-51).

Todo esse processo de ajuste dos países centrais, no entanto, deu-se, em grande parte, às custas dos países periféricos, como é o caso da América Latina. Na década de 70, sob as injunções do movimento de internacionalização do capital, esses países adotaram modelos de desenvolvimento amparados no endividamento externo. Tal opção, realizada no cenário político das ditaduras militares, que imperavam no Cone Sul do continente, subordinou alguns países latino-americanos aos interesses econômicos e políticos dos países centrais, aumentando, ainda mais, a desigualdade nas relações entre o centro e a periferia.

O que hoje observamos é a transformação destes países em *pobres provedores de capital* para os centros hegemônicos, sob a forma de pagamento da dívida externa, com o ônus do empobrecimento e da miséria da sua população.

Esse contexto, evidenciador do modo como o capital se reorganiza para restabelecer um novo equilíbrio, sugere as tendências gerais das mudanças realizadas ao longo da década de 80, indicando alguns desdobramentos:

a. o quadro geral das relações internacionais é indicativo de uma disputa no interior dos países centrais — Estados Unidos, Japão e Alemanha. Uma das peculiaridades dessa disputa é o deslocamento do eixo da hegemonia americana: sua condição de maior produtor e consumidor do mundo é gradualmente substituída pela condição de banqueiro do mundo. De maior exportador de capitais, transforma-se em maior receptor. De difundidor de um padrão de produção transnacional, responsável pela formação de um verdadeiro *ethos* do trabalho no pós-guerra — o fordismo, transforma-se num espaço *complementar* da transnacionalização dos seus concorrentes;

b. outra particularidade desse cenário é que, a partir dos anos 80, são alteradas as fronteiras da socialização da produção mundial. Se, até meados da década de 70, o processo de expansão implicou a formação de uma *montanha de dívidas* por parte dos países periféricos, como condição para a sua inserção na economia internacional, hoje, os países periféricos não apenas ficaram com a *montanha de dívidas*, como também perderam qualquer esperança de ultrapassar a fronteira da *periferia*;

c. podemos ainda observar, do ponto de vista político, que todos os processos de resistência dos trabalhadores, que pontuaram os conflitos sociais dos anos 60, tanto nos países centrais, quanto nos países periféricos, foram de certa forma sustentados pela crença de que seria possível construir alternativas à ordem do capital. Com a crise do socialismo real e as fraturas do modelo social-democrata, começam a emergir *modelos regionais* de sociedade, cuja referência é o sucesso do *modus operandi* de enfrentamento da crise.

Trata-se de um movimento germinador de uma nova cultura, ou seja, a de que o pragmatismo econômico sobrepõe-se aos projetos societais. Tanto é assim, que as discussões ficam restritas à eficiência do capitalismo e a polarização dá-se entre o modelo de capitalismo organizado do Japão e o modelo liberal-democrático dos Estados Unidos.

Na realidade, esse quadro aponta para a busca de modelos pontuais e alternativos, dentro da ordem do capital, cujas contradições não mais são pensadas no âmbito da relação entre capital e trabalho, mas como uma questão afeta a cada região — caracterizadas ora como desenvolvidas, ora como atrasadas, e pelo ideário da *integração* e da *inserção* das regiões periféricas à chamada *nova sociedade*.

É possível, assim, admitirmos que um dos fatores que influenciam esse ordenamento é a reestruturação produtiva. Como tal, ela não se restringiria a um mero processo técnico de racionalização de modos e formas de produção; ao contrário, as iniciativas reestruturadoras são catalisadoras de práticas eminentemente políticas, que apontam para a correlação de forças entre países, governos, capital e trabalho.

É diante desse contexto que retomamos, aqui, nossa hipótese central, fundada na relação entre crise, cultura e hegemonia.

O primeiro ponto que destacamos — de ordem histórica — diz respeito à natureza da crise econômica que, tematizada como produto do esgotamento do padrão de acumulação, subsume na economia uma questão política; subtrai-se da questão os processos de resistência das classes trabalhadoras, sobretudo nos anos 60, como um dos fatores que desencadeiam a crise. A impressão é a de que o capital se movimenta e entra em crise, independente da relação com o trabalho, ou melhor, das relações conflitivas entre capital e trabalho (Navarro, 1993, p. 157-199).

Ora, a recuperação desse vetor é indispensável se levarmos em conta que, na base do modelo fordista-keynesiano, estava estruturada uma determinada forma de relacionamento entre capital e trabalho e que, inclusive, foi base de sustentação da social-democracia.

Além disso, se as crises são determinadas pelo declínio da taxa de lucro, que depende do processo de produção e realização de mais-valia, as iniciativas de reestruturação da base produtiva estão implicadas nas relações entre capital e trabalho.

Nesse caso, o núcleo dos processos de mudança no âmbito da produção remete, imediatamente, ao processo de trabalho e, mediatamente, ao controle da força de trabalho. Por isso, o que há de peculiar na reestruturação dos anos 80 são os meios pelos quais se implementam as mudanças no mundo do trabalho.

Essas mudanças implicam a formação de um novo consenso de classes, mas sem reeditar os mecanismos sociopolíticos que deram sustentação à expansão econômica do pós-guerra, de que são exemplos: as negociações e acordos coletivos entre os grandes sindicatos e empresas, a expansão dos sistemas de seguridade social, a legislação reguladora do trabalho e os métodos *fordistas* de disciplinar a força de trabalho.

Se correta essa linha de argumentação, o que se põe no horizonte é a exigência de o capital operar mudanças econômicas, sem perda da hegemonia do capital. Daí, a necessidade de formar uma cultura política da crise, como condição para empreender mudanças *consentidas*, que adquiram o estatuto de *iniciativas positivas no enfrentamento da crise econômica.*

O eixo irradiador dessa cultura, como sugerido nos parágrafos anteriores, é o sucesso da reestruturação de alguns países centrais, transformados em verdadeiros *projetos sociais regionais do capital*, como é o caso da *japonização* ou da *americanização* do mundo. Mas o conteúdo ideológico e político dessa cultura — consideradas as condições históricas objetivas de cada país — é a ideia de que a crise afeta indistintamente o conjunto da sociedade e que a sua superação beneficia indistintamente a todos os países.

A rigor, a admissão da *cultura da crise*, como uma mediação desse processo de mudanças dentro da ordem, insere-se no interior das polêmicas sobre a relação entre crise e reestruturação, tanto nas ciências sociais como no campo da economia e da ciência política. A polêmica está entre os que encaram as mudanças como transformações positivas no mundo da produção e do trabalho, qualificando-as de pós-modernas ou pós-capitalistas, e aqueles que, ao contrário, analisam as mudanças com base nas contradições produzidas pelo próprio capitalismo deste final de século.

Na literatura especializada, as principais correntes teóricas que discutem a reestruturação produtiva são a da especialização flexível e a do neo ou pós-fordismo, as quais, em linhas gerais, podem ser classificadas como:

a. aquelas que definem a crise como esgotamento do paradigma tecnológico (taylorismo e fordismo), que caracterizou a montagem do aparelho de produção voltado ao consumo de massa. Nessa linha de argumentação, a reestruturação produtiva seria indicativa de uma ruptura radical com o padrão anterior, determinando a emergência de um novo desenvolvimento capitalista, baseado na *flexibilização* do processo de produção de mercadorias, no qual, também, se incluiria a flexibilização da contratação e do uso da força de trabalho. Sua lógica é a defesa de uma nova forma de produção, que contesta a concentração da produção em grandes unidades produtivas, com centralização de normas e rigidez do controle da força de trabalho. As propostas básicas residem na descentralização das unidades de produção e na democratização das decisões nos locais de trabalho.

Segundo Tude de Souza, "a prerrogativa deste modelo é a formação de um mercado dual da força de trabalho: o trabalhador do grande capital — estabilizado e qualificado — ao lado do trabalhador precarizado e desqualificado, que não tem segurança no seu emprego" (Souza, 1994, p. 32);

b. as teses regulacionistas e pós-fordistas, baseadas na crise do fordismo e no modo de regulação. O eixo dessa crise do fordismo é a rigidez dos esquemas de reprodução — ganhos de produtividade vinculados ao incremento das taxas de lucro — e o papel regulador do Estado. Os regulacionistas apontam a retomada da produtividade e o crescimento das taxas de lucro, sob a direção de uma tecnologia fundamentalmente nova, associada a mudanças significativas no nível das relações de trabalho, como forma de superar a crise. Sugerem, também, que a "crise do Estado intervencionista exige a construção de novas formas políticas que possam articular e também legitimar estratégias econômicas alternativas" (Clarke, 1991, p. 117).

CULTURA DA CRISE E SEGURIDADE SOCIAL

Os adeptos desta última corrente acreditam que o crescimento econômico, necessário à superação da crise, requer mudanças tanto nos processos de trabalho como na estrutura institucional reguladora, definida por eles como um novo regime *pós-fordista*. Na avaliação de Clarke, "o *pós-fordismo* não é uma realidade, nem mesmo uma visão coerente do futuro, mas sobretudo uma expressão da esperança de que o futuro desenvolvimento do capitalismo será a salvação da social-democracia" (1991, p. 122).

A respeito desse conjunto de propostas — *mudanças na produção via inovações tecnológicas associadas a novos métodos de gestão da força de trabalho e mudanças no modo de regulação como meio institucional assegurador de reestruturações nos processos de produção* — podemos afirmar que estão subjacentes dois tipos de problemas: os obstáculos criados pelas formas institucionais de organização dos trabalhadores fordistas, as quais foram responsáveis pelos ganhos salariais e pelas conquistas sociais na vigência do pacto fordista; e o esgotamento do modelo keynesiano, que deu sustentação econômica e política ao *Welfare State* diante das iniciativas monetaristas dos anos 70. A superação desses obstáculos, num período de intensificação da concorrência intercapitalista, exigiu o fim do pacto fordista-keynesiano, mas sem produzir uma desestabilização política. Por conseguinte, tornou-se necessário reestruturar outras modalidades de controle dos processos de trabalho, além de recriar a *performance* do Estado, de modo a torná-la compatível com os novos modelos de produção.

Na realidade, tudo indica que as mudanças ocorridas no mundo do trabalho e no próprio capitalismo deste final de século, "quando confrontadas com as regras básicas de acumulação capitalista, mostram-se mais como transformações da aparência superficial do que como sinais do surgimento de alguma sociedade pós-capitalista ou mesmo pós-industrial inteiramente nova" (Harvey, 1993, p. 8).

Segundo Harvey, "a acumulação flexível é marcada por um confronto com a rigidez do fordismo. Ela se apoia na flexibilidade dos processos de trabalho, dos mercados de trabalho, dos produtos e dos padrões de consumo. Caracteriza-se pelo surgimento de setores de produção inteiramente novos, novas maneiras de fornecimento de serviços financeiros, novos mercados e, sobretudo, taxas altamente intensificadas de inovação comercial, tecnológica e organizacional. A acumulação flexível envolve rápidas mudanças dos padrões do desenvolvimento desigual, tanto entre setores como entre regiões", além de envolver um novo movimento denominado *compressão do espaço-tempo* no mundo capitalista — "os horizontes temporais da tomada de decisão privada e pública se estreitaram, enquanto a comunicação via satélite e a queda dos custos de transporte possibilitaram cada vez mais a difusão imediata dessas decisões num espaço cada vez mais amplo e variegado" (1993, p. 140).

Esse processo permite que os empregadores exerçam pressões mais rígidas no controle da força de trabalho, já enfraquecida pela crise econômica e pelo aumento do desemprego.

É dessa maneira que o trabalho organizado vem sendo afetado pelo modelo de acumulação flexível, pois que esse modelo implica níveis relativamente altos de desemprego estrutural, rápida qualificação e desqualificação dos trabalhadores, ganhos modestos de salários reais e enfraquecimento do poder sindical.

Contudo, a principal consequência das mudanças empreendidas, com base nesse modelo, é o surgimento de regimes e contratos de trabalho flexíveis que provocam uma maior subordinação do trabalhador às necessidades das empresas, além da diminuição do emprego regular em favor do trabalho em tempo parcial ou temporário.

Dessa forma, as iniciativas de flexibilização da produção impõem uma nova tendência na composição da força de trabalho. Os trabalhadores especializados das grandes empresas, cada vez em menor número, têm emprego permanente e ocupam posição estratégica dentro das organizações, além de terem segurança no emprego, promoção, cursos de reciclagem, seguro e outras vantagens. Os demais trabalhadores, então, passam a formar dois grandes grupos: no primeiro, estão os que trabalham em regime de tempo integral, mas que, em face da grande oferta do mercado de trabalho, podem ser facilmente substituídos; no segundo, estão os trabalhadores subcontratados e temporários, os quais não possuem segurança no emprego, nem tampouco direito aos benefícios da seguridade social. Além disso, esses trabalhadores não têm organização sindical, o que inviabiliza seu poder de barganha por melhores salários e condições de trabalho.

Sem negar o desenvolvimento do modelo de *produção flexível*, Clarke tem uma outra perspectiva de análise da questão. Para ele, a produção flexível não é uma contraposição à rigidez da produção fordista, mas a única alternativa de salvação da social-democracia. Para esse autor, "trata-se de uma relação entre novas tecnologias, novos padrões de demanda e novas formas de organização social da produção" (1991, p. 122). O objetivo "não é simplesmente criar uma nova forma de organização do trabalho, mas sim criar uma nova forma de sociedade, construída sobre instituições pelas quais os conflitos de interesses possam ser resolvidos racionalmente" (1991, p. 129), em compasso com as exigências dessa nova sociedade do trabalho flexível.

Burawoy, um dos estudiosos da teoria do processo de trabalho, utilizando-se da terminologia dos regulacionistas, defende a tese de que, em cada etapa de desenvolvimento do capitalismo, surgem *regimes fabris* que regulam o processo de trabalho. Esses modos de regulação expressam uma vinculação entre a organização do trabalho e a intervenção do Estado.

Assim, Burawoy (1990, p. 47-49) identifica o *regime despótico*, como modo de regulação do capitalismo competitivo, e o *regime hegemônico*, como típico da etapa monopolista. Enquanto, no primeiro, prevalecia o modelo "coercitivo" de controle do trabalho, no segundo, prevalece o *consenso*, marcado "pela coordenação dos interesses econômicos dos trabalhadores e patrões".

Contudo, é a intervenção do Estado, por meio dos sistemas públicos de seguridade e da legislação trabalhista, que determina o modo de regulação das relações e dos processos de trabalho. A rigor, a construção teórica de Burawoy aproxima-se da tese de Clarke no que diz respeito à centralidade das formas de controle do capital sobre o trabalho, no processo de produção.

Nesse sentido, os argumentos de Burawoy e de Clarke diferenciam-se dos desenvolvidos por Harvey: os dois primeiros consideram o processo de subordinação e de controle do trabalho ao capital como a questão central da produção capitalista contemporânea, enquanto para o último, a determinação fundamental da produção e da acumulação flexível localiza-se no papel desempenhado pelo capital financeiro no enfrentamento da crise. Segundo Harvey, "a flexibilidade conseguida na produção, nos mercados de trabalho e no consumo [...] é resultado da busca de soluções financeiras para as tendências de crise do capitalismo" (1993, p. 181).

Embora fazendo incursões distintas, ressaltamos que nenhum dos autores, acima referidos, restringe a flexibilização ao campo do processo técnico de produção, nem tampouco atribui-lhe o poder de superação das contradições do capital. Ao contrário, há consenso de que a produção e acumulação flexíveis fazem parte de uma estratégia de enfrentamento da crise, nos limites da ordem do capital.

Daí, a pertinência do pensamento de Burawoy (1990, p. 33), quando afirma que mais significativa "para o desenvolvimento dos regimes fabris, na atualidade, é a vulnerabilidade coletiva dos trabalhadores à mobilidade nacional e internacional do capital; é essa vulnerabilidade que leva à emergência de um novo despotismo construído sobre os fundamentos do regime hegemônico".

Nessa etapa de desenvolvimento do capitalismo, o controle do capital sobre o trabalho não se dá pela coerção nem pelo controle das resistências, mas, fundamentalmente, pela obtenção do consentimento dos trabalhadores aos sacrifícios que lhes são impostos.

Podemos ainda acrescentar, ao amparo das argumentações de Burawoy, que a peculiaridade dessa reestruturação produtiva dos anos 80 não passa de uma *periferização do centro*. Essa periferização é possível em face da mobilidade do capital, catalisada pela busca de reservatórios de força de trabalho nas periferias, a custos baixíssimos, pela dispersão espacial do processo de produção e pela agilidade dos sistemas de transporte e comunicação.

Na realidade, a grande mudança dos tempos *virtuosos* para os tempos de crise consiste no fato de que "onde os trabalhadores costumavam receber concessões com base na expansão dos lucros, ele, agora, faz concessões com base na lucratividade relativa dos capitalistas" (Burawoy, 1990, p. 48). De fato, como sugere Burawoy, a agilidade e flexibilidade do capital, longe de imprimirem autonomia aos trabalhadores, impõem uma cultura de concessões na qual "o medo de ser despedido é substituído pelo medo da fuga de capitais, do fechamento da fábrica, da transferência das operações e do desinvestimento na planta industrial" (1990, p. 48).

Seguindo essa linha de argumentação, os processos de reestruturação produtiva têm como imperativo das mudanças a construção de novas formas de controle do capital sobre o trabalho, no bojo mais geral das estratégias de enfrentamento da crise.

A diferença fundamental, entre as iniciativas dos anos 80 e aquelas que particularizam a *recuperação do pós-guerra*, está localizada na arena da política: não mais a administração das resistências dos trabalhadores, mas a obtenção do seu consentimento ativo ao processo de flexibilização do movimento do capital. É exatamente esta direção política que subsidia a formação de uma cultura indiferenciada de superação da crise, em prol da hegemonia do capital.

3. CRISE E CONSENSO HEGEMÔNICO

Como já indicamos, a década de 80 é definida como um *período de crise orgânica*. Isto é, como um período em que crise econômica e poder político de classes deságuam em processos de transição, imprimindo novos perfis às práticas sociais das classes.

Essa afirmação sintetiza o nosso entendimento de que as crises e as iniciativas de mudanças, realizadas no conjunto dos países centrais e periféricos, mobilizam processos políticos, cuja remissão ao campo da hegemonia implica situá-las no âmbito das relações de forças entre as classes fundamentais.

Tal abordagem, ao localizar os processos de reorganização social e econômica, no âmbito da hegemonia, nos permite tematizar o chamado *ajuste global* e as *reformas estruturais* como projetos que extrapolam a esfera das reformas econômicas *stricto sensu*, seja porque contêm um claro direcionamento político, seja porque também são objeto de resistências e/ou adesões por parte das classes.

Nesses termos, como já expusemos em outra passagem, as mudanças globais, indicativas dos processos de transição para uma *nova ordem*, vêm sendo implementadas sob a direção da burguesia internacional.

Evidentemente, essa constatação não é negadora da existência de contradições, nem credita à burguesia a conquista da hegemonia. Na realidade, o que se quer ressaltar é que a chamada transição não se completou. E, mais, que a direção imprimida às mudanças é reveladora de um processo constitutivo de hegemonia, mas não da sua realização. Por isso, a tensão resistência/consentimento transforma-se no objeto das novas estratégias das classes, em tempo de crise.

Com esse encaminhamento, buscamos, em primeiro lugar, contestar o fatalismo da *neoliberalização* do mundo e as correspondentes análises *proudhonianas* das reformas, expressas na identificação dos lados *bom* e *mau* das mudanças realizadas. Em segundo lugar, reafirmamos que, a despeito da direção política imprimida, esse processo é permeado de contradições que produzem inflexões de ordem política.

Admitimos que as reformas globais dos anos 80 e 90 — no âmbito do reordenamento macroeconômico ou da reestruturação produtiva — contradizendo qualquer previsão acerca do fim das ideologias, da luta de classe e da dissolução dos ideários societais antagônicos, anunciam, segundo Przeworski, *uma era da ideologia*, materializada na socialização de um projeto intelectual, que tem como eixo a relação entre liberdade econômica e liberdade política (1993, p. 209).

De fato, o mundo "está sofrendo um processo de ajuste global no qual a hierarquia das relações econômicas e políticas internacionais está sendo rearrumada sob a égide de uma doutrina neoliberal, cosmopolita, gestada na capital política do mundo capitalista" (Tavares e Fiori, 1993, p. 18).

Ou seja: o ajuste global desenvolve-se no contexto de um movimento concreto de globalização financeira e produtiva, que é comandado pelo *Consenso de Washington*.

Segundo Num, "o *Consenso de Washington* é um modelo de desenvolvimento de cunho neoclássico, elaborado pelo Banco Mundial, pelo Fundo Monetário Internacional e pelos *think tanks* de Washington e que, agora, passa como sendo a única interpretação racional possível dos problemas da estabilização e do crescimento"

(1992, p. 48), ganhando força de doutrina constituída e aceita por praticamente todos os países capitalistas do mundo.

Objetivado em propostas de políticas macroeconômicas e de reformas estruturais, o *Consenso de Washington* deve ser pensado como um dos meios pelos quais a burguesia internacional imprime uma direção política de classe às estratégias de enfrentamento da crise dos anos 80, especialmente no que diz respeito às reformas a serem implementadas pelos países periféricos, devedores do capital financeiro internacional.

Contudo, a emergência desse sistema econômico mundial implica, também, a formação de uma cultura-mundo que subsume, no geral, as profundas desigualdades entre as diversas formações sociais, assumindo, assim, a função de uma ideologia dissolvedora de contradições e fundadora de uma concepção *desterritorializada* das relações sociais.

Se assim for, a burguesia, por intermédio de seu porta-voz, o *Consenso de Washington* e dos seus agentes financeiros, como é o caso do FMI, Banco Mundial e BIRD, está propondo um projeto estratégico na tentativa de transformar o *nacional* em *internacional*.

Trata-se, segundo a argumentação de Przeworski, "de uma estratégia que consolida a ideia de modernização como sinônimo de internacionalização". "O parâmetro desta modernização é a adoção, por parte dos países periféricos, dos padrões políticos, econômicos e culturais (democracia, mercados e individualismo consumista) dominantes no mundo capitalista avançado" (1993, p. 222).

A rigor, o projeto neoliberal, que foi tecido com base nos programas de Reagan e Thatcher no início dos anos 80, vem sendo socializado via agências financeiras e de cooperação internacional, ultrapassando em larga medida os limites de um programa de ajuste econômico e afirmando-se como instrumento formador de uma racionalidade política, cultural e ética da ordem burguesa, expressa nos programas de desregulamentação dos mercados, abertura comercial e financeira, privatização do setor público e na redução do Estado.

Entretanto, esse processo não vem sendo harmônico nem pacífico, mas exacerbador de tensões. Isso porque o desenvolvimento do capitalismo deixou patente que o elo da organicidade entre o capital hegemônico e o capital subordinado é a desigualdade. Logo, está descartada qualquer hipótese de inexistência de nações vencedoras e perdedoras na nova reorganização mundial. E, mais: os perdedores não serão mais os Estados nacionais, mas regiões, setores industriais e grupos sociais específicos. Daí, um acentuado aumento da desigualdade regional, setorial e social entre nações e no interior delas.

De outra forma, o processo de *desterritorialização* e flexibilização do capital industrial e financeiro termina por determinar a perda de autonomia dos poderes locais, na medida em que retira dos governos nacionais a possibilidade de administração autônoma das tensões internas, fazendo surgir um terreno fértil para o crescimento de disputas corporativas e conflitos regionais ou setoriais.

Assim, a globalização é um processo que gera, contraditoriamente, a fragmentação interna dos diversos países que procuram acatar as propostas do *Consenso de Washington*, ao mesmo tempo em que evidencia a unidade contraditória entre globalização e fragmentação (Lechner, 1993, p. 241).

No dizer de Lechner, por um lado, assiste-se a um processo acelerado de globalizações econômicas; a grande internacionalização dos circuitos produtivos, comerciais, financeiros e tecnológicos configuram uma complexa rede planetária. De outro lado, vê-se a globalização do consumo, da cultura e sobretudo de um "consenso global sobre o quadro normativo da ação política 'internacional': direitos humanos, igualdade de gênero, defesa do meio ambiente, luta contra a pobreza extrema e democracia" (1993, p. 241) sem adjetivos.

No caso da América Latina, o continente defronta-se com o seguinte dilema: por um lado, a imprescindibilidade de uma inserção competitiva pela impossibilidade de desenvolvimento autônomo, à margem do sistema capitalista mundial, no qual também seria incluído o esgotamento do modelo exportador e a necessária implementação de uma competitividade nos produtos exportados. Por outro lado, a abertura comercial e industrial acentua mais as desigualdades em função do grau diferenciado de inserção de cada setor nos processos de globalização, com sérios rebatimentos sobre a situação social dos trabalhadores (Lechner, 1993, p. 241).

Embora as raízes da formação do *Consenso de Washington* estejam localizadas nos inícios dos anos 80, com a crise da dívida externa, sua densidade, enquanto instrumento de formação de uma concepção universal da economia e da política, amplia-se a partir da segunda metade dos anos 80, com o literal fracasso das medidas de ajuste automático. Essa é a razão pela qual os organismos internacionais foram obrigados a fazer inflexões nas suas propostas, recriando um novo modelo de desenvolvimento para os países periféricos.

Segundo Fiori, a trajetória do *Consenso de Washington* dá-se "a partir de duas inflexões políticas importantes: O Plano Baker, de 1985, onde se destacava a necessidade de pensar a estabilização juntamente com o crescimento, e convidava-se as agências financiadoras internacionais e os bancos comerciais a financiarem os esforços de ajuste e as reformas estruturais de longa maturação; e o Plano Brady, que, em 1990, reconhecia a inevitabilidade de uma renegociação do pagamento da dívida como forma de desafogar financeiramente os países devedores" (1993, p. 132).

Trata-se, segundo o mesmo autor, de uma "espécie de novo consenso em torno da ideia de que a estabilização é absolutamente indispensável, mas que não haverá estabilização sustentada sem crescimento econômico e que não haverá crescimento econômico sem que se transforme o novo modelo de desenvolvimento em projeto nacional" (1993, p. 129).

Em certo sentido, o estudo de Tavares e Fiori aponta para uma discussão *nova* no cenário da análise da crise, ao expor as contradições que surgem no interior das relações entre centro e periferia, no marco da chamada modernização conservadora.

Segundo o pensamento desses autores, a posição do Brasil, a partir dos finais de 80, em face das medidas de ajuste consagradas no chamado *Consenso de Washington*, aponta para a existência de um processo de resistência às determinações dos organismos internacionais. Entretanto, não se trata de uma resistência organizada pelos segmentos vinculados às classes trabalhadoras, nem tampouco por aqueles vinculados ao capital, mas de uma resistência que é produto da inoperância das prescrições demandadas. A tese dos autores está fundamentada, de um lado, na ideia de que o Brasil apresentou *resistências* às determinações internacionais, pelo fato de que "os simples ajustes e reformas de cunho liberal não foram capazes de dar vantagens comparativas dinâmicas à economia brasileira e melhorar a sua inserção internacional" (Tavares, 1993b, p. 107). De outro lado, as medidas propostas, longe de reduzirem as disparidades de renda e as condições de vida da população, vêm agravando este quadro.

Complementando suas conclusões, afirma ainda Tavares que: "No entanto, não foi por essas razões paradigmáticas tão opostas ao espírito liberal-conservador das elites brasileiras que estas se opuseram ou resistiram tão tenazmente às reformas liberalizantes [...]. Na ausência de alianças estratégicas entre si e com o sistema financeiro, os grupos econômicos privados têm recorrido sempre ao acesso privilegiado do Estado para defender seus interesses particulares sem buscar uma coordenação estratégica de longo prazo" (1993b, p. 108).

Nesse projeto de superação da crise está posta a ideia de construção de um projeto nacional, fundado num pacto entre trabalhadores, Estado e empresários. No entanto, o que o diferencia das tentativas de pactos anteriores, ao longo dos anos 80, é uma cultura indiferenciada de trabalhadores e empresários acerca do enfrentamento da crise no Brasil.

Impõe-se, assim, a socialização dessa cultura indiferenciada dos projetos de classe como condição basilar para o êxito do referido pacto. Mais que isso, revela-se de fundamental importância para dissolver as tentativas de formação de uma cultura das classes trabalhadoras.

E a qualificação dessa crise como um período de crise orgânica parece obter densidade histórica, já que as principais formas de enfrentamento da crise, por parte das classes sociais no Brasil, não foram suficientes para se constituir em frentes formadoras de um projeto de classe.

No que diz respeito à ação das classes trabalhadoras, por intermédio dos sindicatos, dos partidos e dos movimentos sociais urbanos e rurais, o que se presencia são plataformas de reivindicações voltadas para a conquista de melhores salários e condições de trabalho, para o acesso à propriedade da terra e para o consumo de bens e serviços individuais e coletivos, como é o caso da saúde, da educação, da seguridade, da moradia, da infraestrutura urbana etc. No entanto, parece que essas reivindicações não foram suficientes para formar *frentes políticas* de peso.

Do ponto de vista da burguesia, observa-se que os conflitos internos, entre os setores vinculados ao capital industrial e financeiro, não permitiram a construção de um projeto nacional hegemônico. Ancorados em projetos setoriais, os diversos ramos do capital — enquanto grupos de interesses — trabalham apenas na perspectiva de seus interesses imediatos que, embora fundados numa ideologia da classe, não se caracterizam como um projeto hegemônico da classe.

Contudo, as lições da segunda metade da década de 80 deixam claro para a burguesia que a ação organizada das classes trabalhadoras brasileiras, num contexto de exercício democrático, não mais permite intervenções *pelo alto*.

É nesse sentido que os próprios organismos internacionais, como FMI e Banco Mundial, concordam que todas as tentativas de ajuste — que tanto penalizaram a população brasileira — fracassaram. Esse fracasso, contraditoriamente, incide sobre a ortodoxia liberal e aponta para a impossibilidade de tratar a economia longe da política, isto é, de implementar as reformas econômicas sem a obtenção de *consensos de classe*.

Tanto é assim que o discurso do Banco Mundial, expresso no seu relatório anual de 1990, apresenta uma indicação explícita sobre as prescrições do "novo consenso", quando afirma que não há possibilidade de êxito das medidas de ajuste econômico sem reformas estruturais. Reformas estas que implicam atenuar as contradições produzidas pelo próprio modelo de ajuste, como é o caso da defesa de *projetos focalizados na pobreza*, ou das chamadas *redes de proteção social*, plasmadoras de uma nova modalidade de intervenção na questão social, tanto nos países centrais quanto nos países periféricos.

Enfática e repetidamente, os relatórios do Banco Mundial concluem que: "Ao longo dos anos 80, vários países em desenvolvimento se viram a braços com crises macroeconômicas, o que trouxe à baila uma preocupação básica: a necessidade de se formular políticas de ajuste que dessem a devida importância às necessidades dos pobres" (Banco Mundial, 1990, p. 3).

No mesmo documento, são indicadas as duas principais estratégias do Banco Mundial:

- A primeira delas é a "utilização produtiva do bem de que os pobres mais dispõem: o trabalho" (1990, p. 3). Para tanto, é preciso que as políticas de incentivos de mercado, de instituições políticas e sociais, de infraestrutura e de tecnologia se adaptem para o combate à pobreza.

- A outra se refere à "necessidade de prestação de serviços sociais básicos para os pobres" (1990, p. 3) e à igual necessidade de privatizar os serviços destinados aos trabalhadores de melhor renda.

Reconhecem ainda que "a curto prazo, porém, muitos pobres ficam em situação de risco. Durante o período de transição, é possível proteger os pobres por meios de uma combinação criteriosa de políticas macroeconômicas e de medidas que atenuem o declínio do consumo privado. A experiência mostra que é possível direcionar a despesa pública em favor dos pobres, mesmo dentro de um contexto geral de disciplina fiscal, e é possível também definir com mais precisão as clientelas-alvo das transferências" (1990, p. 3).

Assim, tanto a questão social volta ao centro das discussões dos organismos internacionais, como a própria concepção de Estado mínimo remete ao que os analistas estão chamando de um *novo consenso*.

No interior do novo consenso está presente a necessidade de *reformas sociais* que têm como foco a pobreza. Segundo Lessa: "O fim da ilusão do ajuste automático levou a uma ampliação do receituário: a necessidade de acompanhar as políticas de estabilização com reformas estruturais — desregulamentação dos mercados, privatização do setor público e redução do Estado. Esta doutrina liberalizante e privatizante tem no Banco Mundial seu principal porta-voz e operador que faz sentir o peso das condicionalidades setoriais consequentes na negociação de projetos. A precedência do ajuste fiscal e a dissolução do sonho de sistemas de proteção social inclusivos, substituídos pela ação focalizada na pobreza, são peças centrais desta doutrina" (1993, p. 11).

É nesse contexto que o discurso acerca do tratamento das desigualdades no Brasil também opera mudanças. Tendo como principais formuladores o FMI e o Banco Mundial, o discurso sobre a pobreza vem sendo o "mote" utilizado pelos organismos internacionais para o estabelecimento de novos condicionantes à concessão de empréstimos aos países em desenvolvimento. Sob o discurso da proteção específica aos excluídos do processo de produção, essa política tece as bases objetivas das propostas de privatização e da formação do cidadão-consumidor, tema que será objeto de análise no próximo capítulo.

CAPÍTULO II

A cultura política da crise dos anos 80

1. O DEBATE SOBRE A CRISE

Não são poucos os cientistas sociais[1] que têm escrito e debatido sobre a chamada crise dos anos 1980.[2] Segundo Marramao (1989, p. 132), "o conceito de crise estaria implicado no processo

---

1. Estamos nos referindo especificamente àqueles autores que discutem a crise dos anos 80 como crise societal, com base nas análises do esgotamento do modelo de crescimento iniciado no pós-guerra, da crise do *Welfare State*, do socialismo real e das mudanças na cultura e no mundo do trabalho, como é o caso de Harvey (1993), Kurz (1993), Blackburn (1993), Kennedy (1993), Hobsbawm (1993), Offe (1989), Ianni (1992), Habermas (1990), entre outros.

2. No interior das ciências sociais, o conceito de crise tem assumido diferentes contornos. Embora os campos temáticos do seu tratamento apontem para dois vetores básicos — as teorias econômicas e as teorias políticas —, há ainda que se destacar, do ponto de vista do método, aqueles conceitos que apanham a crise desde uma perspectiva de totalidade e aqueles que, dentro da tradição positivista, veem as crises como disfunções sistêmicas. Em recente estudo, Elimar Nascimento faz uma resenha acerca das diversas concepções de crise nas ciências sociais, classificando-as em hermenêuticas, empíricas e comparativas (1993, p. 71-92). Ver ainda o pensamento de Marramao (1989, p. 131-220) e Offe (1984).

de secularização que envolveu todas as categorias da história e da ciência social e, de modo particular, os modelos macrossociológicos de explicação da evolução histórica, desde o positivismo até o marxismo e o funcionalismo".

A despeito das diferentes abordagens sobre a crise, é preponderante a afirmação de que ela não é apenas uma crise econômica, mas uma crise global, ou societal, da sociedade contemporânea.[3]

Essa definição, todavia, não se confunde com o conceito de *crise geral* — como crise de esgotamento do capitalismo por força das determinações econômicas.[4] Ressalte-se que a conotação de crise global não exclui as determinações econômicas das crises, mas as problematiza no contexto da reprodução social, enfatizando os processos sociopolíticos institucionais.

A ideia de crise global ou societal, aqui adotada, diz respeito ao conjunto de transformações econômicas, políticas, sociais, institucionais e culturais que interferem no processo de reprodução social, seja no sentido de incorporar *potencialmente* elementos ameaçadores da reprodução, seja no sentido de catalisar mudanças que permitam a reestruturação da reprodução. Tratada historicamente, essa concepção aponta para o fato de que, num período de crise, os velhos padrões estão se esgotando, mas o novo padrão ainda não se põe.

---

3. Sobre o tema, ver ensaio do professor José Paulo Netto, *Crise do socialismo e ofensiva neoliberal* (1993).

4. O conceito de *crise geral* foi amplamente trabalhado pelo marxismo dos anos 1920. Essa discussão foi fortemente influenciada pelas expectativas de vitória do movimento comunista, em face da revolução de 1917. No final dos anos 1920, com a crise econômica de 1929, o conceito de *crise geral* se atualiza e incorpora mediações que fogem ao restrito universo das determinações econômicas. Uma das questões problemáticas desse conceito reside na interpretação econômica da crise. Essa concepção, por sua vez, tem estreitas vinculações com as chamadas teorias do colapso, originárias das polêmicas em torno dos esquemas de reprodução, elaborados originalmente por Marx. Sobre a temática, ver Altvater (1989b, p. 11-77) e sobre as teorias do colapso, ver Rosdolsky (1989, p. 491-554).

CULTURA DA CRISE E SEGURIDADE SOCIAL

Sugere Mandel que: "na história do capitalismo, cada crise [...] combina traços gerais, que dizem respeito às contradições fundamentais do modo de produção capitalista, com traços particulares que resultam do movimento histórico preciso no qual ela se produz no curso do desenvolvimento desse modo de produção" (1990, p. 29).

Destacamos, entretanto, que a qualificação de crise societal também não poderia ser construída somente com base na identificação dos modos de manifestação da crise econômica — ainda que característicos de uma fase histórica — mas com base nos requisitos sociopolíticos necessários à reestruturação do processo de reprodução social, do qual a reprodução ampliada é parte inerente.

Essa afirmação, não apenas reitera a ideia de que as macrodeterminações dessa crise estão localizadas nas tendências cíclicas de recessão/expansão da economia capitalista (Mandel, 1990, p. 9-13), como também sugere que a projeção da crise, como crise global, está alicerçada no fato de as instituições e os processos sociais, que configuram sua moldura política, terem sofrido profundas mudanças, interferindo no processo de reprodução social.

Assim, sua tematização, enquanto crise global, está menos ancorada nas novas necessidades técnicas do processo de acumulação do que nas características políticas daquele processo, que aponta para a relação entre ordem econômica e projetos societais no contexto mais geral do processo de reprodução social.

Por isso, a conjuntura de crise dos anos 80 é, essencialmente, marcada por práticas sociais de classes, porque os mecanismos de enfrentamento da crise implicam, invariavelmente, as relações de domínio, exploração e subordinação, isto é, a existência de conflitos de interesses de classe.

Do ponto de vista dos processos macropolíticos, a referência histórica de maior destaque está localizada no campo dos referenciais políticos das classes capitalistas e trabalhadoras — o capitalismo democrático e o socialismo — na medida em que a crise desses modelos vêm implicando o esgarçamento de ideários sociais. Aqui, as indicações ficam por conta do esgotamento do pacto fordista, cuja principal expressão é a crise do *Welfare State*, nos países capitalistas desenvolvidos, e do colapso do socialismo real, no Leste Europeu.

Daí porque a questão central do debate sobre a crise não é a qualificação de um determinado modelo emergente de sociedade, definida por muitos como pós-moderna ou pós-industrial. O que esse cenário aponta é a centralidade dos impasses políticos, gerados pela relação dialética entre velho/novo, característicos de uma fase de transição.

Noutros termos, também é possível pensar-se que está em jogo a *performance* das práticas sociais das classes, diante dos requisitos da reprodução social. Isso porque o capitalismo deste final de século requer a elaboração de outras formas de dominação e subordinação do trabalho ao capital, que é o campo do enfrentamento das classes sociais.

Note-se que, em face da deflagração das crises, as mudanças requeridas pelo processo de reestruturação — seja em termos de ajustes macroeconômicos, seja principalmente em termos da reestruturação produtiva — exigem a recriação de novas formas de domínio do capital sobre o trabalho.

As novas formas de domínio tanto supõem a socialização de novos valores políticos, sociais e éticos, quanto a produção de outros padrões de comportamento compatíveis com as necessidades de mudanças na esfera da produção e da reprodução social.

Nessa linha de argumentação, a direção dos processos políticos e a produção de consentimentos de classe, para empreender mudanças, transformam-se em novos baluartes da ação das classes, diante da necessidade de superação das crises.

CULTURA DA CRISE E SEGURIDADE SOCIAL

Nesse movimento, interfere substantivamente a questão da crise dos referenciais políticos das classes, já que o impacto da crise do *Welfare State* e do socialismo real operam rebatimentos diferenciados nas ações e concepções dos trabalhadores e da burguesia.

Para a burguesia, esse movimento materializa-se na defesa do neoliberalismo, como ideário econômico e político, expresso nos princípios da autonomia do mercado, da regulação estatal mínima, e na formação de uma cultura em que a liberdade política é derivada da liberdade mercantil (Friedman, 1984; Callinicos, 1992).

Para as classes trabalhadoras, esse movimento provocou ranhuras numa cultura política que, historicamente, comportava alternativas à ordem do capital, fundada no ideário socialista. Sua principal consequência é a fragmentação de uma postura anticapitalista no interior dos movimentos sociais das classes subalternas, ou, até mesmo, nas lutas por algumas reformas sociais.[5]

Nesses termos, o enfrentamento da crise não se poderia restringir à implementação de medidas reestruturadoras da economia, já que o pré-requisito para tais mudanças é o estabelecimento de um outro equilíbrio entre as forças sociais. Nessa conjuntura, tal

---

5. Discutindo sobre a posição da nova esquerda ocidental, Harvey (1993, p. 315-326) faz algumas observações que vão ao encontro do que denominamos de ranhuras na cultura política. Descrevendo as respostas da esquerda a essa cultura pós-moderna, afirma que a nova esquerda se preocupava em livrar-se das algemas duais da política da velha esquerda (partidos comunistas e marxismo ortodoxo), participando dos *novos* movimentos culturais e sociais (raça, gênero, diferença, ecologia, estética etc.). Mas, "ao fazer este movimento, tendia a abandonar sua fé, tanto no proletariado como instrumento de mudança progressista, como no materialismo histórico enquanto método de análise. [...] Assim, perdeu sua capacidade de ter uma perspectiva crítica sobre si e sobre os processos de transformação, que estiveram na base da emergência de modos pós-modernos de pensamento. Insistindo que eram a cultura e a política que importavam, e que não era razoável nem adequado invocar a determinação econômica, mesmo em última instância, a nova esquerda foi incapaz de conter sua própria queda em posições ideológicas que eram fracas, no confronto com a força dos neoconservadores" (1993, p. 320).

equilíbrio passa pela formação de uma cultura política — ela própria mediadora da relação entrecrise, reestruturação econômica e hegemonia.

Discutindo sobre a cultura da pós-modernidade, Harvey (1993) dá um tratamento brilhante à questão das *bases materiais* da formação cultural. Em princípio, porque discute a cultura pós-moderna a partir das transformações do capitalismo no século XX, identificando a *acumulação flexível* como um regime de acumulação superior, "que garante uma sólida base para uma maior acumulação em escala global" (1993, p. 174). Em segundo lugar, quando argumenta que "como o sucesso político do neoconservadorismo dificilmente pode ser atribuído às suas realizações econômicas globais (seus fortes resultados negativos em termos de desemprego, crescimento sofrível, de rápido deslocamento e da espiral da dívida só são compensados pelo controle da inflação), [...] sua ascensão é atribuída a uma mudança geral das normas e valores coletivos que tinham hegemonia, ao menos nas organizações operárias e em outros movimentos sociais dos anos 50 e 60, para um individualismo muito mais competitivo como valor central de uma cultura *empreendimentista*, que penetrou em muitos aspectos da vida" (1993, p. 161). Tal *empreendimentismo*, aliás, nos anos 80 e 90, não caracteriza apenas as ações financeiras e comerciais. Ele está presente, também, "em domínios da vida tão diversos quanto a administração municipal, o aumento da produção do setor informal, a organização do mercado de trabalho, a área de pesquisa e desenvolvimento, tendo chegado aos recantos mais distantes da vida acadêmica, literária e artística" (1993, p. 161).[6]

---

6. Sobre essa questão, é exemplar a experiência dos *programas de qualidade total* que, pela rapidez da sua divulgação e assimilação, vêm se caracterizando como uma expressão cultural do *empreendetismo* nas organizações públicas e privadas. Principalmente porque depositam na mudança de comportamentos — valores individuais e grupais — o êxito de uma das principais características da acumulação flexível: a agilidade e adequabilidade

Acontece, porém, que a base material dessa *cultura da nova ordem* não está localizada apenas nas mudanças oriundas do processo de reestruturação produtiva. De fato, ela é impensável longe das contradições inerentes às experiências do *capitalismo democrático* e do *socialismo real*. Essas experiências vêm sendo problematizadas pelos neoliberais como modelos sociais superados, ou em vias de esgotamento, em função das relações entre Estado, mercado e sociedade.

Não se trata, portanto, de pensar a formação daquela cultura como um processo linear que espelhe, no plano superestrutural, as necessidades do processo econômico, nem de examinar as mudanças como substituições mecânicas de projetos.

É a necessidade de formação de uma cultura política dessa *nova ordem* que exige a desqualificação do significado histórico dos projetos de *democratização do capital* e da *socialização da riqueza socialmente produzida* como alternativas "à" ordem, e/ou "na" ordem, do capital, produzindo o que Hobsbawm chama de uma cultura do *adeus a tudo aquilo* (1993, p. 93-106).[7]

Essa cultura vem sendo fecundada pela burguesia internacional que, por meio da negação dos tradicionais mecanismos anticíclicos, em que se incluem as políticas sociais públicas, constrói

---

entre necessidades do consumidor e respostas rápidas, eficientes e lucrativas das empresas e das organizações.

7. As incompatibilidades da dinâmica da acumulação com o *Welfare State* e a de transformação social sem socialização do poder político não são decorrentes de uma visão catastrófica quanto à superação da crise atual, como parece sugerir Kurz em *O colapso da modernização* (1993). De fato, como expõe Netto, "o significado histórico-universal, da crise do *Welfare* e do socialismo real, aponta para problemáticas absolutamente distintas: se a crise do *Welfare* aponta para exigências antidemocráticas, imperativamente postas pelo desenvolvimento atual da ordem do capital, a crise do socialismo real demonstra que a viabilidade da superação da ordem do capital é função de uma radical democratização da vida econômica, social e política — incompatíveis com os limites do movimento do capital e com as restrições de uma ditadura exercida, ainda que em seu nome, sobre os trabalhadores" (1993, p. 73).

novos mecanismos de ajustes econômicos e implementa reformas sob a égide do neoliberalismo, na tentativa de substituir os mecanismos de regulação vigentes, até então, pela livre ação reguladora dos mercados.

Aqui, merecem destaque dois aspectos fundamentais que perpassam essa postura. O primeiro deles se refere à questão da intervenção estatal, cuja base da crítica é o modelo fordista-keynesiano. O outro se refere à exigência de *mutilação* dos direitos sociais, como expressão jurídica e política do exercício da cidadania.

Ora, esses requisitos da ordem emergente, longe de representarem o surgimento de elementos novos e progressivos, significam uma regressão na atual ordem burguesa, determinando não apenas o que se poderia chamar de refundação do Estado liberal à moda do século XIX, mas também a formação de um outro sujeito social, que não é portador de direitos universais e coletivos.

Na realidade, como aponta Brunhoff, a defesa da ação reguladora do mercado, em substituição à regulação estatal, "serve como referência contra o coletivo" (1991, p. 20).

Assim, diferentemente do pacto social-democrático, construído no segundo pós-guerra, sob a ideologia da gestão social do capitalismo, a conjuntura dos anos 80 exige uma possível redefinição dos objetos do consenso hegemônico do capital, na medida em que a burguesia *substitui* o pressuposto da conciliação de projetos antagônicos de classe (nos limites do capitalismo democrático) em prol da construção de uma visão universal e unificadora do mundo sobre o *fim da história*.

Denominam-se de conciliação de antagonismo as estratégias típicas do pós-guerra, cujo principal elemento é a formação do *estado de compromisso* de que fala Przeworski, para qualificar "a combinação entre democracia e capitalismo" (1991, p. 248), expressa no fato de que "os trabalhadores consentem com a instituição da propriedade privada dos instrumentos de produção, e os pro-

CULTURA DA CRISE E SEGURIDADE SOCIAL

prietários desses instrumentos consentem com as instituições políticas que permitem a outros grupos apresentar eficazmente suas reivindicações" (1991, p. 257).

Quanto à formação do consenso sobre o *fim da história*, recorre-se à criativa observação de Hobsbawm sobre o fato de que a derrocada do socialismo real fez com que "o capitalismo e os ricos parassem, por enquanto, de ter medo [...] medo de uma alternativa que existia na realidade e que podia realmente se espalhar" (1993, p. 103). Enfim, a ideia de que inexistem, no momento, alternativas à ordem capitalista.

Na realidade, como escreve Netto, "não se trata de supor o capitalismo como agonizante, incapaz já de reproduzir-se como tal" (1993, p. 46); o que é inconteste é que "a ordem burguesa madura deitou por terra duas projeções: uma que supunha possível superá-la operando de forma evolucionista-gradual, contendo suas sequelas e limitando as suas implicações através dos seus próprios mecanismos; outra, que pensava a sua superação como necessidade histórico-natural, como desenlace disrupto do acúmulo das suas contradições e antagonismos" (1993, p. 53).

A rigor, a partir dos anos 70, é notório que o mundo capitalista enfrenta as contradições do seu ideário contemporâneo: a compatibilidade entre capitalismo e democracia política,[8] ou, numa

---

8. Reside neste ponto uma questão de fundo: é a relação entre sistemas econômicos e regimes políticos. Enquanto o primeiro diz respeito às estruturas econômicas, o segundo refere-se aos ordenamentos políticos. No centro dessa relação, está localizada a polêmica sobre a compatibilidade entre capitalismo e democracia. No campo marxista, essa polêmica gira em torno da concepção de democracia como *valor universal* ou como *valor estratégico*, cuja fronteira é posta pela possibilidade, ou não, da sociedade, que privatiza a riqueza, de socializar o poder político. Na atualidade do debate neoliberal, a questão se coloca de outra forma. Em primeiro lugar, o ordenamento político aparece como derivação do ordenamento econômico, cuja equação é a concomitância entre liberdade de mercado e liberdade de livres proprietários do capital e da força de trabalho. Em segundo lugar, a ideia de que "há uma relação positiva e de caráter cumulativo entre os processos de liberalização econômica e de liberalização política" (Sola, 1993, p. 239).

versão mais radical, a impossibilidade de reestruturar as bases do processo de acumulação, sem promover um retrocesso, isto é, a *barbárie modernizada*. Entenda-se por barbárie a mutilação das conquistas das classes subalternas, em que se incluem aquelas que adquiriram o estatuto de direitos sociais, nos marcos da cidadania burguesa.

Como afirma Barbalet, com base na leitura que faz de Marshall, "para a economia de mercado funcionar eficazmente, o Estado social tem de ser cerceado". E justifica sua afirmação: "A história do Estado social do pós-guerra pode ser caracterizada em termos da sua contradição com a economia de mercado. Durante as décadas de 50 e 60, o consenso geral era que o Estado social melhorava o funcionamento da economia de mercado, estabilizando-a e aumentando a sua produtividade. Porém, a partir da década de 70, o Estado social e a economia de mercado têm entrado cada vez mais no caminho da colisão" (1989, p. 120).

Assim, a crise deflagrada, a partir daquela década, reacende a tensão existente entre o exercício dos direitos sociais, as políticas sociais e as novas necessidades do mercado. Note-se que foi o processo de socialização da política — produto das condições sob as quais se deu o desenvolvimento das forças produtivas — que viabilizou as conquistas sociais dos trabalhadores neste século, embora não exclusivamente. Observe-se, ainda, que a história dos ordenamentos políticos, que se articulam e alcançam vigência nas formações capitalistas, é a história das várias modalidades através das quais as frações mais ativas das classes dominantes conseguiram e conseguem introduzir mecanismos na dinâmica social, sem alterar a contradição entre socialização da produção e exclusão do poder de gestão dos frutos da produção (Netto, 1990, p. 75-79). Tais mecanismos "sustentam o estatuto privado da propriedade dos meios de produção, neutralizando o conteúdo negativo da socialização da vida humana, provocado pelo desenvolvimento das forças produtivas (Netto, 1990, p. 75).

Nessa perspectiva, entendemos que as mudanças nos processos de produção e no mundo do trabalho determinam a intervenção social do Estado. Nesta etapa de crise do capital, uma das exigências é a supressão de alguns dos direitos sociais, cuja operacionalização somente será feita com a mediação de mecanismos políticos.

Assim, é possível admitir-se a hipótese de que, na atual conjuntura, a burguesia internacional necessita reciclar e alargar o seu domínio, mediante a construção de uma cultura política da crise, capaz de reelaborar as bases da sua hegemonia. Cabe, portanto, indagar sobre os eixos dessa cultura e as condições sob as quais ela vem sendo construída.

Objeto de diferentes óticas de análise no campo marxista e no campo liberal, o debate sobre a crise, e suas formas de enfrentamento, evidencia alguns eixos conceituais, *politizados* no âmbito do discurso e dos programas da direita e da esquerda.

A *categoria-chave* das discussões e das propostas vem sendo o papel do Estado. Os liberais-conservadores criticam a regulação estatal, definindo-a como um obstáculo ao livre desenvolvimento das forças do mercado. Essa concepção aponta para uma desqualificação da experiência socialista e, ao mesmo tempo, para a qualificação da modernidade do capital.

É verdade que a centralidade do debate sobre o papel do Estado não se justifica apenas como um mero exercício da razão. Por se tratar de uma instituição organicamente vinculada ao desenvolvimento das economias capitalistas e ao padrão de organização/estruturação das ex-economias socialistas é que o papel do Estado adquire essa centralidade.

No entanto, observa-se que a crítica à regulação estatal é utilizada para amparar a polarização do debate entre socialismo e capitalismo, em detrimento da utilização de outras categorias de análise, como é o caso da relação entre capital e trabalho, o que permitiria deslocar o eixo do debate para o âmbito dos projetos de sociedade.

A primeira consequência desse enfoque, que incorpora uma *sobredeterminação política* de classe, é reduzir o conjunto das relações econômicas, sociais e políticas da sociedade contemporânea a uma simples implosão de modelos de intervenção estatal, estabelecendo uma causalidade entre crise capitalista/socialista e presença/ausência do Estado.

Assim, já socializando uma visão da crise, no leito de uma programática neoliberal, a burguesia necessita *criar as condições para instituir os novos objetos do consenso, quais sejam*: a desqualificação teórica, política e histórica da *existência de alternativas positivas à ordem capitalista e a negação de qualquer mecanismo de controle sobre o movimento do capital, seja enquanto regulação estatal, seja por meio de outros mecanismos democráticos de controle social, em favor da regulação do mercado.*

As bases objetivas para o desenvolvimento de uma verdadeira *reforma intelectual e moral*, sob a direção da burguesia, somente é possível porque os rebatimentos objetivos da crise apontam invariavelmente para a penalização dos trabalhadores, enfraquecendo seu poder ofensivo. Nessa conjuntura, a burguesia tenta capitalizar, no plano econômico, as derrotas políticas conjunturais das classes subalternas, sob o discurso do fim das ideologias, do fracasso do socialismo, da indiferenciação das condições de classe.

No entanto, a suposta situação de derrota das classes trabalhadoras não foi suficiente para que o capital realizasse a *sua reforma*, que se caracterizaria pelo consentimento ativo dos trabalhadores ao seu projeto.

Para operar os mecanismos de contratendência à crise — em que se incluem as reestruturações no mundo do trabalho — o capital necessita mais do que obter adesões e administrar resistências, o que seria característico de um consenso passivo das classes.

CULTURA DA CRISE E SEGURIDADE SOCIAL

Isso significa que, apesar das crises gerarem impactos negativos sobre os empregos, salários e mecanismos de seguridade social, elas não criam, mecanicamente, as condições para a burguesia operar sitiamentos nas práticas sociais e nos comportamentos dos trabalhadores.

Determinando, também, mudanças nas próprias práticas capitalistas, a crise cria as condições para o surgimento de um movimento de recomposição da hegemonia burguesa que, por sua vez, não se dá longe da existência de contradições, desde que ela tem como requisito *reciclar* os métodos de constituição da sua hegemonia.

Sob esse prisma, reafirmamos que, em conjunturas de crise econômica, há um terreno fértil para a formação de uma cultura política de corte classista, que pode ser constituidora de hegemonia, pois que a crise contém as bases objetivas sobre as quais é erigido um conjunto de mediações políticas que podem viabilizar a reestruturação da hegemonia do capital ou criar as condições para colocar a hegemonia em questão e superá-la.

Nesses termos, as conjunturas de crise econômica contêm sempre uma tensão política. É que, na deflagração de crises, as classes — capitalistas e trabalhadoras —, sob determinadas condições históricas, desenvolvem práticas sociais indicativas dos seus interesses diferenciados de classe.

Enquanto a classe dominante procura rearticular-se para recompor a sua hegemonia, as classes subalternas também podem ampliar seus modos de articulação e de consenso de classe para reverterem as relações hegemônicas em seu favor.

Contudo, para empreender a análise desse movimento, é necessário que se faça "a distinção entre movimentos e fatos orgânicos e entre movimentos e fatos de conjuntura ou ocasionais" (Gramsci, 1988b, p. 46). Essa distinção "deve ser aplicada a todos os tipos de situação: não só àquelas em que se verifica um processo regressivo ou de crise aguda, mas àquelas em que se verifica um desenvolvimento progressista ou de prosperidade e àquelas em que se verifica uma estagnação das forças produtivas" (1988b, p. 46-47).

Há indicações de que a direita tem levado a melhor no atual enfrentamento da crise, porque ela vem conseguindo *socializar a sua concepção da gênese da crise, inscrita na relação Estado/mercado/ democracia e, ao fazê-lo, consegue formar uma cultura da crise que, comportando uma determinada direção política, é constituidora de hegemonia.*

Joan M. Nelson, ao analisar as experiências de reforma no Terceiro Mundo, formula a regra do processo político: "para que o processo de reforma se sustente, a abordagem autocrática inicial (das medidas de ajuste) e a dependência da neutralização da oposição devem ser substituídas gradualmente por apoio positivo às novas políticas, procedimentos e instituições. Só assim as reformas serão consolidadas, ou seja, provavelmente não serão erodidas ou revertidas" (1993, p. 328-329). E acrescenta o mesmo autor: "Após os estágios iniciais, os governos precisam de canais na sociedade para facilitar a persuasão e a negociação que são essenciais para *armar o consentimento ou o apoio*" (1993, p. 338; grifos nossos).

Seguindo tal linha de argumentação, constatamos que a cultura da crise é um movimento de dimensão mundial e, mais do que isso, adquire traços particulares em cada formação social, dependendo dos modos e das formas de inserção de cada país na ordem capitalista internacional, das relações entre as classes fundamentais e da natureza da ação do Estado.

O Brasil, inscrito nesse contexto, experimenta uma crise econômica que já se prolonga por mais de uma década, situação essa germinativa de uma cultura política que indica os modos e as formas como as diferentes classes enfrentam a referida crise.

2. A CULTURA DA CRISE NO BRASIL

É incontestável que, a partir dos anos 80, a sociedade brasileira, ao mesmo tempo em que vivenciou um processo de democratização política, superando o regime ditatorial instaurado em 1964, também experimentou uma profunda e prolongada crise econômica, que persiste até os dias atuais.

O restabelecimento da democracia política, no Brasil, permitiu que a situação econômica e social do país se transformasse em objeto de uma ampla discussão, levada a efeito pelos mais diferentes e antagônicos setores da sociedade, cuja tônica é a qualificação da conjuntura nacional como expressão de uma situação de crise econômica.

A discussão da crise é marcada, fundamentalmente, por um balanço econômico da *década perdida*, que revela a estagnação da economia e o agravamento das condições de vida da população brasileira. Em geral, a crise vem sendo tematizada como herança do modelo econômico implantado no pós-64, ou como produto da crise econômica internacional.

O discurso utilizado pelas principais lideranças políticas brasileiras, para enfrentá-la, tem sido o da defesa da *retomada do crescimento econômico, da inserção do Brasil na economia internacional* e da *necessidade de redefinição do papel do Estado*. Para tanto, a estratégia proposta é a da formação de alianças políticas com o objetivo de superar a crise.

Merece atenção, entretanto, o fato de as esquerdas não imprimirem uma direção política a esse movimento, comprometendo, de certa maneira, seu histórico papel de protagonistas de um projeto social alternativo. O discurso genérico das reformas necessárias à retomada do crescimento, em que estão incluídas propostas sobre os modos de associação entre capital nacional, capital internacional e o Estado, bem como formas de combate à inflação e uma ampla reforma fiscal para aumento da arrecadação e implementação de políticas redistributivas, contém um forte grau de *indiferenciação*.

Assim, sob a defesa da *retomada do crescimento econômico*, as esquerdas terminam por atribuir, ao processo de formação de alianças políticas, a alternativa principal para o enfrentamento da crise. No entanto, o caráter indiferenciado desse discurso sugere o pressuposto de que tal enfrentamento depende da formação de um projeto de natureza transclassista, como condição para retomar o crescimento econômico.

Do ponto de vista prático-operativo, emerge a ideia de que, na crise, a luta pela recuperação econômica do país beneficia a todos, indistintamente, razão maior do discurso da colaboração e do salvacionismo indiferenciado. Do ponto de vista político, a estratégia adotada tem como consequência o solapamento de um projeto de classe, de corte anticapitalista, mediante a formação de uma vontade política universal que independe da inserção dos sujeitos sociais na estrutura social.

O que está em questão, portanto, é a capacidade/incapacidade que possui a classe subalterna de "elaborar uma visão de mundo [...] capaz de diferenciar-se e contrapor-se como visão de mundo às demais classes. Mais ainda, elaborar uma visão que seja capaz de estruturar o campo de lutas, a partir do qual ela poderá determinar frentes de intervenção e articular as alianças" (Dias, 1991b, p. 5).

Ao obliterar os elementos qualificadores de uma visão crítica da crise, os setores vinculados à esquerda terminam por endossar uma referência jornalística da crise, equalizando formulações e problemáticas que possuem gêneses distintas. Sob a égide da crise, estão sendo tratadas questões como o solapamento do projeto socialista, o papel do Estado na regulação econômica e, até mesmo, questões como o pagamento da dívida externa, o aumento do déficit público, a fome, o desemprego e a corrupção.

Nesse sentido, o discurso da crise, ou sobre a crise, é formador de uma cultura política que procura negar os referenciais teóricos, políticos e ideológicos, que permitiam, no caso brasileiro, até a segunda metade da última década, identificar propostas e práticas diferenciadas por parte das classes trabalhadoras e capitalistas acerca da situação social e econômica do país.

Como já dissemos, o traço predominante dessa cultura é a ideia de que a crise afeta igualmente toda a sociedade, independentemente da condição de classe dos sujeitos sociais, de modo que a "saída" da crise exige consensos e sacrifícios de todos. Para tanto, a burguesia tenta obter o consenso ativo das classes subalternas, baseado em questões que afetam o cotidiano das classes trabalhadoras, considerando-as como situações decorrentes da crise.

É provável que, em função desse encaminhamento, os principais movimentos sociais surgidos no país, nos anos 90, sejam de natureza policlassista e destituídos do caráter de movimento das classes trabalhadoras porque construídos sob a batuta de um suposto interesse geral da sociedade em denunciar a barbárie social brasileira.

Aqui, os exemplos ficam por conta das campanhas *em favor da cidadania contra a fome, pela ética na política* etc., já que tais movimentos são portadores de uma determinada cultura política que os diferencia radicalmente das experiências organizativas dos trabalhadores, construídas ao longo da década de 80.

Há que se fazer referência, também, ao fato de tais movimentos incorporarem, em larga medida, um discurso salvacionista, de natureza transclassista, que *sitia* qualquer elemento de direção política explícita, pois eles se definem como movimentos suprapartidários, suprapolíticos, supraideológicos. Na prática, esses movimentos propõem uma aliança de classes, amparados na ideologia da solidariedade entre classes antagônicas, no primado da ética e no distributivismo dos excessos.

Uma outra referência, no campo das práticas emergentes, é a proliferação das *organizações não governamentais* (ONGs) que, também, vêm fomentando a cultura das iniciativas autônomas, por fora das instituições governamentais, construindo uma antinomia entre eficácia pública e eficácia privada; em certa medida, surgem no cenário político e cultural, ao lado da também *revalorizada* rede de atividades filantrópicas, a revalorização do privado, do voluntarismo político e do apoliticismo.

Parece, portanto, haver uma relação entre a emergência dessas experiências *autônomas*, de solidariedade e eficiência, e as nebulosas propostas surgidas no âmbito dos sindicatos, das centrais sindicais e dos partidos de esquerda que, neste momento, sofrem de uma profunda ausência de *diferenciação*.

Essa *crise de diferenciação*, se analisada no leito da cultura política da crise, revela um caráter contributivo na formação de um novo conformismo social, ao tornar genéricos e universais os interesses de uma classe.

É nesses termos que o discurso da superação conjunta da crise neutraliza o patrimônio político-organizativo dos trabalhadores brasileiros, depois de uma década de lutas reativas e ofensivas contra o movimento ditatorial, autoritário e concentrador do capital, iniciado no pós-64.

Ora, levando em conta a inconteste existência de interesses, projetos e práticas de classes no Brasil, é factível atribuir, a tal processo, o caráter de um movimento inovador por parte da burguesia brasileira, visto que, historicamente, enquanto classe, ela não optou pela via da construção do consenso. Ao contrário, a burguesia sempre operou as suas *revoluções* pelo alto, excluindo, econômica e politicamente, as classes subalternas pela força de movimentos coercitivos.

Nesse sentido, pode-se afirmar que, a partir dos finais da década de 70, a ampliação do movimento organizativo das classes determinou essa inflexão das práticas da burguesia.

Assim, a transição política, iniciada na segunda metade dos anos 70, superou a possibilidade de ser um mero arranjo entre as forças sociais que compunham o bloco de poder. Segundo Neves, a partir desse período, observa-se "o início de um processo de ruptura com a ordem tutelada que presidiu as relações entre Estado e sociedade ao longo do nosso processo de modernização capitalista. Esse movimento de ruptura impôs a redefinição das práticas sociopolíticas das várias forças sociais em conflito. A burguesia que, historicamente, vinha delegando ao Estado a função política, embora sem abdicar de estar presente no interior do aparelho de Estado, procurou novas formas de inserção na sociedade civil, com vistas a recuperar o atraso político-ideológico decorrente do caminho escolhido para a modernização. Pressionada pelo avanço da organização autônoma do operariado e das camadas médias, começou, paulatinamente, e ainda de forma embrionária, a assumir a responsabilidade política, intelectual e moral de organização da relação Estado/sociedade civil, bem como as relações entre capital e trabalho no interior das unidades produtivas. Passaram a expressar os interesses dos vários capitais singulares, procurando imprimir nova dinâmica aos conflitos intercapitalistas e às relações com a burguesia estatal" (Neves, 1994, p. 34-35).

Assim, apesar de as classes trabalhadoras terem obtido significativas vitórias no âmbito social e político, e adquirido, enquanto classe, notável alteridade em relação à burguesia e ao Estado, elas nao conseguiram interferir, significativamente, na ordem econômica.

Seguindo essa argumentação, podemos afirmar que, no Brasil, a década de 80 representou uma derrota para os trabalhadores no campo econômico, mas, certamente, o mesmo não ocorreu no campo da ação política organizada das classes subalternas. Os trabalhadores ampliaram, significativamente, sua organização com a formação do novo sindicalismo político, com a criação da CUT, com a construção do Partido dos Trabalhadores e com um amplo leque de movimentos reivindicatórios. Enfim, construíram formas de autonomia político-ideológicas, seja no espaço da resistência, seja na formação dos embriões da ultrapassagem do "nível econômico-corporativo" para o nível das reformas políticas e econômicas (Gramsci, 1988b, p. 43-54).

Ora, isso significa que a organização política dos trabalhadores — construída durante os anos 80 — fez-se, concomitantemente, com a existência de uma grave crise econômica, expressa no baixo desempenho do crescimento econômico, no aumento da recessão, do desemprego e da inflação, agravada pela subordinação do país às exigências do mercado financeiro internacional.

Aliás, esse fato reitera a natureza contraditória da relação entre o processo de socialização do político e as condições de apropriação da riqueza social, no âmbito do desenvolvimento das forças produtivas.

Sujeitos das principais lutas políticas da última década — de que são exemplos, o fim da ditadura militar, a luta pela instauração da democracia, a elaboração de uma nova Constituição e outros movimentos reivindicatórios que possuíam corte anticapitalista —, os trabalhadores, por meio da ação política, tiveram, nelas, um papel fundamental.

Verdade que essa prática não se deu independentemente das tendências políticas e econômicas que marcaram toda a América Latina, a partir dos primeiros anos da década de 80, quando Argentina, Uruguai e Brasil encerram o ciclo dos governos militares. Também, sob pena de incorrer numa análise politicista desse processo, é necessário sublinhar que o contexto latino-americano dos anos 80 não se define apenas pelos seus processos internos, mas pelas suas relações com os centros hegemônicos.

Por isso, o processo de liberalização política foi catalisado pela luta organizada de amplos segmentos das classes trabalhadoras, mas "ficou patente um complexo jogo político, em que configuravam-se nítidos traços de continuidade [...] no quadro de uma transição negociada nos padrões da *democracia sem adjetivos*" (Vizentini, 1992, p. 27), tão cara ao neoconservadorismo americano e necessária ao próprio reordenamento da economia mundial.

Ressaltamos, entretanto, que o movimento organizado dos trabalhadores brasileiros, a despeito das conquistas obtidas, realizou uma "*transição com marcas subalternizadas*, posto que operou uma ruptura com a ditadura, mas não alterou, substantivamente, o peso político do latifúndio e do grande capital, sobretudo do capital bancário" (Coutinho, 1992, p. 53-54).

Nesses termos, é exemplar a experiência da campanha eleitoral de 1989, quando se torna explícita a tensão contida nos discursos da direita e da esquerda. Enquanto os primeiros criticavam o *tamanho do Estado* e defendiam a desestatização, por meio da liberação de atividades para a chamada iniciativa privada, a esquerda criticava a ausência de regulação estatal e defendia a desprivatização do Estado, no sentido de publicizar a sua intervenção.

Derrotada a esquerda, o discurso liberal torna-se o eixo de uma ampla ofensiva, por meio da articulação entre empresários, burocracia estatal e mídia, cujo objetivo foi quebrar a resistência dos setores organizados para integrá-los à sua ordem, assumindo, portanto, a característica de um *movimento molecular*, formador de cultura.

Longe de ter sido simples produto de uma disputa eleitoral e da consequente vitória dos setores conservadores, esse movimento vem se ampliando e assume as características de um programa, que consolida uma direção política das classes dominantes no processo de enfrentamento da crise brasileira, como bem comprovou a estratégia da burguesia no processo eleitoral deflagrado em 1994.

Por isso, ele deve ser analisado como uma expressão particular de um processo mais geral, que tem, como pano de fundo, as tentativas da burguesia para construir novas formas de consenso hegemônico, cujas macrodeterminações são:

a) a crise de acumulação do capital e as necessidades de reestruturação produtiva, com repercussões na formação do mercado de trabalho, no mundo do trabalho e na intervenção do Estado;

b) o colapso do socialismo real, que incide no esgarçamento das ideologias anticapitalistas e rebate, principalmente, nas propostas dos partidos e dos movimentos sociais dos trabalhadores;

c) os impasses da social-democracia e, em particular, do *Welfare State*, que minam o paradigma das reformas sociais no sistema capitalista.

A rigor, observamos que, no final dos anos 80, no Brasil, consolida-se uma ofensiva das classes dominantes, aqui representadas por frações da burguesia industrial e financeira, pela burocracia estatal a ela associada e pela mídia, cujas características, naquele período, são a seguir anunciadas.

No âmbito *governamental*, o plano Collor, intitulado "Brasil: um projeto de reconstrução nacional", estabelece as linhas gerais do seu programa: "a) a redução do Estado [...] que deve se dedicar a funções essenciais na área da saúde, educação e infraestrutura; b) a liberalização da economia [...] para que o mercado se recomponha e a competitividade alcance níveis internacionais; c) a abertura da economia ao mundo; d) o resgate da dívida social" (*Folha de S.Paulo*, 15 mar. 1991).

Dentre as medidas prioritárias, encaminhadas pelo governo, destacam-se a reforma administrativa, entendida como medida saneadora das instituições governamentais, a privatização das empresas estatais, como meio de retirar algumas áreas produtivas da esfera estatal, e a reforma da previdência social, como medida de equilíbrio do orçamento fiscal e adequação à situação do emprego na crise.

No espaço da *mídia*, a ofensiva foi centralizada no processo de privatização das estatais, na denúncia das mordomias dos funcionários do Estado, na corrupção e no déficit da previdência social. Assim, a televisão manipulava os números e os jornais apresentavam as famosas pesquisas de opinião, nem sempre confiáveis.

Nesse sentido, é interessante observar a estratégia da grande imprensa: divulgação ampla do apoio dos operários à privatização das empresas, como meio de desqualificar o discurso sindical cutista; divulgação do movimento dos aposentados pelos 147% de aumento nas aposentadorias e pensões, procedimento que expôs os números do déficit da previdência, ao mesmo tempo em que criticava a *Constituição de 1988*, qualificada de pródiga em benefícios e *irresponsável* na definição dos mecanismos de custeio.

No campo *empresarial*, pode-se dizer, com base na leitura de Francisco de Oliveira (1990b, p. 45-52), que a *descoberta imprevista* dos anos 90 é o "grau de articulação existente, hoje, no amplo conjunto das poderosas burguesias no Brasil". Os vetores dessa articulação passam pela fusão do capital bancário com o industrial, pela participação do capital estrangeiro nas empresas nacionais, pela simbiose entre empresas estatais produtivas e empresas privadas nacionais e estrangeiras — via formação de *holding* — e, principalmente, pela ampliação da organização corporativa dos empresários. O discurso destes últimos, aliás, levado a efeito pelos seus centros de estudos e pesquisas, demonstra que não mais se trata de apoiar ou de negar as políticas governamentais. Na verdade, os empresários passaram a elaborar projetos de políticas governamentais, como é o caso da reforma da previdência social, da educação etc.

Assim, já integrados no clímax do ideário neoliberal, os segmentos majoritários da burguesia brasileira procuram, diferentemente do que fizeram em 1930 e em 1964, minar, por todos os meios, os espaços de resistência dos setores subalternos, com o objetivo de tornar seu projeto consensual e partilhado. Trata-se, pois, de investir na construção de uma cultura persuasiva para difundir e tornar universal sua visão de mundo.

Dessa forma, a adoção de uma linguagem sobre a crise e o modo de superá-la, como parece estar acontecendo no Brasil, nos permite formular a hipótese de que o tratamento *da crise brasileira*, expresso no discurso e na programática do governo, dos partidos, dos empresários e, até, de alguns trabalhadores, *particulariza um modo de construção de uma cultura da crise, cujo marco é o pensamento neoliberal, que favorece a implementação de novas estratégias econômicas e políticas do grande capital, neste final de século.*

3. OS EIXOS DA CULTURA DA CRISE NO BRASIL

Como sugerimos no item anterior, a tentativa de constituição de um projeto hegemônico de classe, por parte da burguesia brasileira, consolida-se mediante a construção de uma cultura da crise que procura trabalhar o consentimento ativo das classes subalternas.

O núcleo temático dessa cultura é a socialização da ideia de que a crise afeta indistintamente *toda* a sociedade. Enfim, uma visão socializadora da crise que desqualifica, do ponto de vista político-econômico, as posições antagônicas das classes, ao mesmo tempo em que constrói um modo de integração passiva à ordem do capital.

Por isso, essa cultura *é formadora da hegemonia do grande capital e também protagonista do consentimento ativo das classes subalternas, na medida em que seja capaz de elaborar uma visão socializadora da crise, conseguindo estruturar campos de lutas, formar frentes consensuais de intervenção e construir espaços de alianças.*[9]

Trata-se de uma cultura que se vai construindo na base da formação de um novo conformismo social, em que os atuais interesses privados da classe dominante devem tornar-se genéricos e universais, *via saída conjunta para a crise.*

Um dos principais instrumentos dessa *cultura política da crise* é a gestação de uma cultura da *vontade corporativa*, fundada na estreita vinculação existente entre os interesses imediatos dos trabalhadores assalariados — sobretudo aqueles organizados nos grandes sindicatos — e os interesses dos empresários ligados aos setores mais expressivos do complexo industrial e financeiro.

Algumas estratégias confirmam essa suposição, quais sejam: os pactos periódicos entre governo e partidos de oposição, entre governo, empresários e grandes sindicatos, considerados institucionalmente como *grupos de interesse*, que fazem acordos sobre temas pontuais, como é o caso, por exemplo, das câmaras setoriais instituídas no Brasil, no início dos anos 90.

Para consolidar essa cultura, no entanto, é necessário afirmar a ideologia da *vontade corporativa*, que tem como requisito a desqualificação dos movimentos político-organizativos, formadores de uma *vontade coletiva nacional-popular* das classes trabalhadoras.

A *vontade coletiva* — seguindo a tradição gramsciana — é conceituada como "a consciência atuante da necessidade histórica, como protagonista de um drama histórico real e efetivo [...] no sentido de alcançar uma forma superior e total de civilização moderna" (Gramsci, 1988b, p. 7).

A *vontade corporativa* representa um movimento que aglutina interesses particulares e imediatos dos trabalhadores, em função da sua inserção numa mesma comunidade. No entanto, em níveis

---

9. Sobre o assunto, ver Dias (1991b, p. 5).

mais desenvolvidos, essa *vontade corporativa* pode configurar-se como uma *renúncia da hegemonia* (Anderson, 1986, p. 18) do coletivo de trabalhadores.

Segundo Coutinho, a partir dos finais da década de 80, é possível identificar a presença conflitiva de dois projetos principais de organização societária, nomeados, pelo autor, de *liberal-corporativo* e *democracia de massas*, respectivamente influenciados pelas tradições norte-americanas e europeias, e que incorporam não apenas projetos econômicos, mas projetos sociais hegemônicos que envolvem a esfera política, social e cultural (1992, p. 55-57).

Embora não discordemos do delineamento de dois projetos societais, o embate principal do projeto liberal-corporativo não é o da *democracia de massas*, mas um projeto de resistência ao liberalismo, de corte anticapitalista e marcado por princípios socialistas. Esse projeto é que delimita as possibilidades de ruptura com a transição subalternizada, iniciada nos finais de 70, e que, nesta conjuntura, tem como princípio a ruptura com a lógica do capital e com as representações societais centradas no mercado.

Nessa acepção, a fronteira entre os dois principais campos de embate — sinalizadores de projetos societais — é definida em torno da oposição entre projeto coletivo e projeto corporativo. A diferença entre eles é posta pelo conteúdo de sua formulação isto é, *pela natureza do projeto formulado*, e não *pela forma de organização dos trabalhadores*.

Assim, no lastro de uma transição *sem rupturas*, o delineamento de tais projetos caracteriza a existência das práticas de classes no Brasil dos anos 80. Essa é a razão pela qual o projeto das classes trabalhadoras — mesmo que eivado de contradições e crivado de impasses político-organizativos — transforma-se em alvo da ofensiva burguesa, que tem por meta a substituição das lutas coletivas pelas lutas corporativas. Nesses termos, podemos inferir que o ideário das classes dominantes, no Brasil, é o da *americanização* da sociedade brasileira, loteada por grupos de interesses necessários à constituição da *democracia sem adjetivos* de que fala Vizentini (1992).

Esse seria o caminho da elaboração das bases da hegemonia burguesa no Brasil, pois que a hegemonia implica uma reforma intelectual e moral, a formação partilhada de uma concepção do mundo de uma determinada classe.

Entendemos que esse processo faz-se *molecularmente*, tendo como eixo a valorização dos interesses corporativos de classe, em oposição às lutas coletivas desencadeadas pelos trabalhadores nos anos 80.

Amparado pelas mudanças no mundo do trabalho, em face das novas necessidades provocadas pela reestruturação produtiva, o objetivo desse movimento é flexibilizar as condições necessárias ao processo de realização de mais-valia, cujas exigências fundamentais são: a destruição/reconstrução das modalidades de controle do capital sobre o trabalho e a desvalorização máxima da força de trabalho, expressa no desemprego.[10]

Em síntese, a afirmação é a de que a *gestação da cultura política da crise* tem suas raízes na necessidade de o capital não somente realizar a reestruturação *técnica* da sua base produtiva, mas de fazê-la com o consentimento das classes trabalhadoras; isso significa investir na neutralização dos processos de resistência e em estratégias persuasivas, promotoras de adesões ao seu projeto, valendo-se, para tanto, das precárias condições de vida e de trabalho da população brasileira.

É evidente que esse processo relaciona-se tanto com as bases sociopolíticas da transição democrática do pós-64, que não operou

---

10. Sobre o processo de desvalorização, ver Magaline (1977). Vale destacar que, nas crises, o processo de desvalorização do capital-dinheiro, das mercadorias e do trabalho é um dos mecanismos de seu enfrentamento. No caso da força de trabalho, ela pode se dar pelo aumento das taxas de exploração, pela queda dos salários reais, pela precarização das condições de trabalho, com intercorrência na saúde dos trabalhadores, pela supressão de benefícios sociais e pelo desemprego.

rupturas com as estruturas de sustentação econômica do grande capital, quanto com a atual conjuntura de crise global, marcada pelo esgarçamento dos referenciais socialistas, dos da social-democracia, e pelas metamorfoses da ordem econômica mundial, responsáveis pelos devastadores impactos produzidos nos países do Terceiro Mundo.

É de fundamental importância não se reduzir a análise desse processo às fragilidades conjunturais da prática política das classes trabalhadoras no Brasil. Impõe-se, como critério de análise, a recuperação de um movimento mais geral em que o próprio entorno político *contemporâneo* da luta de classe sofreu mudanças. Aqui, a referência essencial são as mudanças realizadas no mundo do trabalho.

Nesse caso, é possível reconhecer que, embora esteja descartada a apologia sobre o *fim da história*, é evidente que, nesse primeiro *round* da crise do capital, a direita conseguiu, de certa forma, ter uma prática política ofensiva que obriga as classes trabalhadoras a superarem seus comportamentos reativos.

Na realidade, as classes trabalhadoras, em particular, sua fração assalariada pelo grande capital e que é protagonista da organização sindical e partidária dos anos 80, defrontaram-se com a capacidade que teve a burguesia industrial e financeira de tecer o seu projeto, sob o impulso do discurso modernizador das saídas da crise, ao mesmo tempo em que tratava politicamente as bases materiais e culturais da reestruturação produtiva, o que lhe permitiu desenvolver *molecularmente* as mudanças no mundo do trabalho.

Gestada desde os finais dos anos 70, eis as suas bases objetivas:

- no mundo material da produção, tem-se toda uma reestruturação da produção, formadora de uma determinada cultura técnica, e que subsume a resistência do trabalho ao ideário da produtividade e da qualidade total das mercadorias no interior de uma redivisão, não apenas do trabalho, mas também do mercado produtor. Essa reestruturação aproveita, psíquica e materialmente, o saber do trabalho como arma da sua própria subordinação, construindo no cotidiano do trabalho, em cada empresa, uma linguagem de conciliação e de salvacionismo da crise, em face da ameaça do desemprego e do fechamento das fábricas. A diminuição das unidades de produção, a terceirização do trabalho, como alternativa do emprego marginal, e a solidariedade mercantil entre patrões e assalariados — ambos, supostamente, ameaçados pela recessão —, gestam um projeto para o trabalho, marcado pelo *ethos* do trabalho subalternizado e consentido. A hegemonia do econômico sobrepõe-se aos ideários políticos e os massacra. Na verdade, impõe-se ao capital recompor o trabalhador coletivo, não apenas no processo técnico de trabalho, mas também no processo político-cultural;

- na esfera da resistência político-institucional dos trabalhadores, considera-se o que de mais caro foi obtido pelo movimento organizado: a identidade de interesses e as motivações para o *combate*, com o objetivo de torná-los parceiros no enfrentamento de uma crise que não foi por eles tecida. De interlocutores críticos, conflitivos, tenta-se transformá-los em colaboradores, aliados de um projeto salvacionista de última hora;

- no âmbito da subjetividade, procura-se construir uma identidade sob a suposta equalização dos *prejuízos* da crise para todas as classes. Busca-se a realização de formas subjetivas de consentimento, expressas nas defesas do *mal menor*, dos sacrifícios recompensados, da cultura da frente de salvação.

Nesse sentido, as classes dirigentes procuram capitalizar, no âmbito da cultura política, as derrotas conjunturais — fáticas ou simbólicas — dos movimentos organizados dos trabalhadores, principalmente aquelas relacionadas com salários, emprego, poder de decisão e representação sindical, transformando-as em causa e consequência da adesão ao projeto da modernidade do grande capital, apostando no sucesso da fragmentação dos interesses da classe trabalhadora, como meio para tentar tornar subjetiva a objetividade da (atual) ordem burguesa.

A rigor, estariam postas, assim, as condições com base nas quais o movimento dos trabalhadores — pelo menos em tese — é levado a desenvolver iniciativas que implicam a existência de frentes aglutinadoras de interesses indiferenciados de classe.

Em consequência, a "gestação de uma cultura política da crise" é um movimento formador de ideologias, valores e representações que procura naturalizar a objetividade da ordem burguesa, tecendo a "espontaneidade racional" (Gramsci, apud Dias, 1987, p. 93) da classe subalterna, ao imprimir, ao ocasional e transitório, o caráter de permanente.

Trata-se de um movimento molecular, isto é, "aqueles que envolvem os indivíduos e os grupos, modificando-os insensivelmente, no curso do tempo, de modo tal que o quadro de conjunto se modifica sem a aparente participação consciente dos atores sociais" (Badaloni, 1991, p. 109).

Tomamos, como eixos proliferadores dessa cultura, *a relação entrecrise, mudanças no mundo do trabalho e o desmonte dos mecanismos de proteção social, no interior de uma estratégia política, marcada pela (des)historicização das conquistas sociais dos trabalhadores, em que se inclui o acesso aos bens e serviços públicos de natureza não mercantil.*

Tais questões, como assinalamos no início, remetem a situações presentes no cotidiano das classes trabalhadoras e vêm sendo tematizadas pela direita como problemáticas provocadas pela crise, justificadoras da adesão *consentida* das classes subalternas.

CULTURA DA CRISE E SEGURIDADE SOCIAL

Se assim for, parece delinear-se no horizonte do discurso e das práticas das classes subalternas algumas indicações de adesão a propostas, marcadas por um conteúdo *indiferenciado de classe*. Em certo sentido, essa adesão pode ser caracterizada como sendo uma renúncia da direção política imprimida pelas classes trabalhadoras às lutas anticapitalistas dos meados dos anos 80.

De um lado, surgem novas experiências organizativas destituídas de um projeto de classe, na medida em que a constituição dessas experiências é fundada numa íntima relação entre *crise global*, voluntarismo político e transclassismo. De outro lado, o estímulo à formação de movimentos de natureza corporativa, marcados por interesses imediatos de trabalhadores assalariados do grande capital industrial e financeiro.

Estabelece-se, pois, uma unidade contraditória: as lutas coletivas dos anos 80 transmutam-se em movimentos de solidariedade entreclasses, enquanto as reivindicações típicas dos movimentos de corte classista, vinculados ao mundo do trabalho, metamorfoseiam-se em lutas corporativas, tendencialmente destituídas de projetos de classe. Pode-se ponderar que a complexidade da estrutura social brasileira, nas três últimas décadas, aliada às particularidades do processo de transição política no pós-64, ela mesma determinada pelo grau e nível de organização da sociedade civil, em certa medida, inibiu as classes dominantes de promoverem a realização do seu projeto apenas pelas vias coercitiva e transformista.

E ainda que se considere a ofensiva neoliberal da burguesia brasileira, no leito do desenvolvimento progressivo de uma estratégia econômica não interrompida com o fim da ditadura, é inegável a emergência de uma nova estratégia política das classes dominantes: *conquistar hegemonia*, isto é, obter o consentimento ativo da maioria da população em torno do seu projeto específico de sociedade, o que lhes permite ser não apenas classe dominante, mas também classe dirigente.

É nesses termos que a burguesia tenta construir um novo conformismo, baseado na fragmentação da vontade coletiva e na construção da *vontade corporativa*, ancorada no fracasso das experiências coletivistas do socialismo real e numa suposta democratização do capital, cujas regras não são construídas no espaço público, mas no âmbito de cada corporação capitalista.

Em síntese, parece que, no Brasil, a burguesia industrial e financeira, para além da sua condição de classe dominante, quer tornar-se classe dirigente, obtendo o consentimento ativo de segmentos das classes subalternas em torno do núcleo mais duro do seu projeto: o Estado mínimo, subordinado ao mercado máximo.

Por essa via, a expressão programática mais significativa, para o enfrentamento da crise, é a defesa dos projetos de privatização, que se transformam no novo baluarte do capital.

Na verdade, o programa de privatização, longe de ser uma medida pontual e recorrente, é a expressão material do novo projeto do capital. Sob a defesa da transferência de atividades do setor público para o setor privado — lucrativo e não lucrativo, o que se está construindo é um modelo societário que tem por base a constituição de um determinado sujeito político: *o* "cidadão-consumidor", *produto de uma sociedade que concebe a organização econômica e social valendo-se de um Estado mínimo e do mercado máximo.*

Por isso, o núcleo mais inflexível do projeto neoliberal no Brasil, dadas as limitações objetivas da base econômica, certamente não seria o do crescimento indeterminado do livre-mercado, sem a intermediação do Estado, mas o *desmonte dos mecanismos de regulação da produção social e a regressão na esfera dos direitos sociais.* Em consequência, os parcos mecanismos de controle vigentes no Brasil e as conquistas sociais estabelecidas na Constituição de 1988 são objeto de acirrada crítica por parte do grande capital.

Nesse caso, tudo indica que a desregulamentação estatal, de que se fala no Brasil, é apenas um código utilizado para viabilizar prioritariamente:

1. a reestruturação dos diversos capitais em função das *novas demandas* da produção seletiva internacional e em favor, é claro, da formação de novos nichos de acumulação. É o caso, por exemplo, da *oligopolização* dos ramos industriais que estão sob controle estatal e da privatização de empresas estatais produtoras de bens e serviços de consumo coletivo, tais como energia, telecomunicações, transporte urbano etc.;

2. a perenização da inexistência de mecanismos de controle social sobre a produção e o mercado capitalistas, inclusive redefinindo novos papéis estratégicos para o Estado;

3. a adequação dos direitos recém-conquistados e as garantias sociais dos trabalhadores ao projeto do *cidadão-consumidor*, que é o sujeito político da *democracia sem adjetivos*, como condição para realizar reformas no âmbito das políticas sociais.

Essas indicações, longe de serem medidas pontuais para superação da crise, devem ser vistas como parte de um programa que finca as bases do projeto neoliberal no Brasil, repercutindo diretamente nos mecanismos de seguridade social, como discutiremos no próximo capítulo.

CAPÍTULO III

A seguridade social em tempo de crise

1. A TRAJETÓRIA DA SEGURIDADE SOCIAL: DA EXPERIÊNCIA FORDISTA-KEYNESIANA À FLEXIBILIZAÇÃO NEOLIBERAL

Como já expusemos, as tendências da seguridade social brasileira expressam um movimento mais geral, determinado pela relação entre a crise econômica dos anos 80 e os mecanismos adotados para o seu enfrentamento.

Esse encaminhamento remete a questão da seguridade social ao âmbito dos movimentos da economia e da política, enquanto macrodeterminações dos processos sociais que, no cenário daquela década, estão reunidos em dois conjuntos de vetores:

- *as mudanças no mundo do trabalho,* aqui entendidas como parte do processo de reestruturação produtiva e produto das estratégias de superação do modelo fordista-keynesiano, em favor da acumulação flexível;

- *as mudanças na intervenção do Estado,* cuja inflexão é marcada pela crise do keynesianismo e pela emergência do neoliberalismo.

Estes vetores — mudanças no mundo do trabalho e na intervenção do Estado — estão situados no contexto mais geral do capitalismo monopolista e adquirem características particulares, seja nos países centrais, seja nos países periféricos, quando tratados sob a ótica do esgotamento da onda longa expansiva do capital, iniciada no pós-guerra, da socialização do político por parte das classes subalternas — em que se incluem as práticas sindicais e partidárias — e das iniciativas da burguesia para afirmar sua hegemonia.

A dinâmica dessas mudanças, já tratada nos capítulos I e II, pode ser resumida nos seguintes termos:

a) diante das necessidades de reestruturação produtiva, em que se incluem as transformações nos processos de trabalho, é imperativo para o capital a obtenção do consentimento ativo dos trabalhadores;

b) o movimento de concentração e expansão do capital favorece o surgimento dos conglomerados industriais, comerciais e financeiros, responsáveis pela formação de grandes corporações internacionais que imprimem uma tendência de fracionamento das classes trabalhadoras, pela via da divisão sociotécnica do trabalho. O resultado é a formação de dois grandes grupos de trabalhadores: os do grande capital e os demais trabalhadores excluídos do processo de emprego formal;

c) essa fragmentação do mercado de trabalho opera refrações na prática organizativa das classes trabalhadoras e pode criar, especialmente em conjunturas de crise, as bases para a institucionalização de formas corporativas de organização que possibilitem a constituição de um novo corporativismo social, como expressão embrionária de um projeto societal;

d) as mudanças na esfera da produção e da organização social implicam redirecionamento na forma de intervenção do Estado, em especial nos mecanismos de regulação da produção material e da gestão estatal e privada da força de trabalho, alterando as relações entre Estado, sociedade e mercado;

e) nessa conjuntura, as mudanças nas relações entre Estado, sociedade e mercado são objetivadas em um conjunto de medidas de ajuste econômico e de reformas institucionais, cujos destaques são: os mecanismos de privatização e as pressões do empresariado e da burocracia estatal no campo dos direitos sociais, como condição para operar reformas nas políticas da seguridade social.

Desse modo, as mudanças nos sistemas de seguridade social ganham destaque no conjunto das reformas, de cunho liberal, surgidas nos anos 80 e 90, tendo como principais formuladores os organismos financeiros internacionais, os empresários vinculados ao grande capital e a burocracia estatal a eles associada.

Trata-se de um movimento de dimensão mundial, cuja extensão depende da posição e da condição de cada país no cenário da chamada nova reordenação econômica internacional.

Segundo Taylor-Gooby "o resultado desta filosofia, em termos políticos concretos, é um desejo de reduzir o papel do Estado na área do bem-estar social, cortando os gastos e os impostos e transferindo os serviços para o setor privado. Onde o mercado não pode atuar porque não há demanda efetiva, as organizações filantrópicas particulares, sob o livre controle dos indivíduos, substituem a ação do Estado. Os serviços previdenciários estatais, que forem mantidos, devem se direcionar estritamente aos pobres, já que só podem ser justificados como parte de um programa destinado a aliviar as necessidades extremas através de uma ação humanitária coletiva, e não como uma política dirigida à justiça social ou à igualdade — que possa ser interpretada como um direito dos necessitados" (1991, p. 171).

Segundo estudos realizados por Maria Lúcia Vianna (1994, p. 22-34) e Kandir (1994, p. 111-187),[1] verifica-se que, nos países desenvolvidos (Inglaterra, Estados Unidos, França, Alemanha, Itália, Japão, dentre outros), os sistemas de seguridade social passaram por reformas que se iniciaram na década de 70 e se consolidaram no curso dos anos 80.

A argumentação para a realização dessas reformas, segundo as mesmas fontes, é pautada pelos déficits orçamentários dos programas de previdência social, nos quais estão incluídas as aposentadorias, as pensões e o seguro-desemprego. Nas justificações *técnicas* dos déficits, estão computadas as repercussões da crise econômica no emprego, na renda e no desequilíbrio fiscal, o impacto das contribuições sociais e dos impostos sobre as empresas, além de considerações sobre o perfil demográfico das populações, em especial, a expectativa de vida e as transferências intergeracionais de renda (Maria Lúcia Vianna, 1994, p. 22-34).

É comum, ao conjunto das reformas, a criação de mecanismos de seletividade, atingindo principalmente o seguro-desemprego, a redução dos benefícios da previdência, a segmentação das fontes de custeio dos programas de previdência, saúde e assistência social, além do estímulo à criação de instituições privadas de previdência complementar, como é o caso dos fundos de pensão patrocinados pelas grandes empresas. Estes últimos devem e/ou podem conviver com a seguridade social pública, que é considerada

---

1. Esses estudos foram publicados na série *A previdência social e a revisão constitucional*, pelo Ministério da Previdência Social em convênio com a Cepal, Brasília.

básica e oferta benefícios tais como renda mínima, aposentadorias e pensões básicas, renda vitalícia etc. (Maria Lúcia Vianna, 1994, p. 28-31).

Segundo Maria Lúcia Vianna, as reformas da previdência apresentaram as seguintes tendências gerais: "mudanças nas regras de valorização dos benefícios mediante adiamento das datas de reajuste, fixação arbitrária de aumentos a níveis inferiores aos da inflação, supressão da indexação automática [...] alteração dos requisitos para aposentadoria" (1994, p. 25).

Destacamos, ainda, no material consultado, que todas as reformas contemplaram a manutenção e/ou ampliação dos programas de assistência social voltados para o combate à pobreza (Maria Lúcia Vianna, 1994, p. 24-25).

As principais metas desse programa *internacional* de reformas são: redução de gastos públicos; ampliação da participação do setor privado lucrativo e não lucrativo; redução das contribuições sociais das empresas; desenvolvimento de políticas focalizadas na pobreza; desenvolvimento de atividades voluntárias complementares aos serviços públicos (Taylor-Gooby, 1991, p. 170-185).

A dinâmica desse movimento, como já referimos nos capítulos anteriores, guarda estreita relação com os modos e as formas pelas quais o mundo capitalista desenvolvido enfrenta o esgotamento do padrão de crescimento iniciado no segundo pós-guerra, além de exibir a força da agenda neoliberal na definição das reformas.

É dessa maneira que a seguridade social transforma-se em objeto prioritário de mudanças e ajustes, tanto nos países hegemônicos quanto nos países periféricos, evidenciando a centralidade dessa política social, no conjunto das novas relações entre o Estado, o mercado e a organização social.

O paradigma histórico mais explicativo é a conjunção formada pela crise de 1929 com a implementação das políticas anticíclicas keynesianas, que redirecionaram a intervenção do Estado, o desenvolvimento do taylorismo e do fordismo e a formação dos grandes sindicatos de trabalhadores.

Sem negar a existência de significativos contrastes entre as experiências desencadeadas a partir da crise de 1929, consolidadas no pós-guerra, e aquelas que inauguram a deflagração/enfrentamento da crise dos anos 70, permanece válida a tese de que *o capital mobiliza mecanismos de contratendência para enfrentar as crises periódicas de sua reprodução, impondo redefinições nas suas práticas e na intervenção do Estado.*

Esse argumento, ao mesmo tempo em que reforça a ideia de que a conjuntura dos anos 80 e 90 possui particularidades, reafirma a manutenção das regras da acumulação, determinando, tanto o surgimento de novos embates entre as classes sociais, como as mudanças institucionais nos processos de organização do trabalho, na cultura e nas ações do mercado e do Estado.

É essa perspectiva que nos permite identificar a relação entre as tendências da seguridade social e as crises econômicas, relação essa marcada, neste século, pela experiência fordista-keynesiana, que se estende dos anos 30 até o final da década de 60 e pelo pós-fordismo neoliberal, que surge a partir da crise dos anos 70.

Na experiência fordista-keynesiana, os sistemas de seguridade social foram ampliados por força das negociações entre empresas, sindicatos e instituições do Estado, enquanto nas experiências pós-fordistas, sob o influxo das ideias neoliberais, *a tendência é de privatizar os programas de previdência e saúde e ampliar os programas assistenciais,* em sincronia com as mudanças no mundo do trabalho e com as propostas de redirecionamento da intervenção social do Estado.[2]

---

2. Esse tratamento das tendências da seguridade expressa a nossa opção de tematizar a política social numa dimensão de totalidade, seguindo a tradição de Lukács (1974) e

A problematização da seguridade social não se resume, portanto, a uma relação mecânica entre crise econômica e crise na seguridade, o que lhe imprimiria um corte economicista. Aqui, o essencial é apreender a seguridade em *tempos de crise*. É historicizar e politizar a seguridade social, discutindo-a no contexto das medidas de enfrentamento da crise, como é o caso das mudanças no mundo do trabalho e no redirecionamento dos mecanismos de regulação social, enquanto iniciativas políticas de classe. Isso porque os sistemas de seguridade são determinados por um conjunto de necessidades que nascem no mundo da produção *stricto sensu*, mas não encerram ali o seu sentido. Enquanto mecanismo de regulação social, eles têm sua sustentação amparada na legislação social e nos direitos sociais, que são esferas constituidoras da relação entre o Estado e a sociedade.

A complexidade das relações sociais, presentes na constituição e intervenção do Estado, indica que o encaminhamento da ação estatal tanto depende das lutas dos trabalhadores, quanto dos modos de absorção de suas reivindicações pelo capital. É no interior desse movimento, dialético e contraditório, que se dá a estruturação dos sistemas de seguridade social nas sociedades capitalistas ocidentais.

Assim, as políticas de seguridade social não são concebidas como um mecanismo exclusivo de controle das classes subalternas por parte da classe dominante, nem tampouco como um resultado apenas das conquistas dos trabalhadores contra a exploração capitalista, ou mesmo um arranjo estrutural inerente a uma determi-

---

amparada pelo arcabouço teórico da crítica da economia política marxista contemporânea. Como Behring, também apostamos na possibilidade de discutir a política social nesta fase de desenvolvimento do capitalismo, longe "do idealismo, da fragmentação da totalidade e do *welfarianismo*, como condição para romper os limites da teorização das políticas sociais no horizonte do ordenamento social-capitalista" (1993, p. 13).

nada fase de desenvolvimento do capitalismo, tal como é abordado pelas correntes politicistas.[3]

A questão reside no fato de o capital ser compelido a incorporar algumas exigências dos trabalhadores, mesmo que elas sejam conflitantes com os seus interesses imediatos; mas, ao fazê-lo, procura integrar tais exigências à *sua ordem*, transformando o atendimento delas em respostas políticas que, contraditoriamente, também atendem às suas necessidades.

A dinâmica desse processo adquire características particulares, dependendo do estágio de desenvolvimento das forças produtivas, do grau de socialização da política e das formas históricas assumidas pelo confronto entre as classes.

Essa é a razão pela qual examinaremos, a seguir, como tal movimento se desenvolve nas conjunturas de crise, para observarmos sob quais condições os sistemas de seguridade relacionam-se com as crises do capital, desde, pelo menos, os finais do século passado.

Em princípio, é necessário destacar que, na passagem do capitalismo concorrencial para a fase monopolista, as formas de proteção social então existentes — ajuda aos pobres, desocupados, órfãos, solidariedade mutual etc. — podem ser definidas como os embriões de uma política de seguridade social.[4]

Mesmo assim, essa ajuda ou assistência aos pobres só adquire tal estatuto quando relacionada com a formação do salariato, já que aquelas práticas originam-se do reconhecimento da incapacidade pessoal do indivíduo em prover o seu sustento no mercado e da necessidade que tem o capital de tornar compulsório o trabalho assalariado.

---

3. Sobre a predominância da perspectiva politicista de análise da política social, ver Behring (1993), especialmente cap. I.

4. Sobre esse assunto, ver a dissertação de mestrado em Serviço Social da professora Selma Schons (1994).

Essa transformação nos processos de *ajuda*, religiosa ou laica, em atividades públicas, deu-se em sincronia com as mudanças nos mecanismos de acumulação, que caracterizam a etapa monopolista do capitalismo, quais sejam: o aumento da produtividade da força de trabalho, por meio da substituição da exploração extensiva pela exploração intensiva da força de trabalho, a produção de mais-valia relativa e as alterações na composição orgânica do capital, mediante o aumento do emprego do capital constante e redução do capital variável (Altvater, 1989b, p. 11-77).

Por sua vez, essas transformações determinaram, também, mudanças nas relações de trabalho e nas formas de organização dos trabalhadores, que ampliaram o escopo das suas lutas coletivas e provocaram significativas alterações nas condições de reprodução da sua força de trabalho e do próprio capital.

Com o desenvolvimento do trabalho assalariado, nas sociedades industrializadas, a proteção social torna-se uma das condições necessárias à estabilização do salariato. Inicialmente, por meio dos seguros sociais, ela evolui para a formação de instituições previdenciárias, seja por iniciativa dos próprios trabalhadores, seja em conjunto com os empregadores e, posteriormente, com o Estado.[5]

Originária da solidariedade mutual, essas iniciativas ganham maior densidade quando tornadas objeto de barganha junto ao patronato, pela ação sindical, adquirindo nítidos traços de uma prática política de classe.

Segundo Santos, "a classe trabalhadora, ao se organizar e reivindicar por direitos sociais, denuncia a forma mercantil do modo de produção capitalista. Sua ação torna evidente o caráter falacioso do contratualismo liberal, determinando o desmascaramento de sua expressão mercantil e jurídica e revelando o seu conteúdo de exploração" (1979, p. 23).

---

5. Essa abordagem da proteção social, como instrumento de estabilização do salariato, foi baseada nas argumentações de Brunhoff (1985), Grevet (1976), Coriat (1985).

Desse modo, a pressão organizada da classe operária, no período de transição do capitalismo concorrencial para a fase monopolista, impôs progressivamente a publicização do privado, provocando a intervenção do Estado nos contratos de compra e venda da força de trabalho, nas condições de trabalho, na saúde e na segurança social dos trabalhadores, por meio da legislação trabalhista, acidentária e sanitária, afora a regulamentação dos seguros sociais.

Esses novos campos da intervenção estatal, no entanto, não se restringem à regulação das condições de uso da força de trabalho pelo capital. Tampouco devem ser vistos como produto exclusivo das reivindicações das classes trabalhadoras. De fato, essas medidas estão incluídas num processo mais amplo de redirecionamento da intervenção do Estado, posto que as necessidades estruturais do processo de acumulação, junto com o aumento dos conflitos de classe, exercem injunções no sentido de modificar a intervenção do Estado. Por força do conjunto dessas determinações, o Estado passa a intervir diretamente no processo de valorização do capital, redefinindo, também, suas relações com as classes e reestruturando a prática das suas instituições.

Revertendo a performance do liberalismo do século XIX, o Estado flexiona sua intervenção na esfera econômica e social, ao criar mecanismos de contratendência à queda da taxa de lucros e ao instituir políticas que favorecem o processo de acumulação monopolista, investindo nos setores de infraestrutura, transferindo recursos públicos para o setor privado e implementando políticas voltadas para a reprodução ampliada da força de trabalho, nelas incluídas a proteção social pública.

É dessa forma que os sistemas de proteção social passam a compor o conjunto das práticas que se institucionalizam nas sociedades capitalistas ocidentais, a partir do início deste século, como expressão concreta da presença de uma esfera pública, reguladora das condições necessárias ao desenvolvimento do processo de acumulação intensiva.

Existentes em todo o mundo ocidental, os sistemas de proteção social conformam um conjunto de práticas na área da previdência, saúde e assistência social, que se vinculam estreitamente com as necessidades do processo de assalariamento na fase de acumulação intensiva. Tornam-se amplamente reconhecidos a partir dos anos 30 e expandem-se universalmente a partir da década de 40, no chamado "ciclo virtuoso da economia do pós-guerra" (Draibe e Aureliano, 1989, p. 139).

Na periodização de Mandel, que trabalha os ciclos de aceleração/desaceleração da acumulação do capital na esteira das formulações de Kondratief,[6] "as políticas sociais surgem em fins de um longo período depressivo, o qual se estende de 1914 a 1939, e se ampliam, sobretudo, no início de um período de expansão que vai até o final da década de 60" (Mandel, apud Behring, 1993, p. 301).

As grandes mudanças econômicas por que passam as sociedades capitalistas, a partir dos anos 30, são marcadas pela difusão do fordismo, enquanto modelo de organização industrial e social, pelas propostas keynesianas, pelo surgimento dos partidos social-democratas e pelo crescimento dos grandes sindicatos. Esse quadro, responsável pela formação do chamado pacto fordista-keynesiano, deu sustentação ao crescimento das economias centrais e inaugurou uma nova fase nas relações entre o capital e o trabalho, que teve seus pilares de sustentação fincados nas negociações trabalhistas entre os grandes sindicatos e o grande capital, nos ganhos de produtividade dos trabalhadores e, do ponto de vista das relações salariais, na instituição dos salários indiretos, via políticas de seguridade social (Aglietta, 1979).

---

6. Ver Mandel (1985).

Médice caracteriza esse período como a etapa *previdencialista* da seguridade social. Afirma o autor que "a difusão do fordismo [...], assim como o keynesianismo, fomenta uma nova relação entre empregados, patrões e Estado, a partir de um pacto social fundado mais na busca do consenso do que na exacerbação das divergências históricas de classe" (1989, p. 15). Esse pacto estabelece as bases para a institucionalização de políticas sociais redistributivas nos países centrais, tornando-se, inclusive, o principal sustentáculo do período de estabilidade econômica daquelas sociedades, que se inicia em 1945. "A nova relação entre capital, trabalho e Estado, que surge com o fordismo, com a social-democracia e com o keynesianismo, estabelece as condições que impulsionam o modelo *previdencialista* no caminho de sua generalização" (1989, p. 15).

Convém esclarecer que o *pacto-fordista* do pós-guerra representa, a rigor, o desenvolvimento progressivo de um processo iniciado no período 1929/1932, vincado por uma radical mudança nas concepções vigentes sobre as crises econômicas. O capital reconhece a impossibilidade da autorregulação mercantil das crises, dando lugar às propostas keynesianas, que passam a funcionar como um contraponto à ideologia do *laissez-faire*.

A proposta keynesiana, considerada por muitos como uma verdadeira revolução na teoria econômica clássica, funda-se no entendimento de que "o caráter global e duradouro da crise é produto da insuficiência da demanda efetiva" (Brunhoff, 1991, p. 24-25), razão pela qual defende o aumento do emprego, da renda e do consumo, por meio da intervenção direta do Estado.

Consolidado como uma política anticíclica, o keynesianismo institui as políticas estatais de regulação econômica e social, de que são exemplos a planificação econômica e a intervenção na relação capital/trabalho, por meio da política salarial, da política fiscal, da política de crédito e das políticas sociais públicas.

CULTURA DA CRISE E SEGURIDADE SOCIAL

Enfim, um conjunto de medidas necessárias à retomada do processo de acumulação, que foi afetado pela crise de 1929, e que pode ser descrito como um modelo fundado na generalização do assalariamento, no aumento da produtividade do trabalho e na intervenção social e econômica do Estado.

Aliás, essa é a feição típica do Estado no capitalismo monopolista. Sua intervenção será feita nas políticas de regulação do mercado de trabalho e do processo de trabalho (legislação trabalhista, política salarial, regulamentação de profissões etc.); nas medidas de controle da atividade política (legislação sindical); na regulação de normas de consumo coletivo (saúde, seguridade, educação etc.); e nas políticas de composição das rendas do trabalho (Braga, 1986, p. 41).

A participação do Estado na criação de mecanismos de reprodução da força de trabalho, de que é exemplo a implementação de medidas de proteção social, consubstanciará uma estratégia mediadora das relações entre produção e reprodução.

A generalização das medidas de proteção social, como uma política social do Estado, entretanto, deu-se sob determinadas condições históricas, adquirindo perfis diferenciados em cada país, dependendo da trajetória econômica e política que particulariza o desenvolvimento do capitalismo e as lutas dos trabalhadores em cada realidade nacional.

Tendo como principal característica a concessão de benefícios àqueles que estavam diretamente ligados ao aparelho produtivo, a implantação do sistema de seguridade social não excluiu as formas de ajuda social preexistentes, dirigidas prioritariamente aos excluídos da produção. Ao contrário, deu-lhes uma outra função, compatível com as novas necessidades do processo de acumulação, como é o caso da manutenção do exército industrial de reserva.

Entretanto, é a partir do pós-guerra que, nos países desenvolvidos, os sistemas públicos de seguridade transformam-se na principal forma de intervenção social do Estado, chegando mesmo a consolidar uma determinada forma de organização conceituada como *Estado de bem-estar social* (Gough, 1982). Sua característica essencial é o papel desempenhado pelos fundos públicos no financiamento da reprodução da força de trabalho e do próprio capital, seguindo a tradição de Keynes.

Segundo Francisco de Oliveira, "o que se chama *Welfare State*, como consequência das políticas originalmente anticíclicas de teorização keynesiana, constituiu-se *no padrão de financiamento público da economia capitalista* [...] sintetizado na sistematização de uma esfera pública onde, a partir de regras universais e pactuadas, o fundo público, em suas diversas formas, passou a ser o pressuposto do financiamento da acumulação do capital e da reprodução da força de trabalho" (1988, p. 8).

Assim, observa-se que, enquanto na Europa ocidental foram criados amplos e universais sistemas públicos de proteção social, como é o caso da Inglaterra, a tradição norte-americana privilegiou um sistema misto entre o setor público e privado (Galper, 1986, p. 106), e os países periféricos, de que é exemplo o Brasil, estruturaram a proteção social mediante assistência aos pobres e previdência para os assalariados (Médice, 1989, p. 17).

A despeito das configurações particulares dos sistemas de seguridade, convém ressaltar que, no horizonte capitalista, sempre estiveram presentes *os limites* da seguridade diante da questão do trabalho assalariado. Segundo Coriat, o capital sempre combateu "a difusão, junto à população operária, da ideia de que se podia obter certa renda sem trabalho" (1985, p. 75). Aliás, é essa convicção que ampara o princípio definidor das políticas de seguridade social. Ou seja: só se beneficiarão da assistência social aqueles que não se podem submeter ao trabalho assalariado; por igual, não se beneficiarão da previdência aqueles que não tenham emprego. Essa é a convicção que deveria ser assimilada pelas classes trabalhadoras (Coriat, 1985, p. 79).

Ressalte-se que as mudanças nas condições e nos processos de trabalho, como uma condição da reestruturação produtiva e necessária ao aumento da produtividade do trabalho, vinculam-se ao processo de acumulação pela mediação do Estado e, particularmente, das políticas sociais.

De fato, a grande indústria taylorista e fordista encontra no keynesianismo o instrumento de que precisava para criação de novos dispositivos, necessários à mobilização e reprodução da força de trabalho que ingressava massivamente no salariado. Exigências econômicas e políticas vão determinar o surgimento de dispositivos materiais e legislativos, mediados pela ação estatal para intermediar a relação entre o capital e sociedade (Coriat, 1985, p. 77-86).

"Na medida em que a grande indústria se desenvolve e se racionaliza, introduz junto com seu novo modo de consumo produtivo da força de trabalho um novo modo de reconstituí-la" (Coriat, 1985, p. 86; Gough, 1982, p. 93-101).

Nesse sentido, as políticas de seguridade social vinculam-se fortemente às necessidades da grande indústria e, mais precisamente, àquelas que utilizam capital intensivo. Essa vinculação pode ser identificada em três níveis: na organização do mercado de trabalho, na reprodução ampliada da força de trabalho e na construção de pactos entre o grande capital e os grandes sindicatos de trabalhadores, principalmente quanto à concessão de salários indiretos.

Em níveis mais desenvolvidos, a seguridade transforma-se em um instrumento de regulação social. O marco desse processo, no capitalismo monopolista, é o surgimento de instituições públicas que substituem os sistemas patronais de seguros, para atender a novas necessidades do capital e do trabalho assalariado, como um direito do trabalhador.

Esse argumento é trabalhado por Behring, quando discorre sobre a institucionalização dos seguros sociais, como mecanismo anticíclico no pós-1929. Segundo a autora, "inicialmente houve pressão operária em torno da insegurança do trabalho (desemprego, invalidez, doença e velhice). Superando o recurso da caridade e da beneficência privada ou pública, o movimento operário impõe o princípio dos seguros sociais, criando caixas voluntárias e, posteriormente, obrigatórias, para cobrir perdas. Este processo inscreveu o seguro no princípio da segurança social" (1993, p. 309) que, por sua vez, tinha por suposto um esquema de solidariedade de classe. Do ponto de vista do capital, essa exigência dos trabalhadores também atenderia à necessidade da reprodução ampliada da força de trabalho e evitaria a constituição de um subproletariado, que pesaria sobre os salários diretos.

Contraditoriamente, ao desobrigar a grande indústria de parte dos custos de manutenção e reprodução da força de trabalho, os sistemas de seguridade social, objeto de reivindicação dos trabalhadores, também favorecem a estabilização do salariato e contribuem para a eliminação dos obstáculos ao desenvolvimento da grande indústria capitalista.

Mas não se trata apenas da construção de práticas que fomentem a formação de uma cultura favorecedora da grande empresa monopolista. De fato, a socialização dos custos de reprodução não se reduz à repartição do custeio dos serviços sociais entre trabalhadores, empregadores e Estado. Na realidade, altera-se o uso e a prática capitalista do salário porque a própria instituição-salário não permite, com o fim do espaço doméstico da reprodução, a cobertura das necessidades do trabalhador (Grevet, 1976; Coriat, 1985).

Daí a constrição *econômica* exercida pela reprodução da força de trabalho na criação dos chamados salários indiretos, materializados nas políticas sociais e, particularmente, na seguridade social.

Ainda que Coriat (1985) e Grevet (1976) privilegiem as determinações econômicas *stricto sensu*, atribuindo uma funcionalidade aos mecanismos de reprodução da força de trabalho, que subtraem a ação política dos trabalhadores, é interessante recuperar tal problematização para analisar, ao contrário do afirmado por eles, a dinâmica contraditória que envolve os salários indiretos e a reprodução da força de trabalho.

Ao considerarem as políticas de seguridade social sob a estrita ótica da *validação do consumo não sancionado pelo salário direto*, aqueles autores restringem a seguridade ao campo da mercantilização das necessidades de reposição e reprodução da força de trabalho.

Ocorre, porém, que as necessidades de reposição e reprodução da força de trabalho transformam-se em objeto da gestão estatal da força de trabalho, mediante políticas de seguridade social e legislação social. Assim, elas transitam da esfera do contrato de trabalho para a do contrato social como uma questão afeta à política.

Esse processo tanto evidencia a existência do vetor político, posto pelas lutas dos trabalhadores por acesso aos meios e às condições de reprodução da sua força de trabalho, como o potencial das estratégias do capital para construir e manter a sua hegemonia, na medida em que transforma o objeto das lutas ofensivas dos trabalhadores num meio de subordiná-los, ora lhe dando a aparência de medidas universais, ora a de iniciativas particulares — ambas formadoras de cultura (Dias, 1991a e 1991b).

Isso significa que é no interior de um processo de disputas políticas que o capital incorpora as exigências do trabalho. É no leito das lutas ofensivas dos trabalhadores e da ação reativa do capital, que os sistemas de seguridade são incorporados na ordem capitalista, como mecanismos potencialmente funcionais ao processo de acumulação e afetos ao processo de construção de hegemonia.

Contudo, desde a segunda metade dos anos 70, o padrão de seguridade social, iniciado no pós-guerra, vem sendo objeto de fortes críticas nos países desenvolvidos, culminando na chamada crise do *Welfare State*, em função da situação crítica da economia internacional e dos seus rebatimentos sobre o papel regulador do Estado e do mercado, assunto este amplamente discutido nos primeiros capítulos.

Seus principais eixos, como apontamos anteriormente, são determinados pelas necessidades advindas de uma nova divisão internacional do trabalho, *vis-à-vis* aos processos de globalização da economia, resultando na defesa *neoliberal* da inadequação da economia do bem-estar à realidade dos processos sociais vigentes nas economias desenvolvidas, a partir dos anos 80.

A rigor, essa tematização da crise do *Welfare State*, como decorrência da crise econômica e da consequente escassez de recursos fiscais para financiar as políticas sociais públicas, serve como argumento para implementar medidas drásticas no corte dos gastos públicos. Mas o que tal *relação lógica* encobre é o surgimento de uma estratégia de desvalorização e *remercantilização* da força de trabalho.

Ora, os caminhos percorridos pelo capital, para superar suas crises de reprodução, passam por uma nova divisão internacional do trabalho e dos mercados, cujas tendências são: *o fracionamento do capital fixo, por meio da dispersão da produção por pequenas empresas, a segmentação do trabalhador coletivo, via formação de um mercado de trabalho constituído pela grande e pequena indústria, e a desvalorização da força de trabalho, utilizando-se do desemprego e da redução dos salários indiretos.*

Essas tendências materializam novas formas de intensificar a produtividade do trabalho, sob duas direções básicas: implementação de novos modos de consumo produtivo da força de trabalho,

CULTURA DA CRISE E SEGURIDADE SOCIAL

por meio dos processos de *recomposição das tarefas industriais* e do desenvolvimento tecnológico (Coriat, 1985, p. 155); criação de novas formas de constituição do trabalhador coletivo e de gestão da força de trabalho.

Identificadas como modelos superadores do fordismo-keynesiano, aquelas experiências redefinem as relações entre o capital e o trabalho, inaugurando um novo padrão de acumulação com base em outras estratégias de aumento da produtividade e de reorganização das formas de competitividade (Harvey, 1993; Clarke, 1991).

Instrumentalizadas pela ampla adoção de novas tecnologias e pela *flexibilização* dos processos de trabalho, as mudanças nos padrões de organização da produção e na gestão da força de trabalho implicam uma redução drástica dos postos de trabalho e o sitiamento das práticas políticas dos trabalhadores.

Segundo Druck e Borges, "além do desemprego estrutural, as mudanças em curso têm gerado outras consequências negativas para o mercado de trabalho. A principal delas é a redução do número de trabalhadores submetidos a vínculos empregatícios institucionalizados e protegidos pelas regras do Estado de Bem-Estar e pelas normas pactuadas nas convenções coletivas de trabalho" (1993, p. 32).

Todavia, não se trata apenas de uma questão afeta ao mundo do trabalho. A rigor, essas mudanças incidem diretamente sobre as garantias e conquistas sociais dos trabalhadores, mobilizando processos institucionais de desregulamentação da relação capital e trabalho, pelo Estado.

Ora, se a grande indústria fordista necessitava do keynesianismo, a indústria de produção flexível necessita da liberdade do mercado e da abolição *de parte dos controles* do Estado sobre as condições de uso da força de trabalho. É nesse contexto que se desenvolvem as mudanças na seguridade social, enquanto uma tendência mundial. Nossa argumentação é a de que o processo de *periferização* dos países centrais — a dicotomia incluídos/excluídos do mercado de trabalho, o emprego precário, a informalização do trabalho e o rápido aumento do número de trabalhadores autônomos, com redução de rendimentos (Druck e Borges, 1993, p. 33) — e o agravamento desse quadro nos países periféricos[7] determinam o curso das reformas da seguridade. No entanto, a relação — *mudança no mercado de trabalho/mudança na seguridade* — só adquire o estatuto de uma determinação das reformas, em função da mediação política daquele processo, que é a fragmentação e dispersão da ação coletiva organizada dos trabalhadores, expressa no enfraquecimento do movimento sindical.[8]

Mandel (1986, p. 20), analisando a crise do trabalho, indaga: "Como o capitalismo procura se livrar desta nova contradição entre a redução absoluta de trabalho humano, necessário à produção simultânea de uma massa crescente de mercadorias, e as possibilidades de realização de mais-valia contida nessa massa de mercadorias?"

---

7. Ver nota 12 da Introdução.

8. Com posições absolutamente distintas, Mandel (1990, p. 231-242) e Offe (1989, p. 199--222) discutem sobre a ação sindical contemporânea, destacando o peso do desemprego e das mudanças no mundo do trabalho. Mandel formula a hipótese de que "a classe operária e o movimento operário permaneceram, em grandes linhas, *na defensiva*" e fizeram muitas concessões diante da ofensiva da burguesia. Aponta, ainda, como principais fatores do enfraquecimento do movimento sindical, o desemprego e a cultura do *mal menor*, expressas no argumento de que os trabalhadores devem colaborar com os ajustes necessários ao enfrentamento da crise (1990, p. 231-234). Offe, ao afirmar o fim da *sociedade do trabalho*, argumenta que: "resultante das condições da crise econômica e das tendências da mudança cultural, o problema consiste sobretudo em uma acentuação das divisões econômicas e morais dentro da classe trabalhadora [...] o resultado é uma heterogeneidade crescente da situação objetiva de diferentes grupos de empregados, assim como de suas percepções e interpretações subjetivas [...] e emergem claramente como uma consequência da situação cada vez pior do mercado de trabalho" (1989, p. 204-205). Ambos os autores creditam a ausência de propostas dos sindicatos e partidos de base operária à desinformação e a uma interpretação social-democrata da crise.

Segundo o mesmo autor, a solução encontrada pelo capital é a formação de uma *sociedade dual*, "que dividirá o proletariado atual em dois grupos antagônicos: aqueles que continuam a participar do processo de produção de mais-valia, vale dizer, do processo capitalista de produção [...], e aqueles que são excluídos deste processo, e que sobrevivem por outros meios que não a venda da sua força de trabalho aos capitalistas ou ao Estado burguês: assistência social, aumento das atividades independentes, camponeses parceleiros ou artesãos, retorno ao trabalho doméstico" (1986, p. 20-21).

Mandel, ainda, nos ajuda a refletir sobre a questão, quando afirma que a lógica capitalista da sociedade dual é "recuo histórico em relação a uma questão central — os salários indiretos socializados" (1986, p. 21).

Lembra, também, que "durante toda uma longa luta histórica, a classe trabalhadora, em quase todo o mundo (menos nos EUA e Japão), conseguiu arrancar do capital este cimento fundamental da solidariedade de classes" (1986, p. 21), expresso na constatação de que "os salários não devem somente cobrir os custos de reprodução da força de trabalho daqueles que estão efetivamente empregados, mas os custos de reprodução do proletariado em sua totalidade — os desempregados, os doentes, os idosos, os trabalhadores inválidos e seus filhos. É este o significado histórico dos pagamentos da previdência e que fazem parte do salário. Isto é, se constituem em sua parte socializada, ou pelo menos aquela parte do salário que transita pelas mãos das instituições de previdência social" (1986, p. 21).

Na medida em que emerge a sociedade dual, do trabalho parcial, precário, clandestino, o capital deseja daqui em diante reduzir os salários somente aos salários diretos, que declinarão inevitavelmente em seguida, em função do crescimento massivo do exército industrial de reserva. Assim já é o caso dos trabalhadores clandestinos e dos *trabalhadores precarizados* que não se beneficiam da previdência social. Essa tendência representa uma redução brutal dos salários, da ordem de 30%, pelo menos na Europa ocidental (Mandel, 1986, p. 21).

O dualismo no mundo do trabalho é um mecanismo fundamental para aumentar a mais-valia e os lucros, mesmo que muitas vezes seja difundido como uma alternativa de racionalização dos custos de produção, a exemplo da criação das pequenas empresas, do trabalho terceirizado e da produção artesanal autônoma.

Afirma, ainda, Mandel que a sociedade dual é uma tentativa de parecer algo novo, mas na realidade é um esforço estratégico para fazer com que a classe trabalhadora pague pelas consequências da crise. Também o mito dos salários elevados e do *Welfare* excessivo, como causa da crise, não passa de uma arma ideocultural para diminuir a participação dos trabalhadores na renda e racionalizar o crescimento do desemprego (1986, p. 21-30).

Do ponto de vista objetivo, duas são as consequências desse processo: a primeira indica que os trabalhadores que permanecem no mercado de trabalho tendem a defender, corporativamente,[9] as conquistas obtidas, enquanto os que são expulsos do emprego formal assistem ao esfacelamento de suas formas de organização coletiva e, consequentemente, à perda do seu poder de barganha junto aos capitalistas; a segunda, analisada sob a ótica dos impactos desse processo na seguridade, revela a tendência de criação de sistemas de seguridade próprios das empresas e voltados para aqueles trabalhadores que ainda permanecem no emprego formal,

---

9. Afirma Brunhoff (1991, p. 55-106) que a "a crise, *componente conjuntural do desemprego*, tem um duplo efeito. Ela é, de um lado, um espelho de aumento das desigualdades. De outro, ela afeta a todos os assalariados e reduz a proteção social no momento em que ela é mais necessária. Deste ponto de vista, parece que os corporativismos, hoje, são, antes de tudo, *uma das formas assumidas pela concorrência de crise entre operários, quando falta uma saída coletiva*" (1991, p. 90).

bem como a expansão de serviços de assistência social para os *novos trabalhadores da crise* que, ao perderem o estatuto de trabalhadores formalmente reconhecidos pelo capital e pelo Estado, tornam-se clientes da assistência social.

2. AS PARTICULARIDADES DA SEGURIDADE SOCIAL BRASILEIRA NO PÓS-64

O papel desempenhado pelos países periféricos no processo de internacionalização do capital, na década de 70, terminou por conferir a esses países, como é o caso do Brasil, características distintas dos países centrais quanto ao crescimento da sua economia, à configuração urbano-industrial da sociedade e à estruturação da seguridade social.

No entanto, foi o processo político vivido pela sociedade brasileira, com o golpe de 1964, que imprimiu *características particulares* à integração do Brasil à ordem econômica internacional nos anos 70. Como já afirmado anteriormente, o regime ditatorial, instaurado em 1964, "estava alicerçado na necessidade de vencer as barreiras sociais e políticas que obstaculizavam o pleno desenvolvimento de um projeto internacionalizador, em gestação desde meados da década de 50" (Antunes, 1988, p. 115).

Para realização desse projeto, o Estado pôs em prática uma política de *modernização conservadora*, preservando e fortalecendo os laços de dependência econômica dos centros hegemônicos, ao mesmo tempo em que necessitava quebrar a resistência organizada da sociedade e construir as bases de um *consenso passivo*, legitimador daquela ordem.

Parametrado pelas exigências do processo de acumulação, pela contenção das formas de *rebeldia* política das classes subalternas e pela necessidade de estabelecer uma *ordem consentida*, além de atender exigências do grande capital, o Estado militar-tecnocrático promove algumas mudanças no âmbito das políticas sociais, procurando *funcionalizar* essas demandas de acordo com o seu projeto político, por meio da *expansão seletiva* de alguns serviços sociais. Essa ampliação da cobertura dos programas sociais, em que se incluem as políticas de seguridade social, respondeu, preponderantemente, pela estratégia de *modernização autoritária* adotada pelos governos militares.[10]

A singularidade desse processo residiu no modo como o regime militar procurou atender às necessidades provenientes dos impactos da expansão do assalariamento na previdência social e na assistência médica, às demandas sociais das classes subalternas reprimidas pelo regime e à sua própria necessidade de legitimação política.

Dessa forma, a solução encontrada foi a ampliação da cobertura de alguns programas sociais, que tiveram como características *a diferenciação dos serviços em função da clientela atendida, a privatização da assistência médico-social, a criação da previdência complementar privada, afora a supressão e o desmantelamento dos mecanismos de controle e de participação dos trabalhadores no sistema de proteção vigente até 1964*. Também, sob o argumento da modernização administrativa, foram reforçados os mecanismos de centralização e de burocratização das decisões, com a criação do Instituto Nacional de Previdência Social, em 1967, do Ministério da Previdência e Assistência Social, em 1974, e do Sistema Nacional de Previdência e Assistência Social, em 1977 (Cartaxo, 1992; Vieira, 1983, p. 211-227).

Esse conjunto de medidas indica a particularidade das reformas realizadas na segunda metade da década de 60 e nos anos 70,

---

10. Aqui os exemplos paradigmáticos são o FGTS e a unificação dos institutos de aposentadoria e pensões no INPS, ambos em 1966.

reformas estas somente modificadas pela prática organizativa da sociedade nos finais daquela década, quando do início do processo de abertura.[11]

É no limiar da década de 80 que se inicia o período crítico daquele modelo de seguridade social, implantado no pós-64. Marcado essencialmente pelo que na época se denominou de "crise da previdência social", que gerou um amplo debate envolvendo expressivas organizações da sociedade.[12]

De fato, a crise nas políticas de seguridade, mais especificamente na esfera da previdência social e da saúde, ocorreu num momento em que a sociedade brasileira passava a conviver com a deflagração da crise da dívida externa, com o esgotamento do crescimento econômico nutrido pelo *milagre* e com um novo processo de organização da sociedade, por meio da ação sindical e partidária. Esse período é assinalado pelo surgimento de movimentos de massa, em defesa das eleições diretas e de uma nova Constituição, ao lado de outros movimentos populares urbanos e rurais, de caráter contestador e reivindicatório.

Segundo Oliveira e Teixeira (1986, p. 269), "trata-se, por um lado, da eclosão de uma crise estrutural, potenciada por fatores detonadores existentes em uma conjuntura particularmente adversa. Por outro lado, é o momento em que o processo político decisório, mantido cuidadosamente cerrado nas últimas duas décadas, transborda os limites institucionais, técnicos, acadêmicos e de grupos de interesses restritos, irrompendo-se e demandando-se frente à opinião pública".

---

11. Sobre o tema, ver Alves, *Estado e oposição no Brasil* (1989), especialmente caps. XIII e IX. Consultar também Jacobi, *Movimentos sociais e políticas públicas* (1993).

12. A crise da previdência, deflagrada nos anos 80, vem sendo estudada por diversos autores. Dentre estes, merecem destaque: Oliveira e Teixeira, *A imprevidência social* (1986, p. 269-301), Braga e Paula, *Saúde e previdência* (1986, p. 195-213) e Faleiros, "Previdência Social e Sociedade em Período de Crise" (1986, p. 123-175).

É nesses termos que os anos 80 são palco de algumas inflexões importantes, que apontam para a emergência da *crise da previdência*[13] no começo da década, culminando com as reformas estabelecidas pela Assembleia Nacional Constituinte, que inseriu, na Constituição de 1988, um *sistema de seguridade social*, definindo-o como "um conjunto integrado de ações de iniciativas dos poderes públicos e da sociedade, destinadas a assegurar os direitos relativos à saúde, previdência e assistência social", reformulando a concepção da proteção social como um seguro social (art. 194, cap. II, tít. VIII).

Assim, durante a década de 70, enquanto surgem nos países desenvolvidos as primeiras críticas ao *Welfare State*, assiste-se no Brasil, sob os auspícios do regime militar e do *milagre brasileiro*, a uma relativa ampliação das políticas de seguridade social, como é o caso do Funrural, da renda vitalícia para os idosos, do aumento do teto do benefício mínimo, além da abertura da previdência social para os trabalhadores autônomos e empregados domésticos (Oliveira e Teixeira, 1986) e da ampliação da assistência médico-social.

O certo é que a expansão dessas políticas fez-se mediante fragmentação dos meios de consumo coletivo, franqueando ao capital privado a prestação de serviços considerados rentáveis, como foi o caso da saúde, da educação, da habitação e do mercado de seguros.

Essa expansão quantitativa produziu, também, um conjunto de meios facilitadores do processo de privatização de algumas áreas da política social, permitindo a penetração do grande capital no sistema e, de certa forma, reforçando as diferenciações de consumo, de acordo com a inserção dos trabalhadores no mercado de

---

13. Nosso entendimento é de que a crise da previdência não se resume a uma crise financeira. Mesmo que sejam amplamente difundidos os números dos seus déficits orçamentários, o fator deflagrador dessa crise, nos anos 80, foi eminentemente político-ideológico, como defendem Oliveira e Teixeira (1986).

trabalho, seja pelo aumento dos custos de bens e serviços, seja pelos modos de seletividade quanto ao acesso dos referidos bens e serviços.

Particularmente, no caso da previdência social e da saúde, esse processo de ampliação da oferta de serviços foi feito com a participação do setor privado lucrativo. Segundo o comentário de Braga e Paula, "a previdência privada poderia, assim, significar um reforço à diferenciação das rendas e consumo dos assalariados, uma fonte de mobilização de recursos para o mercado de capitais, um reforço do espaço de lucratividade das empresas médicas e um mecanismo de atração e controle da mão de obra" (1986, p. 123).

Ora, a *privatização* da seguridade, para a qual contribuiu a instalação das grandes empresas multinacionais no Brasil, e o *sitiamento* político do movimento sindical, no período, foram, inegavelmente, levados a efeito pela expansão dos sistemas próprios de seguridade das empresas, que são qualificados pelos empresários como uma "livre disposição", ou, como afirmou Mário Amato, em recente entrevista na televisão, "como uma colaboração dos empresários para com o Estado (*sic*)", mas que, segundo nosso entendimento, somente subsistem às custas da renúncia fiscal do Estado.[14]

Na realidade, esse movimento, iniciado na década de 60, deságua nos anos 70, por meio da consolidação de um verdadeiro pacto entre as empresas privadas e o Estado, em que é nítido o processo de privatização dos fundos públicos, via renúncia de contribuições sociais, isenção de imposto de renda e liberalidade para inserir os custos da assistência na contabilidade empresarial.[15]

---

14. Este é o caso típico da previdência complementar, instituída pela Lei n. 6.435, de julho de 1977.

15. Sobre esse tema ver artigo de nossa autoria, intitulado "O pacto da assistência: articulações entre empresas e Estado" (1989), no qual discutimos sinteticamente os programas sociais incentivados pelo Estado e agenciados pelas empresas.

A rigor, trata-se de uma questão afeta não apenas à seguridade. É o que Francisco de Oliveira chama de "regulação *ad hoc*", feita caso a caso. Segundo esse autor, "a regulação *ad hoc* foi a forma que permitiu o desenvolvimento do processo de acumulação no Brasil" (1990a, p. 44).

No caso brasileiro, assistimos ao que Francisco de Oliveira denomina de "regulação truncada" do Estado e que funda a base da formação do *Estado do mal-estar social*. "Aqui, os fundos públicos se privatizam apenas numa direção, na direção da substituição dos fundos de acumulação privada pelas estatais, mas não há uma contrapartida no sentido de corrigir o mercado em termos de salário, distribuição de renda etc." (1990a, p. 68). Afirma, ainda, que "esta metamorfose [...] é a sutil diferença que separa a utilização dos fundos estatais, em casos como o do Brasil, do processo de regulação pública, característico do *Welfare State*" (1990a, p. 68).

É evidente que a *expansão seletiva* da seguridade está diretamente relacionada com o modelo econômico e político adotado após 1964 e com o consequente crescimento do processo de assalariamento urbano-industrial no Brasil. No entanto, essa maior abrangência não alterou o padrão de seletividade que sempre esteve presente nas políticas sociais brasileiras, determinado pela formalização do emprego.

Ao lado desse traço histórico, o modelo econômico dos anos 70, fundamentalmente centrado no crescimento das grandes empresas de capital intensivo, imprimiu uma outra diferenciação entre os trabalhadores quanto às condições de trabalho e quanto à cobertura da seguridade social, aumentando o fosso entre a cidadania do trabalhador assalariado da grande empresa e a dos demais trabalhadores *precarizados*.

Consolida-se assim, na década de 70, a dupla face da política social tecida nos finais dos anos 60: de um lado, as políticas voltadas para a reprodução da força de trabalho contratada pelo setor monopolista; de outro, as políticas *residuais* voltadas para a reprodução do trabalhador do setor não monopolista, como bem demonstra toda a legislação criadora dos sistemas privados de proteção social, já referidos anteriormente.

Como afirmamos no capítulo II, esse fato implicou alguns desdobramentos, vindo a favorecer a associação entre mercantilização/assistencialização da seguridade social, ora tratada como uma necessidade provocada pela crise.

A rigor, essa trajetória foi permeada por contradições que são acirradas no final dos anos 70, com o esgotamento do *milagre econômico* e da estratégia de obtenção do consenso passivo das classes subalternas ao projeto político da ditadura militar, vindo a compor um novo cenário econômico e político na década de 80.

Como tratado por Antunes, o processo de autorreforma do Estado, necessário à recomposição das formas de dominação, então afetadas pela crise do milagre e pelos interesses diferenciados das diversas frações da burguesia, não contava com um novo elemento: a força do movimento organizado das classes trabalhadoras que desnuda o caráter de *transição pelo alto*, almejado pelas classes dominantes (1988, p. 121-126).

Assim, nos anos 80, por força da pressão organizada dos trabalhadores, novas mudanças são realizadas no âmbito das políticas de proteção social, mudanças estas que vieram, inclusive, a ser institucionalizadas, no final da década, com a Constituição de 1988.

Relativamente à proteção social, o maior avanço da Constituição de 1988 é a adoção do conceito de seguridade social, englobando as áreas da saúde, da previdência e da assistência. Além dessa inovação, há que se realçar a redefinição de alguns princípios, pelos quais foram estabelecidas novas regras relativas a fontes de custeio, organização administrativa, mecanismos de participação dos usuários no sistema e melhoria/universalização dos benefícios e serviços. Essas mudanças permitiram atenuar as deficiências de natureza gerencial — até então existentes — e atenderam a históricas reivindicações das classes trabalhadoras.

Contudo, se do ponto de vista das *regras estabelecidas*, as mudanças imprimidas na Constituição de 1988 equiparam o Brasil aos sistemas securitários das sociedades desenvolvidas, o mesmo não se pode dizer quanto às condições objetivas para implementá-las. É sobre esse aspecto que o processo de construção de uma cultura política da crise opera refrações fundamentais nos rumos da seguridade social, permitindo-nos observar, também, as contradições que permeiam a estreita vinculação entre a definição de direitos sociais e a garantia de mecanismos de proteção social.

Como afirma Edmundo Dias, numa perspectiva das classes trabalhadoras, a conquista de direitos sociais "é uma forma privilegiada de sociabilidade [...]" e não apenas uma questão político-jurídica (1991a, p. 1).

A luta pela sua conquista, ao mesmo tempo em que expressa a desigualdade social, presente na formação das classes sociais, cria as condições para a instauração de princípios formais que, em tese, garantiriam direitos igualitários para toda a sociedade.

Assim, apesar de reconhecermos que os direitos sociais equalizam o direito de acesso, entendemos que o seu exercício é sempre condicionado por processos sociais reais e que não estão subordinados aos estatutos legais, mas às relações de força entre as classes.

Embora se observe na Constituição de 1988 uma significativa ampliação da seguridade, com a universalização dos serviços sociais públicos e uma maior participação dos usuários na gestão do sistema, por força de intensas lutas sociais, também se observa que o preço dessa expansão, a caminho de uma provável universalização, é o de criar as condições para institucionalizar tanto a inclusão dos trabalhadores anteriormente excluídos do sistema de proteção social — os segmentos formadores do mercado informal de trabalho e os não inseridos na produção, por meio dos programas de assistência social — quanto a *expulsão* gradual dos trabalhadores assalariados, de melhor poder aquisitivo, para o mercado de serviços, como é o caso da mercantilização da saúde e da previdência privada.

Vale destacar, ainda, que a nova definição da seguridade social, apesar de equiparar-se conceitualmente aos sistemas de proteção social existentes no mundo desenvolvido, não equaliza as condições históricas sob as quais os diversos países instituíram seus sistemas de proteção social, nem tampouco autoriza atribuir a fragilidade das políticas de seguridade no Brasil ao excesso de intervenção social do Estado, como diagnosticam os neoliberais. Por isso, causa-nos estranheza a força com que as propostas neoliberais de reforma da seguridade chegam aos países subdesenvolvidos, como é o caso do Brasil (Faleiros, 1994; Draibe, 1993), menos pela capacidade que teve o pensamento neoliberal de romper os limites geoeconômicos e mais por se transformar numa referência teórico/programática, justificadora das propostas de reformas da seguridade social, nos anos 90.

Aliás, um fato quase que impossível de admitir-se num país como o Brasil, cujo Estado sempre operou regulações *ad hoc* e onde as reformas sociais, típicas do *Welfare State*, não ocorreram (Oliveira, 1990b) e continuam inviáveis no atual contexto econômico e político.

Por isso, a análise dos limites e das possibilidades da seguridade social no Brasil, sob o prisma do *welfare*,[16] é extremamente

---

16. Foi basicamente o NEPP/Unicamp, por intermédio da professora Sônia Draibe e da sua equipe, que introduziu no Brasil a análise das políticas sociais sob o prisma do *Welfare State*, exercendo inclusive uma forte influência nos meios acadêmicos e institucionais, como é o caso do MPAS, que financiou, junto com a Cepal, várias publicações sobre o assunto. Ver Draibe e Aureliano (1989) e Behring (1993, p. 124-137).

complexa. Não apenas porque as condições históricas são distintas, mas, principalmente, porque o paradigma da crise do *Welfare State* nos chega eivado de argumentos que reforçam as reformas de cunho neoliberal.[17]

Na realidade, não se pode afirmar — como fazem os críticos do *Welfare State* — que os gastos com as políticas de saúde, previdência e assistência social, no Brasil, atingiram um ponto crítico em função do elevado grau de comprometimento dos recursos públicos no financiamento daquelas políticas.[18] Tampouco se pode afirmar que houve um esgotamento do modelo de *bem-estar*, como vivenciado nos países desenvolvidos, porque aqui não ocorreu, de fato, uma universalização do acesso aos serviços sociais, nem uma regulação estatal nos moldes das sociedades de capitalismo avançado.

Sobre essa questão, comenta Pierre Salama que a intervenção do Estado na América Latina, a partir da última década, encontra-se numa encruzilhada demarcada pela crise financeira dos anos 80, pelas injunções das políticas de austeridade do FMI e pela necessidade de o Estado alargar sua intervenção na esfera da reprodução da força de trabalho. Esse alargamento da ação do Estado, mediante uma gestão da força de trabalho, encontra-se constrangido por pressões externas que exigem o pagamento do serviço da dívida, determinando cortes nos gastos públicos e a privatização de serviços públicos e de empresas estatais (1988, p. 69-76).

Todavia, como também discute Salama, essa *encruzilhada* pode ameaçar a "democratização e a legitimidade dos sistemas

---

17. Esses argumentos *neoliberais* são os de que o "tamanho do setor público e do gasto estatal [...] burocratizam a economia, geram inflação e favorecem a crise econômica". Ver Cabrero (1982, p. 33).

18. Sobre o financiamento das políticas sociais no Brasil, particularmente da seguridade social, ver Dain (1989a, 1989b, 1994).

CULTURA DA CRISE E SEGURIDADE SOCIAL

políticos", razão pela qual a socialização da reprodução da força de trabalho tende a se expandir para as camadas de renda mais baixa (1988, p. 85).

Desenvolvendo uma outra argumentação, Jaime Marques Pereira (1994), ao analisar os efeitos sociais dos ajustes macroeconômicos e a validade da reorientação das políticas sociais concebidas pelo *Consenso de Washington*, que propõe a subordinação do social ao econômico, afirma que as propostas dos organismos internacionais estão centradas no incentivo à desregulamentação do mercado de trabalho, vez que transformam o emprego informal no melhor meio de luta contra a pobreza (1994, p. 11). Dessa perspectiva, o setor informal não é mais concebido como uma manifestação da pobreza urbana, ou do atraso econômico, passa a ser visto como algo positivo, como uma fonte de riqueza com potencial inexplorado. A defesa dessa política transforma *as estratégias de sobrevivência da pobreza* num campo de promoção social, coerente com as necessidades de formação de um mercado precário de trabalho. Afirma Pereira que "a interpretação da pobreza e dos meios de vencê-la foi atualizada e contextualizada, posto que se justifica, nesse caso, a necessidade de um encolhimento do Estado, tomando por base a especificidade do funcionamento do mercado de trabalho no Terceiro Mundo e, da mesma forma, a possibilidade de realizar o ajuste econômico evitando o custo social extremamente pesado das políticas de estabilização" (1994, p. 14).

No nosso entendimento, esse é um dos vetores fundamentais para justificar a ampliação dos programas de assistência social ou a versão assistencializada da previdência social pública.

Aliás, como propõe o BID (1991, p. 186), em relatório sobre a seguridade social na América Latina: "podem-se estabelecer sistemas de previdência para atender à população de idade avançada e de poucos recursos, que requer subsídios fiscais, e apoiar e incentivar as formas de poupança [...] pelas camadas de média e alta renda com vistas para a sua *autoproteção*, de tal forma que contribuam para a sua própria seguridade social, impulsionando, por exemplo, diferentes esquemas de poupança contratual".

Assim, a *expansão* de que falamos anteriormente não se configura como uma estratégia de universalização das políticas sociais. Ao contrário, o que parece estar no horizonte é um novo patamar de seletividade intraclasse, mediado pela ideologia neoliberal e tratado como uma necessidade provocada pela crise econômica. Aliás, esse é o argumento do grande capital, dos organismos financeiros internacionais e da burocracia estatal para realizar reformas no sistema de seguridade social brasileiro, na década de 90.

Nesse sentido, a despeito do texto da Constituição de 1988 conter princípios que garantem a universalização da seguridade social, observamos que a emergência de novos processos políticos, ao lado do agravamento da crise econômica, gera um movimento, por parte do grande capital e da burocracia estatal, que procura negar aquelas conquistas obtidas, sob a alegação da necessidade de adequação do modelo de seguridade social às atuais reformas econômicas do país.[19]

É exatamente esse vetor que vem sendo objeto de tratamento dos empresários, da burocracia estatal e dos organismos financeiros internacionais no sentido de realizar *mudanças com o consentimento ativo* dos trabalhadores.

---

19. Analisando as reformas do governo Thatcher, Cabrero afirma que "lãs posiciones neoliberales lo que pretenden es la reestruturación del Estado del Bienestar de forma que no vee dificuldades a las necesidades actuales del proceso de acumulación (reconversión industrial), adaptando la política educativa y la de seguridad social al mercado de trabajo (control sobre seguro de paro y potenciar la formación profesional); y reprivatizando zonas o servicios de Estado del Bienestar cuya rentabilidad privada sea evidente para el capital" (1982, p. 34). Guardadas as devidas diferenciações, esses argumentos são plenamente assimiláveis para pensarmos a reforma da seguridade no Brasil.

CULTURA DA CRISE E SEGURIDADE SOCIAL

De acordo com a nossa hipótese central, entendemos que o processo vem sendo *molecularmente* trabalhado pela burguesia, na medida em que as classes dominantes tentam socializar com as classes trabalhadoras um suposto dilema *da justiça e equidade* capitalistas, como sendo uma problemática dos assalariados, agora reconceituados como *cidadãos proprietários consumidores* e/ou *cidadãos pobres e assistidos*. Aliás, uma precondição para o desenvolvimento do que nomeamos de movimento sincrônico de assistencialização/privatização da seguridade social.

Esse processo desenvolveu-se no bojo das mudanças enfrentadas pela sociedade brasileira, nas últimas duas décadas, marcadas por significativas alterações na sua estrutura social, nas relações entre as classes e destas com o Estado. Todavia, é a partir do final da última década, no contexto de um movimento de dimensão internacional, ancorado no neoliberalismo, sob direção dos países capitalistas centrais e amplamente difundidos pela mídia, pelos organismos financeiros e de cooperação internacional e pelas grandes corporações empresariais, espalhadas em todo o mundo, que as mudanças começam a ser implementadas.

Entretanto, é a capacidade diretiva da burguesia brasileira e a dimensão da resistência ou do consentimento ativo das classes subalternas, no Brasil, que a rigor irão permitir a transformação do conjunto das reformas econômicas, sociais e políticas em um *projeto nacional*.

É dessa perspectiva que discutimos a seguridade social brasileira, dentro do conjunto das reformas econômicas e sociais realizadas a partir dos anos 80. Isto é, sob a ótica da formação de um projeto de classe que se torne nacional e hegemônico.

No entanto, é necessária a análise das contradições que permeiam esse processo, tanto as que são identificadas no interior das relações intercapitalistas, mediadas por interesses particulares de frações da classe burguesa em nível local e/ou internacional, quanto as que são inerentes às relações entre o capital e o trabalho, bem como as relações destes com o Estado.

Dentre as contradições existentes, ressaltamos o que os economistas denominam de *paradoxos* dos ajustes, qual seja, a constatação de que os ajustes e as reformas econômicas não foram capazes de promover o crescimento econômico dos países periféricos, de ampliar sua inserção na economia internacional e de melhorar as péssimas condições de vida da sua população.

Essa constatação, feita pelos próprios organismos financeiros internacionais, redundou na formulação de um novo diagnóstico sobre os países periféricos e determinou a reformulação das suas estratégias de intervenção, vindo a consolidar *um novo consenso* sobre as políticas de estabilização.

No centro do novo direcionamento está a questão da formação de um projeto social hegemônico, capaz de dar legitimidade política às reformas econômicas. Note-se que as metas para construção desse projeto implicaram uma crítica à ortodoxia liberal, sem que ela, contudo, abandonasse os princípios que fundam aquela tradição.

Como sintetiza Fiori, o *consenso brasileiro*, acerca das novas estratégias de estabilização, não pode desconsiderar as prévias condições sociais da população nem as condições políticas reais de sua implementação, chegando à conclusão de que "para que a estabilização tenha êxito, deve estar articulada com um projeto nacional que conte com a sustentação de uma sólida coalizão política e o apoio empresarial [...] com a coordenação de um Estado reformado, capaz de trocar seu velho papel de regulador e produtor pelo de coordenador estratégico de um grande esforço de compatibilização de expectativas em torno de quatro objetivos básicos: o da reestruturação produtiva voltada para a competitividade e sustentada por um novo tipo de política industrial; o de uma efetiva inserção econômica internacional; o da construção produtiva da justiça social; e o da obtenção de uma institucionalidade democrática autossustentada" (1993, p. 159-160).

Destacamos, ainda, que, para além dos conflitos entre as classes fundamentais, as contradições no interior da própria burguesia brasileira deixam claro o fato de que mesmo as elites liberais-conservadoras se opuseram ou resistiram às reformas liberalizantes. De fato, a burguesia brasileira, na ausência de alianças estratégicas entre si e com o sistema financeiro, sempre optou pelo acesso privilegiado ao Estado para defender seus interesses particulares, construindo a regulação *ad hoc*, de que fala Francisco de Oliveira.

Ora, essa questão indica que, de fato, a burguesia brasileira não se transformou em classe dirigente. Para construir seu novo projeto — marcado pela necessidade de pactos de classe —, estão descartadas estratégias pontuais e situacionais. Para tornar-se hegemônica, ela necessita realizar sua *reforma intelectual* e *moral*, imprescindível ao desenvolvimento do processo de socialização cultural do seu ideário de classe, que se pretende nacional.

Parece que as lições da segunda metade da década de 80 deixaram claro para a burguesia que a ação organizada das classes subalternas, num contexto de exercício democrático, não mais permite a implementação *pelo alto* de medidas de enfrentamento *técnico* da crise.

Nesses termos, para realizar as mudanças no sistema de seguridade social, como parte do projeto de reformas necessárias ao enfrentamento da crise, a burguesia carece mobilizar o consentimento ativo da classe subalterna em torno do reordenamento do seu projeto social. É nessa direção que, no próximo item, trataremos a experiência dos trabalhadores e dos empresários como sujeitos ativos do percurso seguido pela seguridade social, nos anos 80.

3. A AÇÃO POLÍTICA DOS EMPRESÁRIOS E DOS TRABALHADORES E O PERCURSO DA SEGURIDADE SOCIAL NOS ANOS 80

Como já nos referimos, as características assumidas pelas políticas sociais brasileiras, no pós-64, são: a *expansão seletiva* de alguns programas sociais, o *favorecimento* ao setor privado, principalmente nas áreas de saúde, previdência, habitação e educação, a centralização político-administrativa e a supressão dos mecanismos de participação dos trabalhadores e dos beneficiários no controle dos sistemas até então existentes.

Tais características expressam a particularidade da política social brasileira, no período que se estende de 1964 até os finais da década de 70. A rigor, sem inverter a tradição brasileira de o Estado privilegiar a expansão do capital, em detrimento da reprodução da força de trabalho, o que houve de singular, naquele período, foi a necessidade de os governos militares oferecerem uma imagem social do Estado que lhes conferisse legitimidade. Para tanto, *funcionalizaram* a política social, subordinando aquelas mudanças ao projeto de *modernização conservadora* por eles implementado.

Vulnerabilizado pela *crise do milagre*, pelas divergências de interesses entre as frações da burguesia, pela insatisfação da população e, principalmente, pela pressão exercida por setores organizados da sociedade, o modelo adotado teve suas bases de sustentação fragilizadas e exauridas no curso dos anos 80, ocasião em que ocorre o agravamento da situação econômica e social do país, marcada pela recessão econômica, desemprego, inflação, dívidas interna e externa, o que determinou o surgimento de novas formas de expressão da *questão social* no Brasil.

Esses problemas se agudizam na primeira metade dos anos 90 e dão conformidade a um cenário de persistência da crise eco-

CULTURA DA CRISE E SEGURIDADE SOCIAL

nômica, de crescimento da pobreza e de transformações significativas nas experiências políticas das classes sociais no Brasil. Fazem parte dessas experiências o *protagonismo político* e *organizativo* das classes subalternas e as novas formas de organização e articulação das classes dominantes.

Por essa razão, a recuperação da prática político-organizativa dos trabalhadores e dos empresários — aqui conceituados como sujeitos sociais coletivos — é de fundamental importância para identificarmos as determinações políticas das mudanças realizadas na seguridade social, nos anos 80, e que se prolongam até o momento atual.

Sobre a ação política dos trabalhadores, há que se destacar — como já o fizemos em outros itens — a experiência dos partidos políticos, dos sindicatos e dos movimentos sociais urbanos e rurais que, ao longo da década, posicionaram-se, enquanto classe, diante das classes dominantes e das instituições do Estado, lutando por práticas de socialização da produção social e do poder político, e recriando, no Brasil dos anos 80, as disputas políticas e ideológicas que caracterizam os embates entre classes antagônicas.

Trata-se de uma luta limitada pelas condições objetivas dominantes na ordem capitalista, mas o horizonte ideológico e político dessas lutas é o da autonomização das condições de reprodução do trabalhador diante da esfera da reprodução econômica do capital. No plano material, o horizonte dessa luta projeta-se na esfera do consumo coletivo de bens e serviços não mercantis, cujo acesso, pelos trabalhadores, não dependeu, exclusivamente, do tempo de trabalho fornecido ao capital, pelo fato de muitos desses bens e serviços não se vincularem ao poder de compra dos salários. Em certa medida, o direito de acesso do trabalhador, e da sua família, a alguns dos meios necessários à sua sobrevivência, esteve desvinculado do poder de compra dos salários. No plano político--jurídico, a mediação daquele processo se fez pela institucionalização dos direitos políticos e sociais, fundados nas necessidades do trabalho e não nas necessidades da venda da força de trabalho, o que conferiu a essas lutas uma dimensão *anticapitalista,* representativa de um projeto social, dadas as condições sociopolíticas existentes no Brasil.

Nos anos 80, a dinâmica desse movimento inicia-se com o reconhecimento dos partidos organicamente vinculados aos trabalhadores, dos sindicatos e dos movimentos sociais como interlocutores da cena política brasileira. Diferentemente do que ocorreu no passado, essa nova condição obrigou a burguesia ao atendimento de algumas das reivindicações dos trabalhadores, em função da nova correlação de forças que se estabeleceu na sociedade.

Desse modo, os trabalhadores brasileiros conseguiram ampliar significativamente o campo de suas reivindicações, seja por meio dos contratos coletivos de trabalho, que passaram a incorporar novas exigências referentes às condições de trabalho, produtividade e benefícios sociais nas empresas, seja por meio de propostas encaminhadas pelas centrais sindicais e pelos partidos políticos, de natureza mais universal, e que abriram espaço para a institucionalização de novos direitos políticos e sociais — autonomia sindical, direito de greve, universalização da saúde e previdência, mudanças na legislação trabalhista — estabelecidos na Constituição de 1988.

Assim, o movimento organizado dos trabalhadores, ao mesmo tempo em que encaminhou lutas políticas de natureza policlassista, por intermédio das centrais sindicais e dos partidos políticos, também formulou um conjunto de reivindicações sindicais que apontam para a emergência de novas temáticas relativas às condições de trabalho, salários, manutenção do emprego etc., privilegiando as negociações diretas com o empresariado, e não mais com o governo, como aconteceu nos movimentos do final da década de 70.

Quanto à questão da seguridade social, a participação do movimento organizado dos trabalhadores contém algumas especificidades: no plano conjuntural, localizam-se os problemas relativos à articulação entre as ações imediatas, contingenciais, e as ações mais gerais, além daqueles relativos às formas de organização dos trabalhadores. No plano estrutural, estão colocadas as questões referentes aos modos e às formas diferenciadas de atuação dos partidos, dos sindicatos, das centrais sindicais e dos movimentos populares urbanos e rurais.

Embora nosso objetivo aqui não seja o de tratar as particularidades do movimento organizado dos trabalhadores, recuperaremos as suas linhas gerais, a fim de, em seguida, discutirmos, no trânsito da década de 80 para os anos 90, a relação entre os partidos, as centrais sindicais, os sindicatos e os movimentos populares no que diz respeito às mudanças na seguridade social brasileira.

Sobre o assunto, destacamos alguns aspectos: o primeiro deles é o fato de os principais interlocutores da seguridade social terem sido os partidos políticos. Eles conseguiram neutralizar elementos corporativos e valorizar as necessidades dos diversos segmentos das classes trabalhadoras, como é o caso dos aposentados, trabalhadores urbanos da grande e pequena empresa, trabalhadores rurais, os *desassistidos* e os incapacitados. Inicialmente, como partidos formadores de frentes de oposição; após a Nova República, como partidos que se diferenciavam pelo seu projeto e ideologia. E, finalmente, durante a Assembleia Nacional Constituinte e no período de revisão, como partidos que têm uma proposta política diferenciada. No caso da seguridade, pode-se afirmar, pelo menos em tese, que o pressuposto da prática do partido, como *dissolvedor de interesses econômico-corporativos e organizador de uma vontade coletiva* (Gramsci, 1988b, p. 49-50), parece ter acontecido a partir dos finais dos anos 80, prolongando-se nesta década.

Outro destaque é quanto ao encaminhamento dado pelas centrais sindicais, sindicatos e movimentos populares ao conjunto de reivindicações no âmbito da seguridade. Apesar da notória capacidade de organização, parece que, no tocante à questão da seguridade, não se consolidou uma direção política compatível com o grau de organicidade estabelecido entre os sindicatos e os partidos, embora, em períodos críticos, tenham acontecido defesas conjuntas e articuladas dos sindicatos, das centrais sindicais, dos movimentos populares e dos partidos políticos. No entanto, essas articulações pontuais, ainda que produzindo grandes impactos políticos e consolidando várias conquistas, não permitiram a concretização de um projeto para a seguridade que evidenciasse as estratégias e propostas dos trabalhadores, com uma natureza diferenciada e formadora de uma outra cultura.

Esse processo permitiu que o movimento sindical privilegiasse a empresa como interlocutora das suas barganhas por medidas de proteção social, qualificadas de salários indiretos, mas desconectadas de uma estratégia global que contemplasse a seguridade social como uma política social pública.

De outra forma, o movimento popular travou sua disputa com o poder local, operando quase que a *municipalização* de uma política social para os trabalhadores mais pauperizados das grandes cidades e do campo.

Assim, os sindicatos, a despeito do seu poder de barganha e da sua legitimidade política, encaminharam suas demandas por seguridade social no âmbito privado de cada empresa. Já o movimento popular, mesmo que mais fragilizado do ponto de vista do seu poder de barganha, obteve significativas conquistas com a ampliação de serviços sociais nos níveis municipal e estadual.

A tendência desse movimento *descompassado* foi uma expansão gradual de políticas assistenciais, não contributivas, nos níveis municipal e estadual, e a privatização daquelas que têm como usuários os assalariados da grande empresa. Supomos que aí estejam, contraditoriamente, as bases para o desenvolvimento do movimento de assistencialização/privatização da seguridade social nos anos 90. A rigor, o que parece ter ocorrido é que o movimento dos trabalhadores não conseguiu construir uma articulação entre os seus interesses e necessidades imediatas e os seus objetivos globais e coletivos, mesmo tendo sido o principal protagonista das reformas até então realizadas. Todavia, o contexto da crise e a ação ofensiva do capital, nesta virada dos anos 1990, já não permitem ações pontuais, sem que haja o risco de indiferenciação política e ideológica.

Do lado do empresariado, em especial do setor industrial, registram-se algumas mudanças em suas práticas que apontam para a construção de novas formas de sua inserção na sociedade, especialmente redefinindo suas relações com o Estado e com os trabalhadores assalariados. Ao mesmo tempo, o empresariado, enquanto classe, inicia uma trajetória pautada pelo esforço de imprimir uma direção intelectual, política e moral às suas relações com o Estado e a sociedade.

Essa atuação, longe de qualquer voluntarismo político, deve ser examinada como uma resposta política da burguesia, em especial do capital financeiro e industrial, às lutas ofensivas dos trabalhadores iniciadas nos finais dos anos 70.

Produto da correlação de forças entre as classes fundamentais, esse processo retrata a dinâmica da política brasileira, nos anos 80 e 90, sinalizando a existência de tentativas de construção da hegemonia burguesa no Brasil. De fato, as práticas empresariais, no trânsito da década de 80 para os anos 90, incorporam novas questões e deixam perceptível um conjunto de inovações potencialmente constituidoras de hegemonia, redefinindo, assim, suas históricas relações com o Estado e com os trabalhadores.

Não se trata de uma mudança mecânica, mas do desenvolvimento de novas ações, cuja determinação deve ser localizada no bojo das estratégias de enfrentamento da crise econômica dos anos 80.

Por outro lado, em função das mudanças nos processos sociais que acompanharam as transformações econômicas das duas últimas décadas, alteraram-se profundamente os padrões de organização coletiva das classes subalternas, as quais passam a exibir o peso da sua presença no cenário brasileiro e afastam a hipótese de sua exclusão política.

A força da reprodução tradicional do poder dos empresários e o peso da presença política das classes trabalhadoras permitem duas conclusões: se mantidas suas estratégias corporativas, a burguesia está fadada a obter seus tradicionais privilégios mas está condenada a não construir hegemonia. A ruptura da sua prática particularista requer, necessariamente, a mudança nos padrões e práticas culturais, incorporando, obrigatoriamente, as reivindicações das classes subalternas. O jogo de forças, as estratégias de combate e a luta pelo consenso revelam a natureza contraditória da experiência vivida pela burguesia para transformar a superação da crise de reprodução do capital num projeto nacional que seja hegemônico (Cruz, 1992, p. 1-30). Sem dúvida, é no campo da cultura, da socialização de uma visão do mundo, mais do que na prática operativa das instituições, que este projeto vem sendo tecido.

É desse ponto de vista que analisamos as formas de organização do empresariado, sua participação na arena da política institucional e partidária e as iniciativas que retratam seu papel de também formuladores de políticas sociais, como é o caso da seguridade e da educação.

Inegavelmente, essa é uma experiência inovadora no campo da prática social dos empresários brasileiros, até então voltada quase exclusivamente para a questão da reprodução da força de trabalho alocada nas suas empresas. Essa mudança, em certo sentido, rebate nos históricos modos de tratamento dispensados pelos empresários à *questão social* no Brasil.

Cautelosamente, podemos sugerir que a *questão social* deixa de ser objeto específico da atuação do Estado e passa a ser também foco da ação empresarial, como parte da formação de outra cultura. Essa inflexão na experiência empresarial evidencia a atualização das suas práticas em consonância com a conjuntura dos anos 80 e 90. Em síntese, o empresariado brasileiro modifica sua experiência, como parte do processo de construção da sua hegemonia.

Essa experiência indica a estratégia adotada pelo empresariado no sentido de incorporar as reivindicações dos trabalhadores no horizonte do seu projeto. Nesse sentido, destacam-se três esferas básicas de sua ação:

a. no âmbito do processo e das relações de trabalho nas empresas, mediante o desenvolvimento de novas práticas de gestão da força de trabalho, seja no processo técnico de produção, seja relativo à reprodução social;

b. no âmbito das instituições do Estado, fazendo-se representar como formuladores e interlocutores de políticas econômicas, financeiras e sociais;

c. no âmbito da *publicização* do seu pensamento social, valendo-se da construção e socialização de conhecimentos, valores e propostas qualificadoras do seu projeto.

Embora esses espaços da ação empresarial representem uma tendência geral, é necessário reafirmar que os diversos ramos empresariais têm interesses imediatos diferentes. Tais interesses dependem da posição das empresas no mercado, do seu acesso aos fundos públicos, da importância estratégica do setor e do modo da relação com os trabalhadores.

No entanto, o que nos chama atenção, no cenário dos anos 80, é o crescimento da articulação política das diversas frações da burguesia no Brasil. Daí reconhecermos a maestria e a rapidez com que vem sendo exercitada a articulação estratégica entre o grande capital industrial e bancário, os organismos financeiros internacionais e a burocracia estatal, desde o final daquela década.

Essa articulação revela-se, prioritariamente, por meio de três vetores: o primeiro é posto pela estreita relação entre as empresas privadas nacionais e internacionais; o segundo pode ser localizado na articulação entre os capitais bancário, industrial, agropecuário e das empresas estatais; o terceiro é o da organização dos empresários, por meio de associações que funcionam como *lobbies* nas negociações com as instituições do Estado, além da manutenção de diversos institutos de pesquisa que dão suporte teórico, técnico e político às propostas empresariais sobre os mais diversos temas. À parte isso, amplos setores do empresariado passaram a ter representantes no Congresso Nacional para defesa institucional-parlamentar dos seus interesses de classe, como foi o caso da Assembleia Nacional Constituinte e das recentes iniciativas da revisão constitucional.

Assim, a ação do grande capital, em relação à seguridade nos anos 80, é centrada em dois espaços: o da empresa e o das instituições do Estado, considerados aqui como esferas da produção e da reprodução, *locus* do privado e do público, âmbito do trabalho e da regulação social, tema este objeto do próximo capítulo, quando exporemos as propostas de mudança na seguridade social brasileira, em especial aquelas realizadas nos finais dos anos 80 e no início dos anos 90, pela recuperação das estratégias do grande capital, bem como as recomendações dos organismos financeiros internacionais, além das propostas dos trabalhadores.

CAPÍTULO IV

Ideário da reforma:
o cidadão-pobre, o cidadão-fabril
e o cidadão-consumidor

1. A HEGEMONIA NASCE NA FÁBRICA

Temos argumentado que a *cultura política da crise* materializa um dos modos como as classes dominantes socializam sua leitura da história, "com a qual e pela qual apresentam seu projeto" (Dias, 1991b, p. 9). A base dessa argumentação é o entendimento da cultura como espaço da hegemonia; *locus* da construção de uma concepção de mundo.

Essa interpretação da cultura como *civiltá* foi trabalhada por Gramsci e expressa o seu entendimento de que a conquista da hegemonia implica uma reforma intelectual e moral. Tal reforma cria o "terreno para um ulterior desenvolvimento da vontade coletiva nacional-popular, em direção à realização de uma forma superior e total de civilização" (Gramsci, 1988b, p. 8-9), tarefa esta atribuída por Gramsci ao partido político.

Na interpretação de Simionatto (1993, p. 102-103), "a luta pela hegemonia nos países de capitalismo avançado não se trava só no nível das instâncias econômica e política (relações materiais de produção e poder estatal), mas na esfera da cultura. A batalha cultural apresenta-se, portanto, como fator decisivo no processo de luta pela hegemonia, na conquista do consenso e da direção político-ideológica [...]". Conclui a autora que, "se para Gramsci, *direção política* é também direção ideológica, a luta pela emergência de uma nova cultura é o pressuposto que poderá criar as condições, o terreno para a hegemonia das classes subalternas, para a construção de um novo projeto social" (1993, p. 102).

A tematização da cultura nos forneceu elementos teóricos e históricos para defender a posição de que a *cultura política da crise* — ao incorporar um conjunto de valores, ideologias, teorias e práticas reveladoras da leitura que a classe capitalista faz da realidade brasileira — permite não apenas dar uma lógica ao projeto do grande capital, como também esgarçar as bases de sustentação do pensamento político das classes trabalhadoras, porque a materialidade da crise econômica favorece as ideologias práticas em detrimento das ideologias críticas.

Mantidas as devidas pontuações históricas,[1] principalmente no que diz respeito à configuração econômica, social e política da sociedade brasileira atual, esse fenômeno tem estreita afinidade com aquele estudado por Gramsci em "Americanismo e fordismo", quando o pensador italiano conclui que o fenômeno americano do pós-guerra foi "o maior esforço coletivo que se manifestou até hoje para criar, com uma rapidez prodigiosa e uma consciência do alvo a atingir sem precedentes na história, um tipo novo de trabalhador e de homem" (1988a, p. 396). Essa afirmação, resultado da análise que Gramsci faz do conjunto das experiências realizadas nos Estados Unidos nos anos 20 e 30, particulariza as suas preocupações com a capacidade que teve o capital — sob condições históricas

---

1. Ver discussão no item 1 do cap. III.

muito precisas — de criar uma nova ética no mundo do trabalho, cuja singularidade foi a de extrapolar o mundo da fábrica fordista, criando uma nova cultura do trabalho assalariado, valendo-se da conjugação de estratégias coercitivas, persuasivas e consensuais.

Na interpretação de Buci-Glucksmann (1978, p. 140), a originalidade de Gramsci, ao analisar o fenômeno americano, "foi apreender as contratendências do capital desde as formas de organização do trabalho e explorar (novamente) o espaço da política (que se situava no centro da estratégia dos conselhos), à luz dos novos desenvolvimentos do capitalismo: ou seja, as formas da política nas suas relações com as forças produtivas". Mais do que uma formulação política, foi o método utilizado por Gramsci, seguindo a esteira do pensamento marxiano, que lhe permitiu apreender o movimento entre o econômico (infraestrutura) e o político (superestrutura), e concluir que o americanismo designava um "tipo de sociedade racionalizada, na qual a estrutura domina mais imediatamente as superestruturas" (1988a, p. 382).

Segundo Tude de Souza (Souza, 1991, p. 46), "a situação de crise orgânica no ocidente, associada às especificidades da estrutura política e social norte-americana, *conduziu a classe dominante a lançar mão da estratégia de guerra de posição contra as classes subalternas*, particularmente o operariado, através de uma série de intervenções políticas, econômicas e culturais, conduzindo o movimento operário ao terreno da luta econômico-corporativa. Este, por sua vez, *podia ser relativamente neutralizado, dado que sua ação se pautava pelas medidas de contratendência adotadas pela burguesia americana*, frente ao contexto específico em que aquela sociedade se desenvolvia" (grifos nossos). Essa colocação de Tude de Souza, com a qual concordamos inteiramente, também é defendida por Buci-Glucksmann,[2] quando

---

2. Na introdução deste trabalho, fizemos alusão a esta tese de Buci-Glucksmann. Sobre o tema, consultar Buci-Glucksmann, "Sobre os Problemas Políticos da Transição: Classe

explora a tese de que "as classes dominantes também podem travar uma guerra de posição ao desenvolver os 'modos de reestruturações passivas' do próprio capitalismo" (1978, p. 123 e 135).

Auxiliadas pelo pensamento de ambas as autoras, entendemos que em nenhuma hipótese a *guerra de posição da burguesia* elimina ou cerceia a *guerra de posição das classes subalternas*. Ao contrário, reafirmamos a existência de duas *guerras de posição* — a da classe dominante "dissimétrica" (Buci-Glucksmann, 1978, p. 123) e a das classes subalternas — demarcadas pela disputa hegemônica, em torno de projetos sociais antagônicos, como uma questão que se resolve, em *seu desenvolvimento atual e progressivo*, no interior do processo de correlação de forças entre as classes, processo esse que nasce no mundo da produção e se afirma no espaço de toda a sociedade.

É exatamente essa capacidade de atualização das categorias utilizadas por Gramsci que nos permite tratar a dinâmica da seguridade social como uma questão afeta ao mundo do trabalho e da cultura, mediada pela ação organizada dos trabalhadores e dos empresários, retirando sua análise do campo da funcionalidade econômica ou da hegemonia como domínio superestrutural.

De fato, ao tratarmos a construção da cultura política da crise no Brasil, sob a direção da burguesia, estamos concordando inteiramente com a possibilidade de a burguesia brasileira vir tentando fazer a sua reforma intelectual e moral, de natureza *molecular*, no interior do que se poderia chamar de uma verdadeira *guerra de posição*.

Essa afirmação não elimina nem tampouco nega a ofensiva dos trabalhadores brasileiros, desde pelo menos os finais dos anos 70. De fato, o que estamos sugerindo é que, se mantida a direção

---

Operária e Revolução Passiva" (1978, p. 117-148) e *Gramsci e o Estado* (1990), especialmente o cap. III da parte primeira.

política de *pautar a ofensiva das classes trabalhadoras brasileiras no limite das resistências às medidas de contratendência à crise*, há larga possibilidade de não se realizar o trânsito progressivo das suas posturas críticas, de natureza anticapitalista, para o patamar da construção de um projeto social que seja hegemônico.

Dessa perspectiva, procuramos recuperar o movimento e as tendências da seguridade social brasileira, a partir dos anos 80, identificando as contradições presentes na relação entre a trajetória dos trabalhadores pelo acesso aos meios de proteção social, as estratégias utilizadas pelo patronato e os meios formais de o Estado gerir a reprodução da força de trabalho.

O resultado a que chegamos reitera a suposição de que a nova correlação de forças que surge na sociedade, a partir dos anos 80, obrigou o capital a absorver as exigências do trabalho. No entanto, esse processo de absorção de algumas das demandas dos trabalhadores também permitiu que a burguesia construísse o seu projeto e as suas estratégias de *reciclagem das bases de constituição da sua hegemonia.* Dentre estas, inclui-se a *funcionalização* do atendimento dessas demandas ao seu projeto político.[3]

Podemos afirmar que, afora a *natural* motivação da burguesia, enquanto classe dominante e exploradora, outras variáveis políticas contribuíram para o desenvolvimento daquele processo, quais sejam: as formas de encaminhamento das exigências dos trabalhadores, o substrato político-ideológico de algumas das reivindicações e as consequências nefastas da crise econômica sobre os salários, o

---

3. A respeito dessa problematização, ver artigo de Eduardo M. Vasconcelos, *Estado e políticas sociais no capitalismo: uma abordagem marxista* (1988). Discutindo especificamente sobre as contradições da luta pelos direitos sociais, o autor afirma que o Estado e os grupos de interesse internos aos seus aparatos buscam *reapropriar-se* do discurso reivindicatório das classes subalternas, "mostrando que os programas por eles emanados respondem de forma eficaz ao direito social reivindicado" (1988, p. 30). Ver também argumento desenvolvido no artigo "A cidadania do fordismo" (1991, p. 71-74), de nossa autoria.

emprego e as condições de trabalho dos trabalhadores brasileiros, esgarçando suas tradicionais formas de organização, já afetadas pela cultura da crise dos referenciais teóricos e políticos.[4]

Desse modo, a trajetória política do grande capital, no Brasil dos anos 80 e 90, aponta para a tentativa de construção da sua hegemonia, tendo como instrumento básico a formação de uma cultura marcada pela necessidade de desqualificação das *demandas dos trabalhadores, enquanto exigências de classe*. O principal instrumento desse processo é a tentativa de obtenção do consentimento das classes trabalhadoras em torno da ideia de que a crise econômica afeta toda a sociedade e que, por isso, necessita da colaboração de todos.

No caso da seguridade, essa iniciativa adquire materialidade sob a argumentação de que é "necessário mudar o sistema de seguridade existente, para adequá-lo às reformas macroeconômicas". No entanto, o que está subjacente a esse propósito é a supressão dos direitos sociais dos trabalhadores, consagrados na Constituição de 1988.

Assim, permitimo-nos formular a hipótese de que o objetivo desta nova cultura é a constituição de novos *atores* sociais, objetivados nas figuras do cidadão-fabril, do cidadão-consumidor e do cidadão-pobre, as quais deverão tornar-se as representações consentidas de um ideal de hegemonia da burguesia.

No plano empírico, podemos observar que a ação do grande capital, dos trabalhadores assalariados e organizados nos grandes sindicatos, e dos movimentos populares urbanos, em relação à seguridade, a partir dos anos 80, é concentrada em três espaços básicos: *o comunitário,* circunscrito ao espaço das cidades, o da *empresa* e o das *instituições do Estado.* Esses espaços são conceituados

---

4. Ver caps. I e II.

aqui como esferas da produção e da reprodução, *locus* do privado e do público, âmbito do trabalho e da regulação social.

Também, segundo os dados pesquisados, são dois os movimentos básicos do processo de mudanças na seguridade social, a partir dos anos 80.[5] O primeiro deles é de natureza *molecular* e retrata o desenvolvimento histórico da ação do patronato na esfera da proteção social, no âmbito das empresas. Essa estratégia revela o modo como a proteção social privada articula-se com o grau de organização e de reivindicação dos trabalhadores, com as necessidades do processo de trabalho e de produção e com a intervenção social do Estado.

O segundo refere-se à atuação do grande capital e dos trabalhadores, enquanto sujeitos coletivos, extrapolando sua condição de *patrão* e *empregado* e determinando o que se pode nominar de mecanismos formadores das políticas de *gestão estatal da força de trabalho*.

Observamos, contudo, uma conexão estreita entre esses dois movimentos. Do ponto de vista teórico, ela pode ser explicitada pela íntima relação existente entre base econômica e superestrutura jurídico-política ou entre regimes de acumulação e modos de regulação; no campo dos embates políticos das classes, ela pode ser vista como produto das lutas dos trabalhadores pela socialização da política e da economia, ou mesmo, como exigência de legitimação política dos processos econômicos.

---

5. Essa referência privilegia os movimentos que têm participação direta e ativa do empresariado e dos trabalhadores organizados em grandes e representativos sindicatos, por ser este o universo empírico aqui tratado. Isso não exclui outros movimentos, como é o caso das mudanças ocorridas por força dos movimentos populares urbanos. Atribuímos às reivindicações populares o expressivo crescimento dos programas sociais e de infraestrutura urbana desenvolvidos em nível municipal, nas cidades brasileiras. Em tese, essa expansão da ação municipal, dirigida às populações pauperizadas das cidades, é a *contraface* pública da ação empresarial desenvolvida nas empresas, a partir dos finais dos anos 70.

Cronologicamente, esse processo inicia-se no âmbito das empresas, *locus* do embate entre trabalhadores e capitalistas no início da década, mas a sua generalização, como *proteção social* dos assalariados, somente é feita quando o Estado institucionaliza essa verdadeira *cidadania fordista*, incorporando-a ao modelo de proteção social vigente, como expressão do modo de gestão estatal da força de trabalho.[6]

Entendemos que essa prática nas empresas — fruto das necessidades técnicas e dos conflitos gerados no âmbito das relações e dos processos de trabalho — determinou algumas das tendências da própria seguridade social brasileira a partir dos anos 80. Quais sejam: as relações entre o Estado e o setor privado lucrativo e o não lucrativo, assim como o padrão de diferenciação do consumo de serviços sociais entre trabalhadores do grande capital e trabalhadores excluídos e precarizados. Os primeiros, assumindo a condição de consumidores; os demais, a de assistidos.

2. A PROTEÇÃO SOCIAL NA EMPRESA PRIVADA: O IDEÁRIO DO CIDADÃO-FABRIL

Estamos tratando da proteção social na empresa como uma das práticas sociais que determinaram as tendências da seguridade social no Brasil. Essa abordagem nos levou a discutir tal prática sob dois ângulos:[7] o das necessidades originárias do processo e das

---

6. Segundo Sposati, "a gestão estatal da força de trabalho aparece como produção de serviços sociais, os encargos sociais que o Estado, nas suas três instâncias governamentais, segue assumindo na forma de serviços de educação, saúde, habitação, assistência social etc. Serviços, enfim, que atendam às necessidades do trabalhador e sua família, que não são satisfeitas, *no livre mercado, por via salarial*" (Sposati, 1988, p. 35).

7. Em função do objeto de estudo, optamos por não discorrer sobre as características específicas das políticas sociais na empresa. Entendemos que a especificidade dessa prática

relações de trabalho desenvolvidas nas grandes empresas e o das estratégias políticas adotadas pelos trabalhadores sindicalizados e pelo patronato, no que diz respeito às políticas sociais dirigidas para a reprodução da força de trabalho.

Com esse objetivo, passamos a expor a trajetória da proteção social na empresa, pontuando seus nexos com o estágio de desenvolvimento das forças produtivas e situando, nesse percurso, a ação dos trabalhadores, dos empresários e do Estado. Em seguida, trataremos especificamente das implicações dessa prática nas tendências da seguridade social brasileira, a partir dos finais dos anos 70.[8]

O envolvimento dos trabalhadores e dos patrões com a questão da proteção social no Brasil não se inicia nos anos 80. Ela remonta aos primórdios da formação do proletariado urbano, no início deste século. No entanto, são os modos e as formas utilizadas pelo capital para enfrentar as lutas operárias pela regulamentação das condições de trabalho, salário e proteção social que marcam o desenvolvimento desse processo. Por isso mesmo, observamos formas diferenciadas de atuação do patronato e dos trabalhadores no processo de constituição dos mecanismos de proteção social, em consonância com os seus interesses e necessidades de classe.

Com efeito, desde o início da industrialização brasileira, as fábricas e usinas de maior porte ofereceram serviços aos seus operários e familiares, de que são exemplos as vilas operárias e mesmo as atividades filantrópicas — religiosas ou laicas.

Warren Dean, em estudo sobre a industrialização de São Paulo (Dean, 1971, p. 166-168), mostra que a necessidade de atrair e reter

---

reside na sua vinculação direta com o mundo do trabalho. Sobre o tema, ver Mota (1985), Francisco e Cardoso (1993).

8. Os dados empíricos, utilizados neste item, foram obtidos na pesquisa *A Constituição do Assistencial na Empresa e a Intervenção do Estado*, desenvolvida no mestrado de Serviço Social, da UFPE, no período 1988-90, sob nossa responsabilidade e mediante financiamento do CNPq.

a mão de obra, assim como disciplinar e tirar o máximo proveito da força de trabalho, levou alguns empresários, por volta de 1910-11, a criarem, nas unidades de produção ou nas suas circunvizinhanças, serviços de higiene e saúde, jardins de infância, armazéns, igreja e habitações para uso dos operários.

Todavia, considerando que os mecanismos institucionais de proteção social são contemporâneos ao capitalismo industrial e, consequentemente, à formação do salariado, as políticas de seguridade social no Brasil somente podem ser identificadas como tal, a partir dos anos 1920, com o surgimento da lei Eloy Chaves, em 1923, que criou as Caixas de Aposentadorias e Pensões (CAPs) (Santos, 1979).

As CAPs eram organizadas por empresas, com a participação financeira dos empregados, dos empregadores e, em alguns casos, da União. As primeiras CAPs foram criadas para aquelas categorias que tinham um papel expressivo na atividade exportadora, como é o caso dos ferroviários, estivadores e marítimos. Elas prestavam serviços de assistência médico-curativa, forneciam medicamentos, aposentadoria por tempo de serviço, velhice e invalidez, pensões para os dependentes dos empregados e auxílio funeral (Teixeira, 1991).

É nos anos 30, quando a acumulação capitalista passa a ser dominada pelo capital industrial, que esse quadro se altera. Em tal período, as mudanças produzidas na economia determinam uma nova forma de organização política, reservando-se, para o Estado, a assunção de papéis decisivos, tanto para estruturar as bases da implantação definitiva da industrialização, como, concomitantemente, para investir em algumas políticas sociais.

Segundo Braga, "foram as alterações de caráter político e as transformações na natureza do Estado que criaram as condições iniciais para que as questões sociais, pudessem ser enfrentadas através de um conjunto de políticas sociais" (1986, p. 51). Quais

CULTURA DA CRISE E SEGURIDADE SOCIAL

sejam: a legislação trabalhista, a montagem do sistema previdenciário com financiamento estatal, a legislação regulamentadora dos sindicatos etc. Em outros termos, um conjunto de medidas que regulam o trabalho e as condições mínimas de vida dos trabalhadores, no quadro da fixação do processo de industrialização.

Configuradas com base na dinâmica que se estabelece entre controle da organização política dos trabalhadores, absorção de algumas das suas reivindicações e manutenção da lucratividade do setor industrial, as mudanças ocorridas, após 1930, evidenciam as bases da intervenção social do Estado no Brasil.

Dentre as principais medidas adotadas no período, destaca-se a criação dos Institutos de Aposentadorias e Pensões (IAPs). Os IAPs, criados a partir de 1933, diferentemente das Caixas, não se vinculavam às empresas e sim às categorias profissionais mais expressivas no mercado de trabalho, para as quais sempre havia um sindicato (marítimos, bancários, industriários, servidores do Estado, trabalhadores vinculados ao setor de transporte de cargas e comerciários). Com a criação dos Institutos de Aposentadorias e Pensões (IAPs), a assistência particular das empresas esvazia-se em favor da oferta de serviços previdenciários públicos, cujo financiamento contava com recursos da União, embora a criação dos IAPs não tenha eliminado a prestação de serviços próprios das empresas (Teixeira, 1991, p. 13-15).

Seguem-se, na década de 40, outras medidas de regulação social, de que são exemplos o salário-mínimo e a CLT, as quais, articuladas aos dispositivos criados na década de 30, passam a formar o complexo legal-institucional de regulamentação das condições de vida e de trabalho dos assalariados brasileiros e que persiste até 1964, com alterações pouco significativas.[9] Naquele

---

9. É assim que, no pós-30, o Estado passa a intervir na "acumulação e na equidade" (Santos, 1979, p. 28). Afirma Santos, que essa intervenção social dava-se com a conjugação

período, sob forte influência da ideologia da *paz social* e mediante a argumentação de colaborar institucionalmente na redução do pauperismo dos trabalhadores, os empresários, paralelamente ao sistema oficial de seguridade, criaram o Senai, o Sesi e o Sesc, cuja forma de financiamento é regulamentada pelo Estado como uma *contribuição social obrigatória* das empresas.

Segundo Iamamoto e Carvalho (1988, p. 259-288), "a criação dessas instituições, além de atender às necessidades típicas da atividade industrial, como a especialização profissional do trabalhador e a reprodução ampliada da força de trabalho, também contemplaria novos objetivos do empresariado, ou seja, o fortalecimento da organização patronal; a socialização dos custos dos serviços oferecidos pelas grandes empresas com as empresas menores; e a ampliação da prática assistencial das empresas para a família operária fora do espaço fabril".

Esse padrão assistencial, coerente com o estágio de desenvolvimento das forças produtivas no período, será alterado nos anos 60 diante da emergência de um outro quadro econômico e político vivido pela sociedade brasileira. Tanto é assim que, a partir da segunda metade da década de 60, em pleno regime autoritário e na vigência de um outro padrão de industrialismo e acumulação, presencia-se a retomada da *seguridade* própria das empresas, que será feita concomitantemente com a expansão do sistema público

---

de estratégias políticas, tais como a restrição dos direitos de cidadania apenas àqueles trabalhadores inseridos formalmente no mercado de trabalho (1979, p. 68). Assim, somente os sujeitos produtivos e reconhecidos pelo Estado teriam direitos. Por isso, a intervenção na estrutura sindical, concebida em 1907, fez-se necessária para modificar a legislação e definir os sujeitos produtivos e reconhecidos pelo Estado. Isto é, os trabalhadores podiam ser sindicalizados, desde que o sindicato fosse autorizado pelo Ministério do Trabalho (1931). Tanto é assim que a Constituição de 1934 excluiu os trabalhadores não sindicalizados das convenções coletivas e, na Constituição de 1937, apenas aqueles trabalhadores, cuja profissão era regulamentada, poderiam associar-se em sindicatos que, mesmo assim, deveriam ser reconhecidos pelo Estado (1979, p. 68-69).

CULTURA DA CRISE E SEGURIDADE SOCIAL

de proteção social, então unificado no Instituto Nacional de Previdência Social (INPS).

Desta feita, a expansão dos sistemas particulares de proteção social se dará, principalmente, nas grandes indústrias multinacionais, nas empresas estatais (produtoras de bens e serviços) e no setor bancário. Tais iniciativas integraram o sistema de proteção social vigente no pós-64, o qual era composto pelos serviços próprios e/ou agenciados pelas empresas, pelas entidades empresariais como Sesi, Sesc e Senai, pelo complexo filantrópico e pela previdência social pública. Uma nova divisão socioinstitucional da seguridade se instala com base na formação de clientelas específicas para os serviços existentes, quais sejam: serviços para os trabalhadores das pequenas e médias empresas nacionais; uma *seguridade social* própria para o trabalhador da grande empresa, podendo ser uma estatal, um banco ou a moderna indústria automobilística; e o INPS, para os demais trabalhadores.

Nos anos 80 e 90, a seguridade social privada, vinculada às grandes empresas, foi a que mais cresceu, especificamente no que tange aos benefícios previdenciários e serviços de saúde.

Alguns dados quantitativos dão a dimensão dessa oferta. Atualmente, existem, no Brasil, cerca de 300 entidades fechadas de previdência complementar, com um patrimônio de US$ 40 bilhões, equivalente a mais de 5% do PIB e atendendo a 2 milhões de assalariados. As projeções para o setor são de que 7,77% da PEA seja coberta pela previdência complementar até o ano 2000, acumulando um patrimônio de 18% do PIB (*Boletim Abrapp* n. 6/1994). Somando-se a esse quadro, o crescimento de serviços de assistência médica — quer própria, quer conveniada com o setor privado — que atende a uma população de mais de 35 milhões de beneficiários (Vianna et al., 1991, p. 79-80), temos uma noção da abrangência do setor.

Essa evolução da seguridade, agenciada pelas empresas, foi fortalecida por um conjunto de fatores de natureza econômica e política, dentre os quais destacam-se:

a. os novos modelos de gestão inaugurados pela grande empresa, produto da reestruturação produtiva;

b. as demandas sindicais e populares por proteção social, fruto do processo de socialização da política pelas classes subalternas, a partir dos anos 80.

No entanto, alguns fatores objetivos, de ordem conjuntural, vividos pela sociedade brasileira na década de 80, também determinaram essa prática das grandes empresas que, sob influência das chamadas "modernas formas de gestão da força de trabalho", investiram na administração dos conflitos fabris, por meio de uma estratégia combinada de atendimento a necessidades salariais, promoção da satisfação psicológica e social dos trabalhadores e formação de uma nova cultura de controle (Burawoy, 1990; Clarke, 1991).

Dentre os fatores conjunturais, ressaltamos as inovações no campo da *democracia industrial* — uma inflexão entre os processos de socialização da política e as necessidades advindas do mundo da produção — que têm como principais características: o reconhecimento dos sindicatos, como interlocutores da negociação direta e dos contratos coletivos de trabalho entre trabalhadores e patrões; as experiências de flexibilização das normas de produção; e a emanação da disciplina fabril vinda do consumidor e não mais dos gerentes, como é o caso dos programas de qualidade total.

Além desses, como elemento histórico, há que se fazer referência à própria performance das políticas sociais brasileiras, cuja falência e sucateamento do aparelho produtor de serviços públicos contribuiu para o crescimento de demandas sociais, que passam a ser objeto de conquistas do movimento sindical, ao mesmo tempo em que se naturaliza a ideia de eficácia do setor privado em detrimento do setor público.

Podemos, ainda, citar outras questões pertinentes à prática sindical que, de certa forma, contribuíram para a constituição desse processo, tais como: a organização dos trabalhadores nos locais de trabalho — rica na identificação das necessidades quotidianas dos trabalhadores e presença marcante do sindicato nas empresas —; o processo de organização das pautas de negociação, cuja experiência tem sido a de ampliar a participação dos trabalhadores da base, principais demandadores dos benefícios, além da sua principal determinação que foi a de compensar as perdas salariais, valendo-se do consumo de bens e serviços considerados como salários indiretos.

Segundo estudos do Núcleo de Estudos Políticos da Universidade Estadual de Campinas (NEPP/Unicamp) sobre as greves realizadas no Brasil entre 1978/87, pelo menos 11,2% das greves deflagradas em 1987 incluíam reivindicações sobre *bem-estar na empresa* (1987, p. 144). Recentes trabalhos sobre comissões de empresa apontam, como uma das características das barganhas cotidianas dessa forma de organização, a melhoria das condições de vida e de trabalho para os empregados.

Segundo Rodrigues, "parte dos problemas levantados pelas comissões extrapola bastante os muros da empresa. Não é tão somente a questão salarial que está no horizonte, mas uma preocupação com o trabalhador tanto dentro como fora do local de trabalho [...] reivindicando direitos sociais elementares que se projetam para fora da empresa, dando conta de outros aspectos que fazem parte da vida dos operários e suas famílias, mesmo que não explicitadas no dia a dia da fábrica" (1991, p. 164-165).

Realmente, os sindicatos de trabalhadores vinculados às grandes empresas e que têm um maior potencial político e organizativo, como é o caso dos metalúrgicos, bancários, petroquímicos, dentre outros, encaminham suas demandas por mecanismos de seguridade social — saúde, previdência, assistência —, além de transporte, educação, creches, alimentação subsidiada, ao lado das reivindicações salariais e de melhores condições de trabalho nas empresas empregadoras.[10]

Essas reivindicações, feitas por meio das pautas de negociação quando das campanhas salariais, foram absorvidas pelo patronato mediante oferta de serviços próprios e que são considerados como um direito contratual dos empregados, por serem negociados nos contratos coletivos de trabalho. De certa forma, instala-se uma outra situação em relação aos serviços promovidos pelas empresas.

De um lado, *a pedagogia* da assistência empresarial dos anos 70 é esgarçada porque os trabalhadores passam, inclusive, a interferir nos modos, na qualidade e na gestão dos programas sociais. Nesse sentido, o movimento sindical teria construído um campo de contraposição política que neutralizou o arbítrio empresarial e o sistema de trocas simbólicas. A própria representação sobre o direito contratual se contrapõe à ideologia da ajuda humanitária do patronato.

Por outro lado, e fora dos muros das empresas, criam-se não apenas um novo perfil na seguridade social brasileira, que é o *mix* entre empresas privadas lucrativas e o Estado, mas também um outro padrão de desigualdade social, materializado na figura do

---

10. Conforme pesquisa que realizamos em Recife-PE, no período 1988-89, junto aos dez maiores sindicatos de trabalhadores da área metropolitana, obtivemos os seguintes dados: no período 1983-89, de um total de mais de 1.200 acordos, com 3166 cláusulas negociadas, as reivindicações estiveram divididas entre econômicas (24,3%), condições de trabalho (30,0%), serviços sociais (11,9%) e representação sindical (14,3%). Dentre as cláusulas sociais, as mais incidentes foram serviços de saúde próprios ou conveniados, seguindo-se aquelas relativas a auxílios e benefícios previdenciários, alimentação, creche, transporte, habitação, educação, dentre outras de menor impacto (Mota et al., 1990).

cidadão-trabalhador do grande capital que, por isso mesmo, pode consumir serviços diferenciados.[11]

Para além de um mero arranjo entre as empresas e as instituições do Estado, pode-se inferir que, para a moderna empresa de produção *flexível*, já não interessa construir a hegemonia e a disciplina somente no âmbito da fábrica, mas é necessário atingir toda a sociedade.

É por isso que a participação do movimento sindical, na barganha por mecanismos de seguridade social, ultrapassa o âmbito das empresas. Mesmo considerando o fato de o movimento sindical vir estrategicamente apoiando as lutas coletivas em defesa da oferta de políticas públicas, não há dúvidas de que ele, ao negociar com as empresas os serviços privados, contraditoriamente, fortalece as diferenciações de consumo entre os trabalhadores, em função da sua inserção formal no mercado de trabalho (Mota, 1989).

Como aponta Carvalho (1987), existem significativas diferenças entre as décadas de 70 e 80, no que concerne à modalidade de utilização da força de trabalho, seus nexos com os padrões de crescimento industrial, perfil tecnológico e estratégias gerenciais adotadas no mundo fabril brasileiro.

Enquanto, nos anos 70, assiste-se à expansão do parque industrial, à generalização do trabalho assalariado em nível nacional, à ampliação do mercado consumidor interno e ao incremento da

---

11. Relativamente à pesquisa sobre as reivindicações sociais dos trabalhadores, constatamos que as representações das lideranças sindicais sobre essas reivindicações expressam, também, a contradição que elas encerram. Segundo o discurso dos sindicalistas, esses serviços são um direito conquistado pela categoria e contribuem para a melhoria das condições de vida do trabalhador e da sua família. No entanto, eles avaliam que essa prática favorece a privatização dos serviços sociais e contribui para o esfacelamento das exigências coletivas da classe trabalhadora. Mesmo assim, afirmam que as necessidades dos trabalhadores não podem *esperar* e que as próprias centrais sindicais não têm uma discussão aprofundada sobre o assunto. Falta-lhes, como já discutimos no cap. III, uma direção política. A ação reivindicativa, neste campo, é eivada de espontaneidade e voluntarismo.

quantidade de produtos, os anos 80 são marcados por uma profunda crise internacional, que imprime um redirecionamento na economia nacional, cujas características são a retração do mercado interno, a ampliação do mercado exportador e a necessidade de implementar novas estratégias de produção para fazer face à competitividade internacional, em que a qualidade do produto e a flexibilidade da produção passam a ser essenciais.

Tais processos, segundo a inspiração do mesmo autor, indicam que os anos 70 foram marcados pela exploração intensiva dos trabalhadores e pelo uso predatório da força de trabalho, num contexto desenhado por práticas de controle, desqualificação de ocupações, centralização de comando etc. Enquanto isso, nos anos 80, face às mudanças imprimidas na produção, principalmente em função do uso de novas tecnologias e da emergência de processos de gestão flexíveis, novos valores perpassam as relações no trabalho — a cooperação, a valorização do saber operário, a confiabilidade, a preservação da força de trabalho, dentre outros.

Coincidências à parte, e como já esboçado anteriormente, é também nesses mesmos períodos que acontecem as mudanças mais significativas no padrão da seguridade social. Inicialmente, elas aparecem sob a forma de unificação dos benefícios previdenciários, seguindo-se a criação de fundos patrimoniais dos trabalhadores (FGTS, PIS, Pasep) e a inclusão de trabalhadores autônomos e rurais na previdência.

Essas mudanças demonstram a sincronia existente entre a extensão do assalariamento nos anos 70 e a ampliação de benefícios. Já nos anos 80, a mudança nos padrões de produção influenciam a formação de novos valores e de outras necessidades, em que se incluem a negociação sindical, a valorização das relações interpessoais, a democratização do ambiente de trabalho etc. Ao capital, não mais interessa aprisionar o trabalhador ao posto de trabalho e sim à empresa de produção *flexível*, por meio da formação de uma outra cultura do trabalho.

CULTURA DA CRISE E SEGURIDADE SOCIAL

Podemos também discutir que esse modelo de produção dos anos 80, voltado para o mercado externo, necessitou transformar a economia *informal* numa peça-chave para manter tanto o consumo popular (alimentando um mercado interno que não interessa ao grande capital) como a chamada *terceirização* da força de trabalho das grandes empresas. Nesse caso, os trabalhadores, *juridicamente informais* e partícipes dos grupos de mais baixa remuneração na escala salarial, passariam a ser sujeitos de uma *melhor proteção*, determinando, em certa medida, as bases do processo de institucionalização da oferta de serviços sociais diferenciados pelo agenciamento ou não do mercado.

Aos trabalhadores mais organizados e empregados na grande empresa são ofertados serviços próprios das empresas; aos demais trabalhadores desorganizados, os precários serviços públicos, prática esta eminentemente formadora de uma cultura do consentimento da privatização e do cidadão-consumidor.

Isso não significa que se esteja negando e/ou desqualificando os processos políticos desencadeados por aqueles trabalhadores, via movimentos populares organizados. Destacamos, apenas, que a sua visibilidade política não se dá independentemente de sua visibilidade econômica.

Nesses termos, constatamos o desenvolvimento daquela sociedade dual de que falam Mandel (1986) e Offe (1989), como um processo marcado pela heterogeneidade das demandas das classes subalternas por meios de reprodução. Dessa forma, os trabalhadores melhor remunerados pelo grande capital, ou pelas empresas estatais, passam a compor o novo mercado da seguridade privada, enquanto os trabalhadores precarizados lutam por serviços assistenciais não contributivos, de responsabilidade dos governos municipais e das instituições filantrópicas. Em termos genéricos, contudo, ambas as frações da classe reivindicam a mesma coisa.

Por essa via, as reivindicações sindicais não seriam resultado de uma mera opção dos sindicatos, posto que elas estariam relacionadas com a própria conjuntura econômica e política do período, ditada pelas novas necessidades das empresas, pelas injunções econômicas do capital internacional, pela diversidade do processo de formação das classes assalariadas no Brasil e, principalmente, pelo processo de desvalorização da força de trabalho, consignado nos baixos salários e na ameaça do desemprego.

Na esteira desse movimento, é que se gestou um novo perfil da seguridade social brasileira, baseado na centralidade da participação das empresas no agenciamento de serviços, o que nos permitiu vislumbrar uma prática por meio da qual a seguridade e a produtividade do trabalho se resolvem no espaço da moderna empresa capitalista.

Contudo, para que não se tome aparência por essência, e se identifique, na prática da empresa, uma iniciativa *autônoma* em relação ao Estado ou uma iniciativa para *suprir as fragilidades das políticas sociais públicas*, esclarecemos que, na realidade, a empresa constrói um novo modo de socialização dos custos da reprodução da força de trabalho, deslocando parte dos fundos públicos da esfera coletiva para o âmbito do privado, sob as loas das parcerias entre o setor público e a iniciativa privada, tão caras ao pensamento neoliberal.

Além disso, como a maioria dos programas sociais é de natureza contributiva — a empresa retém parte do salário pago ao trabalhador para custear os programas sociais —, a instituição dessas práticas securitárias próprias das empresas, que assumem a significação de salários indiretos, terminam sendo financiadas pelos próprios trabalhadores-usuários e administradas pela empresa empregadora.

Esse procedimento vem sendo objeto da própria regulação estatal, que criou as condições legais para operar uma seletividade entre a política assistencial do trabalhador mais pobre, de natureza pública, e uma política privada para o assalariado do grande capital, por meio do uso de fundos públicos e mediante uma estratégia de superexploração do trabalhador.

É dentro desse contexto que se vem formando, *molecularmente*, a identidade social daqueles atores (e não mais sujeitos), que denominamos de cidadão-fabril, cidadão-consumidor e cidadão--pobre. Tal identidade passa a ser definida pelo vínculo de emprego e acesso ao consumo mercantil ou não.

Assim, "vinculando assistência à produtividade do trabalho, o empresariado assegura, ao mesmo tempo, a manutenção do trabalhador, os níveis de produtividade e uma pseudoautonomia dos fundos públicos" (Mota, 1989, p. 131).

Do ponto de vista político, presencia-se um deslocamento da publicização das necessidades do trabalhador, pois que elas passam a ser supridas no âmbito privado das empresas e ficam restritas a algumas categorias de trabalhadores.

Já sob a ótica das necessidades empresariais, embora seja óbvia a lógica que justifica uma preocupação com mecanismos de preservação da força de trabalho, observa-se um movimento que inverte a clássica socialização dos custos da reprodução, via financiamento público dos serviços sociais, típico do *Welfare State*, cuja característica é a *exterioridade* em relação ao processo e às relações de trabalho que se desenvolvem no interior das unidades de produção.

Procura-se, assim, gestar uma cultura da universalização das necessidades da produção, sem, no entanto, vislumbrar-se a possibilidade de adoção de um paradigma fordista fundado no pagamento de altos salários e na ampla intervenção social do Estado.

Nesses termos, podemos entrever alguns arranjos sociopolíticos que determinam a criação dessa universalização, cuja essência é a construção de um novo conformismo social, com o objetivo de tornar subjetiva a objetividade da ordem burguesa, via formação de normas de consumo, de moral e de ética do trabalho assalariado, quais sejam:

- a fordicização e americanização da sociedade, no sentido gramsciano de formação de uma ideologia e cultura do trabalho assalariado, marcada pela tentativa de tornar universal a cultura do trabalho assalariado nos moldes da chamada produção flexível. Os trabalhadores, expulsos do processo de trabalho na grande empresa e transformados em trabalhadores *autônomos* e temporários passam a ser os novos cidadãos da crise e usuários do que se vem chamando de benefícios básicos da seguridade social. Os trabalhadores, que mantêm seus empregos e estão organizados em sindicatos, assumem uma dupla função: cidadãos-fabris, na fábrica, e cidadãos-consumidores, na sociedade;

- visto que o acesso a alguns serviços, típicos da seguridade social, passa a ser considerado como um direito contratual do trabalhador — em termos de contrapartida do empregador, por ocasião do contrato de trabalho —, estaria sendo negada a ele qualquer concepção de direito social universal. Isso reafirma não apenas uma *prática de corporações*, como imprime diferenciações entre os níveis de consumo dos assalariados e dos não assalariados, pela grande empresa. Reitera a noção de uma política social para o pobre — a assistência social pública — e uma política para os que estiverem inseridos no mercado de trabalho formal — a seguridade privada oferecida pelas empresas;

- mais ainda, transforma as exigências dos trabalhadores por bens e serviços necessários à reprodução da sua força de trabalho numa verdadeira estratégia de superexploração dos trabalhadores, já que os programas de benefícios permitem um amplo uso produtivo por parte das empresas, na medida em que conseguem operar uma vinculação

> entre usufruto dos serviços, disciplina no trabalho e retenção da mão de obra em cada uma das empresas ofertantes. Ao deslocar *os salários indiretos* de uma instância distributiva e pública para a esfera contributiva e privada, o capital enfrenta a luta ofensiva dos trabalhadores pela desmercantilização da reprodução da sua força de trabalho, com uma incorporação funcional aos seus interesses.

Note-se que, a despeito de contribuir para o aumento do consumo dos trabalhadores, a oferta de serviços pelas empresas — ao contrário da proposta fordista — não opera liberação de salário real nem forma um amplo mercado consumidor. Ao contrário, o que tem acontecido é uma prática de baixos salários compensada pela criação de serviços sociais que, na realidade, são bancados pelos próprios trabalhadores e com recursos que, a rigor, deveriam ser repassados ao Estado por intermédio dos impostos.

Esses arranjos, no nosso entendimento, rebatem em princípios que norteiam a capacidade de o capital tornar defensiva a luta ofensiva dos trabalhadores assalariados e, no caso específico da seguridade, apontam para as seguintes implicações:

a. negação do papel intermediador do Estado na esfera do consumo coletivo e reforço à *solidariedade mercantil* entre *assalariados e pobres*, na medida em que os trabalhadores da grande empresa contribuem duplamente para a seguridade: para o custeio dos serviços prestados pela empresa e pelo Estado;

b. capitalização da seguridade financiada pelos trabalhadores, os quais passam a financiar o próprio capital, por meio dos sistemas privados de saúde e previdência, de que são exemplos os fundos de pensão. A rigor, é uma estratégia de remercantilização da força de trabalho e um redirecionamento imprimido pelo capital às conquistas do trabalhador, no tocante à reprodução ampliada da sua força de trabalho;

c. afirmação da universalidade mediada pelo mercado, via expulsão dos assalariados da grande empresa para o mercado de serviços privados, com nítida destruição do poder coletivo de barganha dos trabalhadores;

d. ampliação do consumo individual em oposição ao consumo coletivo, via diferenciação de normas de consumo interclasse, como resposta às lutas pela apropriação do valor de uso social do trabalho, materializado na oferta e no consumo de serviços públicos não mercantis;

e. fragmentação da vontade coletiva pela vontade corporativa, mediante pactos de resultados *localistas*, mas com repercussões públicas.

É nesse sentido que a questão dos serviços sociais, agenciados pelas empresas nas áreas da previdência, saúde e assistência, é determinada pelas necessidades que surgem no âmbito das relações de trabalho e mediada tanto pelas práticas sindicais quanto pelas empresariais, redefinindo também as tendências da seguridade social brasileira nos anos 80.

Esse é o *âmbito* da construção de uma cultura privatista da seguridade social e que inclusive vai fundamentar toda a argumentação do grande capital, no sentido de imprimir reformas na Constituição de 1988, rumo ao que se poderia chamar de *americanização* da seguridade social brasileira.

De outra forma, a ampliação e a naturalização desse modelo, amplamente defendido pelas agências internacionais, como o FMI, o Banco Mundial, o BID e a Usaid (Mesa-Lago, 1991, p. 221-225), reforçam uma nova estratégia política, expressa nas tentativas de consolidar a expansão do mercado de seguros sociais privados e dos fundos de pensão que, no Brasil, são regulados pelo Ministério da Previdência e pelo Conselho Monetário Nacional.

Em síntese, essas mudanças surgem no contexto das modernas práticas de gestão do trabalho, fortemente marcadas pelas necessidades técnicas da produção e repercutem nas formas de relação entre capital e trabalho no interior das unidades de produção e na sociedade em geral. É por isso que as reivindicações dos trabalhadores das grandes empresas, por serviços sociais, interferem diretamente nas tendências da seguridade social no Brasil. Não se trata de uma demanda produzida *espontaneamente*, mas de uma demanda formada com base num conjunto de contradições, permitindo que o capital também se beneficie daquela estratégia sindical.

3. AS PROPOSTAS PARA A SEGURIDADE SOCIAL NA ERA DA PRODUÇÃO FLEXÍVEL: A FORMAÇÃO DO CIDADÃO-POBRE E DO CIDADÃO-CONSUMIDOR

Expusemos, anteriormente, que a formação da cultura da crise, enquanto socialização de uma visão de mundo de uma classe, contém valores, conceitos e práticas que retratam as tendências gerais dos processos sociais.

Afirmamos também que, em períodos de crise, há um acirramento da ação ofensiva do capital e que o movimento dos trabalhadores tende a assumir posições defensivas em função da agressão que sofre com a ameaça do desemprego, das perdas salariais, dos benefícios da seguridade etc., quadro este agravado, nos anos 80, pela crise dos referenciais ideológicos e políticos.

Construímos a hipótese de que, no caso brasileiro, a tensão entre a ofensiva capitalista e a ação dos trabalhadores, especialmente a partir do final da última década, deixa explícitas as inflexões nos discursos e nas práticas de ambas as classes. Essas inflexões, como já referido, sugerem que a burguesia brasileira não mais quer ser apenas classe dominante, ela quer se constituir como classe hegemônica e toma a *conjuntura de crise* como objeto de socialização de suas concepções sobre a sociedade brasileira, as quais são marcadas pelo pensamento neoliberal.

Essa *socialização* não expurga automaticamente os vetores ideológicos nem as exigências sociais, econômicas e políticas dos trabalhadores. Ao contrário, procura incorporá-las *à sua* ordem. Assim, a formação da cultura política da crise brasileira incorpora elementos contraditórios, indicativos das disputas, dos embates, dos avanços e dos recuos presentes nas práticas sociais das classes.

Dada a história recente do processo de mobilização e organização dos trabalhadores brasileiros, podemos afirmar que a tônica da sua prática foi de cunho reivindicatório. Em face das condições socioeconômicas e políticas herdadas da ditadura, esse caráter reivindicatório imprimiu uma dimensão anticapitalista a algumas das demandas conduzidas pelo movimento sindical, popular e partidário. Pelo menos em tese, foi a luta sindical *reivindicatória* que esteve à frente dos próprios partidos, fato que deu à CUT um papel político singular, no curso dos anos 80.

Esse papel foi responsável pelo estatuto que a central sindical adquiriu, ou seja, o de uma instituição formadora e socializadora da cultura política das classes trabalhadoras, cujo desempenho no processo de elaboração da Constituição de 1988, assim como na tentativa de revisão, em 1994, foi fundamental para obter e assegurar as conquistas das classes trabalhadoras.

A partir de 1989 — período de acirrada disputa eleitoral — a ação de alguns partidos vinculados ao movimento dos trabalha-

CULTURA DA CRISE E SEGURIDADE SOCIAL

dores, em que se incluem o PT, o PSB, o PPS, o PV e o PSTU, adquiriu uma expressão político-institucional mais significativa do que a da central. Como sugere Neves, os partidos políticos desempenharam papel importante na trajetória da socialização da política brasileira nos anos 80. O processo de abertura de baixo para cima começou a exigir dos partidos políticos um esforço organizador das demandas específicas da sociedade, revertendo as atribuições tradicionais desempenhadas por esse sujeito político coletivo. Os partidos começam a se posicionar, ainda que embrionariamente, como elementos de *síntese* das demandas das classes sociais em conflito e como principais articuladores entre a sociedade e o Estado *stricto sensu* (1994, p. 37).

Essas considerações a respeito da importância das lutas *reivindicatórias*, no entanto, não obliteram uma nova solicitação colocada no horizonte da ação política dos trabalhadores: a necessidade de deslocar-se do campo da resistência e/ou oposição às *medidas de contratendência à crise econômica* para o campo da formulação de projetos que incorporem alternativas à ordem capitalista vigente. Segundo Antunes, "isto joga a ação dos sindicatos e da CUT para o universo explicitamente político e ideológico. E quer pela direita, quer pela esquerda novas situações foram criadas e novas exigências foram colocadas" (1990, p. 54).

Entendemos que aí reside a possibilidade de o movimento dos trabalhadores dar seguimento à construção de uma cultura diferenciada, formadora de uma *civiltà*, imprimindo uma direção aos modos de encaminhamento e atendimento das suas demandas, que permita qualificá-las como exigências de classe. Em outros termos, essa é a possibilidade do desenvolvimento da sua *guerra de posição*, dissimétrica daquela que vem sendo tentada pela burguesia.

Ora, o contraponto desse processo também indica a situação peculiar por que passa a burguesia brasileira: se ela continuar comandando a regulação *ad hoc*, estará impossibilitada de constituir-se como classe hegemônica. Para realizar-se, como classe hegemônica, ela necessita utilizar a democracia, reciclar seus aparelhos privados de hegemonia e fazer concessões para a obtenção de consentimentos em torno de medidas encaminhadoras do seu projeto social. Note-se que a "hegemonia pressupõe, indubitavelmente, que se levem em conta os interesses e as tendências dos grupos sobre os quais a hegemonia será exercida; que se forme um certo equilíbrio de compromisso, isto é, que o grupo dirigente faça sacrifícios de ordem econômico-corporativa. Mas também é indubitável que os sacrifícios não se relacionam com o essencial, pois se a hegemonia é ético-política, também é econômica; não pode deixar de se fundamentar na função decisiva que o grupo dirigente exerce no núcleo decisivo da atividade econômica" (Gramsci, 1988b, p. 33).

Em face da tradição das classes dominantes brasileiras, marcada pelas intervenções *pelo alto* e pelos conflitos de interesse intraclasse, podemos constatar que a burguesia vem ampliando significativamente o leque da sua intervenção na sociedade e tentando fazer-se reconhecer não apenas como a classe economicamente dominante, mas como uma classe que quer socializar e universalizar sua proposta de *reestruturação* do capitalismo brasileiro. Para tanto, ela avança no sentido de formular políticas na esfera econômica, financeira, comercial e social, ao mesmo tempo em que tenta construir um conjunto de novas alianças de classe, seja com uma parte do setor assalariado, seja com a burocracia estatal, seja com os tradicionais setores agrários.

Inegavelmente, essa experiência política das classes sociais, no Brasil, delimita um novo patamar de correlação de forças, principalmente quando inserimos neste cenário as injunções ocorridas por força do que denominamos de crise global da sociedade contemporânea.

CULTURA DA CRISE E SEGURIDADE SOCIAL

Reafirmada a ótica de nossa reflexão, procuraremos, em seguida, observar como esse movimento geral se objetiva no particular, expondo e identificando *uma outra estratégia* de intervenção do grande capital e dos trabalhadores: as reformas institucionais da seguridade social. Trata-se de explorar as propostas de reforma como parte dos *mecanismos formadores da gestão estatal da força de trabalho*,[12] materializados na intervenção social do Estado.

3.1 Da crise da previdência à revisão constitucional

Segundo Faleiros, numa conjuntura de crise como a dos anos 80, a discussão sobre a seguridade social brasileira, em especial sobre a previdência social, expõe uma relação contraditória entre a mobilização social que exige ampliação dos benefícios e a política recessiva que impõe cortes nos gastos públicos, contradição que aguça questões teóricas e práticas (Faleiros, 1986, p. 123).

A chamada crise da previdência se inicia em 1979 e se prolonga até o momento atual. Objeto de acirradas disputas entre a burocracia estatal, os empresários, os bancos e os trabalhadores ativos e aposentados, essas disputas tiveram um traço singular, neste período. É que, sobretudo a partir da unificação dos Institutos de Aposentadorias e Pensões, as propostas para a previdência tinham um cunho reativo às medidas adotadas e/ou sugeridas pelo governo. Temos, como exemplos, os aumentos das contribuições para suprir os déficits financeiros, a ampliação ou restrição de benefícios, as modificações nas fontes de custeio etc.

De fato, é a partir de 1987, durante a Assembleia Nacional Constituinte — *locus* de um dos mais significativos embates insti-

---

12. Ver supra cap. III, especialmente itens 2 e 3.

tucionais e políticos dos anos 80 — que os empresários e trabalhadores,[13] enquanto sujeitos coletivos, participam de forma incisiva das mudanças nas áreas da saúde, da previdência e da assistência.

Quanto à atuação dos empresários, não se pode afirmar que eles já possuíam, em 1987, *um projeto* para a área da seguridade social, embora a definição dos direitos sociais, trabalhistas, de greve e sindicais compusesse a pauta de preocupações empresariais com o social.

Nesse sentido, o empresariado, utilizando-se da União Brasileira dos Empresários (UBE) e da articulação parlamentar denominada de *centrão*, conseguiu incluir na Constituição alguns princípios. Como afirmam Diniz e Boshi, "a burguesia, embora sem ser hegemônica, tem alcançado um grau de organização e de definição de objetivos próprios que lhe permite estabelecer acordos com outros atores organizados na sociedade" (1987, p. 2).

A UBE teve por objetivo criar um espaço para o debate das grandes questões de interesse conjunto do empresariado, de forma a possibilitar o estabelecimento de um consenso e a elaboração de uma plataforma de ação (Diniz e Boshi, 1987, p. 12). A tônica do discurso empresarial na Assembleia Constituinte, a despeito da diversidade dos grupos de interesse, aponta para o reordenamento dos setores públicos e privados, no sentido de conferir maior autonomia ao segundo, numa clara opção pela economia de mercado. No que se refere aos direitos dos trabalhadores, os empresários mantiveram uma postura radicalmente contrária à estabilidade do

---

13. Vale destacar que remontam a 1979-80 os movimentos organizados na área da saúde e da previdência. Esses movimentos foram definitivos na socialização das informações e na construção de uma massa crítica sobre as mudanças realizadas no imediato pós-64 e consolidadas ao longo dos anos 70. Enquanto o primeiro teve como protagonistas os profissionais da área da saúde, o da previdência teve participação decisiva dos trabalhadores da previdência social.

emprego e à redução da jornada de trabalho, liberdade sindical e reforma agrária.

Quanto aos trabalhadores, em especial aqueles envolvidos nos movimentos sindical e partidário, as questões relativas às liberdades políticas, à privatização de empresas estatais, à definição do capital nacional e estrangeiro, à estrutura sindical, ao direito de greve, à reforma agrária e aos direitos sociais constituíram suas principais preocupações. Todavia, como exposto pela própria CUT, pelo menos até 1989 — quando foi criada a Secretaria de Políticas Sociais — "o tratamento destinado às chamadas *questões sociais* continua sendo pontual, em função da ausência de uma estratégia clara no enfrentamento da questão social como um todo. Apesar das iniciativas nesse ou naquele setor, o que se nota é a inexistência de uma ampla reflexão sobre a dimensão e o significado das políticas públicas, particularmente as políticas sociais" (Desep/CUT, 1989, p. 3).

A maior expressividade da atuação dos trabalhadores na área da seguridade diz respeito, fundamentalmente, aos movimentos grevistas na saúde e na previdência. Embora reiterassem críticas e referências sobre a qualidade da prestação dos serviços aos usuários, os trabalhadores vinculados ao setor de saúde e previdência dirigiram muitas das suas reivindicações para o âmbito salarial e para o das suas condições de trabalho. Por isso, não se pode afirmar que aqueles movimentos eram prioritariamente dirigidos à formulação de uma política global de seguridade social.

De outro modo, há uma conexão entre o que denominamos, no capítulo anterior, de âmbito da atuação dos trabalhadores na esfera das reivindicações sociais — movimentos populares e sindicais — e a *ausência* de uma proposta global. A rigor, até aquele período, o movimento sindical dirigiu prioritariamente suas reivindicações sociais para as empresas, enquanto o movimento popular as dirigiu para as instâncias governamentais.

Entretanto, até pelas especificidades da Constituinte, o movimento partidário foi que atuou de forma mais incisiva na defesa das propostas dos trabalhadores, articulando as demandas *corporativas* com aquelas mais coletivas e defendendo alguns princípios gerais tais como o direito à saúde, a descentralização da previdência, a expansão e melhoria dos benefícios previdenciários, a institucionalização da assistência social, o controle público dos fundos patrimoniais dos trabalhadores etc.

A partir de 1989, esse quadro se altera em função das iniciativas do capital e do trabalho, tornando-se notório o crescimento das discussões, a divulgação de documentos e a elaboração de projetos para a seguridade social, tanto nas organizações empresariais, quanto nas dos trabalhadores e alterando radicalmente a situação que vigia no período Constituinte. Esse movimento, inclusive, modifica as esferas *reivindicatórias*, referidas anteriormente, em função do enfraquecimento dos movimentos populares urbanos e do crescimento de movimentos mais institucionais em defesa da descentralização regional e municipal dos serviços sociais, desaguando na formação de um novo quadro de correlação de forças nos anos 90, na gestão de Collor de Mello.

Os principais embates sobre a seguridade, naquele período, começam com as propostas de reforma da previdência encaminhadas durante o governo Collor de Mello e se aguçam com o movimento de massa levado a efeito pelos aposentados — o conhecido *movimento dos 147%*.

Esse processo é tensionado pela tentativa do governo Collor de cooptar o mundo do trabalho ao nomear, para ministro da Previdência, um sindicalista vinculado ao *sindicalismo de resultados* e culmina com a instalação de uma comissão de seguridade social no Congresso Nacional, tendo *como relator* o deputado Antônio Britto. Nessa ocasião, já estão perfiladas, com nitidez, as posições do grande capital — consignadas nas propostas dos empresários

CULTURA DA CRISE E SEGURIDADE SOCIAL 209

industriais, do setor bancário e financeiro, dos proprietários rurais e dos organismos financeiros internacionais — e as posições dos trabalhadores vinculados às duas principais centrais sindicais.

O movimento dos aposentados pelo aumento de 147% nas aposentadorias e pensões e a alegação do Ministério da Previdência de que a União não teria recursos para o pagamento daquele reajuste fizeram com que a Câmara dos Deputados, tendo à frente o deputado Antônio Britto, instituísse a Comissão Especial para Estudo do Sistema Previdenciário,[14] em janeiro de 1992. Essa comissão incorporou a participação das lideranças de todos os partidos e de representações de setores da sociedade — trabalhadores das três centrais sindicais, empresários vinculados ao setor industrial e financeiro, profissionais autônomos, acadêmicos, representantes de seguradoras privadas, dos aposentados e dos servidores públicos, além de representantes das entidades fechadas de previdência social e de secretarias e ministérios ligados à seguridade social.

A proposta da Comissão Especial foi a de "promover um amplo estudo do sistema previdenciário brasileiro, tanto no tocante à sua estrutura quanto ao seu regime de custeio e de benefícios e propor soluções cabíveis para o seu regular funcionamento e cumprimento de sua destinação social e institucional".[15]

Conforme consta do texto do Relatório Final, a discussão é apresentada em dois níveis. No primeiro, o diagnóstico da *crise da previdência* e, no segundo, o conjunto das recomendações feitas para a *reforma da previdência*.

Em linhas gerais, o documento enfatiza que esta é a pior crise por que passa a previdência social e que ela foi causada por dois

---

14. Nesse texto, a Comissão Especial para Estudo do Sistema Previdenciário é também citada como Comissão Especial e o seu Relatório Final é, igualmente, denominado "Relatório" ou "Relatório Antônio Britto".

15. Ata da mesa diretora da Câmara dos Deputados. In: BRASIL. *A Previdência Social e a revisão constitucional*, Brasília, MPS/Cepal, v. I, p. 229, 1993.

fatores estruturais: "a incapacidade do Estado de se organizar com honestidade, eficiência e transparência para assegurar condições mínimas de justiça a seus milhões de miseráveis e carentes" e a "crise econômica por que passa o país com repercussões financeiras, administrativas, políticas e éticas" sobre a seguridade social.[16]

O Relatório aponta as causas gerenciais, conjunturais e estruturais responsáveis pela deflagração da crise do sistema. Nas causas gerenciais, estão levantados os problemas relativos à falta de fiscalização, ao excesso de burocracia, à sonegação e à ausência de mecanismos eficientes de controle. Nas causas conjunturais, o Relatório destaca a relação existente entre a manutenção do sistema contributivo, o nível de emprego, o salário e o faturamento das empresas, e conclui que há um impacto imediato na arrecadação, em função da queda do emprego e do faturamento das empresas. Nas causas estruturais, são levantados alguns pontos, tais como a imprecisão conceitual, a dependência excessiva da folha de salário, o esgotamento das fontes de financiamento, a ampliação de benefícios e privilégios e as dificuldades provocadas pelo pagamento dos servidores inativos da União com recursos da previdência social.

Sob o título de *imprecisão conceitual*, o relatório faz considerações sobre a incorporação, pela seguridade, das políticas de previdência, saúde e assistência social, para afirmar que esse procedimento acarretou implicações financeiras no orçamento da previdência. É que, sendo os recursos da previdência de natureza contributiva e os das demais políticas de natureza distributiva, a crise econômica reduz a arrecadação e a União deixa de repassar as dotações para as áreas da saúde e da assistência que terminam sendo custeadas com os recursos orçamentários da previdência.

---

16. Conforme *Relatório Final da Comissão Especial para Estudo do Sistema Previdenciário* (BRASIL. Câmara dos Deputados: Brasília, 1992).

Relativamente à excessiva "dependência da folha de salário", o relatório informa que 47% do orçamento da seguridade, em 1992, foi oriundo da folha de salário, o que "torna a seguridade extremamente vulnerável diante das crises econômicas e vítima do excessivo grau de informalização da economia brasileira, bem como da baixa participação dos salários na renda nacional".

Segundo dados do IBGE, relativos ao ano de 1990, são 23 milhões de trabalhadores que possuem carteira assinada e contribuem para a previdência. Desse total, 16,8% recebem salários abaixo de 5 salários-mínimos e a sua participação nas receitas geradas pelos empregados é de somente 38%, ficando os 62% restantes a cargo dos trabalhadores que recebem salários acima de 5 salários-mínimos (Relatório final, 1992, p. 249). Essa arrecadação correspondia, em 1992, a 6,15% do Produto Interno Bruto (PIB). Segundo estudos do Ipea, a sonegação aumentou substancialmente e as estimativas indicam uma evasão correspondente a 41% do montante potencial a ser arrecadado.

Afirma o Relatório que o impacto dos novos benefícios aprovados na Constituição de 1988 e a universalização do acesso produziram uma crise de caixa na previdência, já que o crescimento dos benefícios, no período de 1988 a 1990, foi da ordem de 62%. A Comissão Especial aponta, ainda, a *injustiça da previdência* quando informa que 72% dos benefícios estão na faixa de até 2 salários-mínimos.

Quanto às recomendações, destacamos as reformas de natureza administrativa, que garantam padrões de eficiência na administração da previdência e de mecanismos mais democráticos de controle, com a participação dos trabalhadores, dos empresários e do Congresso Nacional.

Quanto às propostas de mudanças, sugere que a previdência restrinja sua área de abrangência às aposentadorias e pensões, as quais serão custeadas pela folha de salários, ao mesmo tempo em que preconiza a supressão do Finsocial, substituindo-o pelo imposto sobre transações financeiras. Propõe a diminuição das contribuições das empresas e incentiva o sistema complementar, mas defende o limite de dez salários-mínimos, como teto de contribuição e benefício sob o argumento da necessidade atuarial. Defende, também, a extinção da aposentadoria por tempo de serviço, a municipalização da assistência e a descentralização de recursos para a saúde, mediante a criação de tíquetes-saúde ou da obrigação das empresas de financiarem o seguro de saúde para os seus trabalhadores.

O esgotamento das fontes de financiamento, segundo o Relatório, é dado pela conjugação dos seguintes fatores: informalização da economia, evasão de receitas, pequena participação dos salários na renda nacional, reduzida base de cobrança das contribuições, ausência de recursos do Tesouro e substituição dos recursos de origem fiscal pelos previdenciários, para bancar a saúde e a assistência. Essa é a razão, segundo consta do Relatório, por que a *reorganização da previdência* pressupõe: formalização das relações de trabalho e desenvolvimento da economia, como forma de recuperação da folha de salários e separação das fontes de custeio da previdência, saúde e assistência.

Assim, a proposta do Relatório incorpora sugestões que retratam o conjunto das forças presentes naquele fórum de discussão. Merece destaque, em função dos argumentos que vimos trabalhando, o reconhecimento de algumas questões: a crise econômica está organicamente vinculada à situação de crise no sistema de seguridade social; na segunda metade dos anos 80 houve, de fato, ampliação do sistema de proteção social, o qual, sob a crise, se transforma num objeto generalizado de crítica, e as conquistas obtidas passam a ser contestadas e responsabilizadas pela crise da seguridade social. Por outro lado, o Relatório, mesmo reconhecendo a seguridade como um direito, defende a desvinculação da previdência, da saúde e da assistência em virtude da necessidade de separar as suas fontes de custeio. Esse fato favorece o conjunto de propostas que defende a separação da assistência social, considerada uma política distributiva, da saúde e da previdência, o que permite uma maior participação do capital privado nessas duas áreas.

Dessa forma, estão consubstanciadas, no chamado *Relatório Antônio Britto*, as principais questões da seguridade social, as quais deram origem às propostas de reforma apresentadas por ocasião da tentativa de revisão constitucional, em 1994 e 1995.

Já dissemos que as mudanças no sistema de seguridade social brasileiro fazem parte da agenda das reformas de cunho neoliberal, compondo o conjunto das medidas de enfrentamento da crise econômica. Discorremos, ainda, sobre o fato de que essas mudanças vêm sendo tecidas *molecularmente*, na esteira das tentativas da burguesia de reestruturar as bases da sua hegemonia. Com essa problematização, construímos a hipótese de que *as tendências da seguridade social brasileira, a partir dos anos 80, expressam o movimento de formação de uma cultura política da crise, que é marcada pelo pensamento privatista e pela constituição do cidadão-consumidor*.

Guiadas por essa hipótese, fomos trabalhando a dinâmica do processo social e identificamos outros elementos que ampliaram essa formulação. O principal deles diz respeito à conceituação dessas mudanças como parte das medidas de *contratendência*, em que se incluem a reestruturação produtiva, os mecanismos de desvalorização da força de trabalho e o redirecionamento da intervenção do Estado. Seguindo essa tematização, observamos que, a partir de 1989, há paulatinamente um deslocamento de natureza ideológica na ofensiva do capital e na posição dos trabalhadores que passam a privilegiar a conjuntura de crise econômica, em detrimento do embate em torno de projetos societais. Aí reside, objetivamente, o campo da formação da cultura política da crise que, sob a direção da burguesia, pode desqualificar as demandas dos trabalhadores como exigências de classe, imprimindo-lhes uma natureza genérica e indiferenciada.

Ora, esse deslocamento tem significações e repercussões absolutamente distintas para o capital e para os trabalhadores. Para o grande capital, demarca o momento a partir do qual é possível imprimir uma nova direção às relações entre sociedade, Estado e mercado, sob a alegação de reformas e ajustes à nova dinâmica do capitalismo mundial. Fundamentadas no pensamento neoliberal, essas reformas exprimem o pensamento da burguesia a respeito dos rumos do capitalismo brasileiro e são o núcleo temático da cultura política da crise.

Para os trabalhadores, esse deslocamento — provocado essencialmente pelos impactos da crise econômica nas suas condições de vida e de trabalho e na fragmentação de seus modos e formas de organização — redireciona o conteúdo das suas reivindicações para o campo das ideologias práticas, marcadas pelas suas necessidades imediatas. Nesse sentido, os trabalhadores terminam por reduzir as suas propostas ao campo da preservação das conquistas ou, tão-somente, das possibilidades postas pela conjuntura da crise.

Assim, antes mesmo de descrevermos as propostas do grande capital e dos trabalhadores, indicaremos os paradigmas gerais sob os quais ela vem sendo tecida. Seu eixo fundamental é o desenvolvimento do processo de privatização em sincronia com a assistencialização da seguridade social.

Para imprimir essa tendência, estão em disputa duas posições básicas:

a. a preservação da concepção de seguridade social conforme postulada na Constituição de 1988, marcada pelo reconhecimento de que a proteção social é mediada pela ação do Estado, como um direito social que garanta a universalização do acesso. Essa posição alinha-se com as propostas dos trabalhadores representados pela CUT;

b. o desmantelamento da seguridade social pública, por meio da separação das políticas de previdência, saúde e assistência, que passam a ser agenciadas pelo mercado, reguladas pelo Estado e tornadas objeto do consumo mercantil de parte dos trabalhadores assalariados e de assistência social para *os pobres*. Ancorados nessa posição estão os representantes do grande capital.

Essas propostas são, exatamente, o objeto da nossa análise neste próximo item em que apresentamos as propostas dos representantes do grande capital, elaboradas pela Fiesp, Febraban e pelo Instituto Liberal do Rio de Janeiro, este último constituindo-se num instituto de pesquisa responsável pela formulação e socialização das propostas neoliberais junto ao empresariado brasileiro. Em seguida, descreveremos as propostas dos organismos financeiros internacionais, expostas pelo FMI, Banco Mundial e BID, e apresentaremos o pensamento dos trabalhadores vinculados à CUT e à Força Sindical.[17]

Além dessas fontes, trabalhamos com o Anuário Estatístico da Previdência Social e com os boletins mensais da Abrapp e da previdência social. As propostas dos organismos financeiros internacionais foram pesquisadas tanto nos relatórios do Banco Mundial, de 1990 e 1991, como nas publicações do Ministério da Previdência. Além destes, para pesquisar as propostas dos trabalhadores

---

17. Utilizamos, como material empírico, os documentos disponíveis no Centro de Documentação e Informação da Câmara dos Deputados, especialmente o Relatório Final da Comissão Especial sobre a Previdência Social com todos os seus anexos, que totalizam mais de 200 documentos produzidos pelos mais diversos segmentos da sociedade. Além disso, utilizamos as publicações do Ministério da Previdência, especialmente a coleção *A Previdência Social e a revisão constitucional*, v. I a IV.

utilizamos os documentos (de circulação interna) da Secretaria de Política Social da CUT, em que se incluem atas de reuniões, deliberações de encontros, relatórios, boletins e jornais. Também tivemos acesso à proposta *Força Sindical* encaminhada ao Congresso, por ocasião do Relatório Antônio Britto.

4. AS PROPOSTAS DO GRANDE CAPITAL

4.1 O pensamento da Fiesp

Considerada uma instituição das mais representativas do empresariado industrial brasileiro, a Fiesp tem uma proposta para a seguridade social, elaborada pelo seu departamento de economia. O pensamento dominante da Fiesp, segundo afirma seu ex-presidente, Mário Amato, é o de que "A privatização da previdência é uma necessidade evidente" (Amato, 1992). E complementa: "os fundos de pensão abertos, administrados por Bancos e Seguradoras, somados aos fechados, criados pelas empresas para beneficiar seus empregados, já salvam da penúria mais de 2,5 milhões de trabalhadores brasileiros [...] além do que o patrimônio destes fundos representa uma soma respeitável que é colocada à disposição da economia do país". Argumenta ainda que "as contribuições previdenciárias são as responsáveis pelo crescimento do setor informal e defende que é necessário acabar a aposentadoria por tempo de serviço porque ela é injusta e só atende uma minoria" (Discurso de Mário Amato, no Simpósio sobre previdência do Instituto Roberto Simonsen, em fevereiro de 1992).

É dentro desse espírito privatista e com o interesse de deslocar a questão da seguridade para o âmbito da política fiscal e tributária que a Fiesp elabora o seu projeto. Tendo por princípios a defesa da

CULTURA DA CRISE E SEGURIDADE SOCIAL

desregulamentação estatal, a supressão das contribuições patronais, a necessidade de melhorar a competitividade da produção nacional e de privatizar o sistema previdenciário e de saúde, os empresários propõem um sistema compatível com uma economia aberta.

Para tanto, defendem a realização de uma reforma tributária que reduza o atual sistema tributário a cinco impostos: quatro, com finalidades de arrecadação, e um, com fim regulatório e que custearia a seguridade social. Para a Fiesp, a seguridade social passa a fazer parte de uma *rede de proteção social ao cidadão*, com o objetivo de prover uma renda mínima por toda a vida, saúde e educação básica para a população. "A forma de prover esses recursos, descentralizando-os no cidadão, tem o objetivo de aumentar a eficácia dos gastos sociais e de ampliar a consciência da cidadania pela modificação da relação do cidadão com o Estado, no que diz respeito a esses serviços básicos" (Departamento de economia da Fiesp, 1991).

Propõem que a *rede de proteção social ao cidadão* tenha o mínimo de interferência governamental em suas atividades-fins, restringindo-se o Estado à arrecadação dos recursos tributários, à fiscalização e à distribuição de tíquetes de serviços básicos a serem prestados competitivamente pelo setor privado e pelo setor público.

Segundo a proposta da Fiesp, a *rede de proteção social* seria composta pela previdência social, definida como um seguro social básico, e pela assistência social. Esta última, sob a forma de auxílio-emprego, assistência aos incapacitados e seguro-desemprego. Comportam ainda o sistema, o seguro contra acidentes do trabalho, a saúde e a educação básica.

A previdência, por sua vez, seria responsável pelas aposentadorias por idade ou invalidez, até o limite de 3 VRS (Valor de Referência de Seguridade), além dos auxílios maternidade, natalidade e funeral. O custeio da previdência seria *de exclusiva responsabilidade dos trabalhadores*, sob contribuição compulsória no montante de 10% do salário de contribuição, cujo limite superior é de 3 VRS, em conta individualizada. Além dessa contribuição compulsória e para custear o passivo da previdência, o trabalhador faria ainda uma contribuição solidária de 10% sobre o total dos seus rendimentos, à qual seria adicionada a contribuição daqueles que se habilitassem ao novo sistema.

Em contrapartida, as empresas não fariam contribuição para a previdência, mas repassariam para o salário do trabalhador o montante que, no atual sistema, vem sendo recolhido à previdência. A receita prevista é de US$ 24,6 bilhões anuais, equivalente a 6% do PIB. Propõem também a previdência complementar para aqueles que ganham acima de 3 salários-mínimos, de natureza pública ou privada, regulada e fiscalizada pelo Estado.

Quanto à assistência social, a ser custeada integralmente com recursos da União, a proposta prevê duas modalidades. A primeira, denominada auxílio-emprego, consiste no pagamento de 0,5 VRS e mais uma refeição diária aos trabalhadores há mais de seis meses sem emprego, os quais dariam, em troca, seis horas diárias de trabalho em instituições públicas. A segunda, consiste na doação de um tíquete, no valor de 1 VRS aos incapacitados e aos idosos — uma população de, aproximadamente, 2 milhões de pessoas. Tais benefícios corresponderiam a um montante equivalente a 0,9% do PIB, sendo 0,2% para a primeira modalidade e 0,7% para a segunda. O fundo-desemprego, cuja administração será da competência das seguradoras privadas, tem como fontes de financiamento os recursos do PIS e do Pasep, afora uma contribuição obrigatória da parte do beneficiário, cujo valor será por ele atribuído. O seguro de acidente de trabalho e as doenças profissionais são de exclusiva responsabilidade dos trabalhadores, ficando a cargo das empresas apenas a formalização do contrato com as seguradoras privadas.

No setor de saúde, a proposta é de que "cada pessoa tenha direito a um cheque-saúde, o qual será repassado à instituição mantenedora de saúde, de sua escolha. O cheque tem valor variável, dependendo da idade do usuário, mas o teto é de US$ 50 (cinquenta dólares) por ano, podendo também ser utilizado como pagamento de planos de assistência médica. Entretanto, as doenças epidêmicas e infectocontagiosas serão tratadas como riscos e cobertas com recursos da União, equivalentes a 0,2% do PIB".

Os argumentos das propostas são assim elencados: "a proposta apresentada tem como objetivo melhorar a competitividade das empresas e criar mecanismos institucionais que melhorem o relacionamento do Estado com o cidadão, promovendo mudanças positivas de atitude do contribuinte, redução dos custos operacionais e aumento de aproximadamente 44% nos salários, devido à incorporação do repasse equivalente aos encargos sociais, redundando em aumento de 25% no salário líquido dos trabalhadores, depois de descontadas as suas contribuições sociais".

E continua: "A redução dos encargos sociais deve promover o aumento real dos salários diretos dos trabalhadores, estimular o emprego e reduzir os estímulos à informalidade no mercado de trabalho". Além disso, o crescimento dos fundos de previdência complementar deverá ser uma importante fonte de recursos de aplicação nos investimentos produtivos.

Por fim, argumenta que "a transparência do imposto deve fortalecer a cidadania: todos os indivíduos adquirem a consciência de que são contribuintes. Esta consciência caminharia em duas direções: no controle do Estado, pelo fato de os contribuintes se sentirem *patrões do servidor público*, e na transformação deles em principais *fiscais de arrecadação dos impostos e das ações do Estado*".

4.2 O pensamento da Febraban

A Federação Brasileira de Associações de Bancos é o órgão mais representativo dos banqueiros no país (Minella, 1988) e tem participado das discussões sobre a seguridade social de forma bastante pragmática. No geral, sua preocupação se concentra no equilíbrio entre as receitas e as despesas do orçamento da seguridade, mas é especificamente sobre a previdência social[18] que essa entidade expõe sua posição.

Sua proposta contempla dois programas: a previdência básica, considerada assistencial-distributiva, e a previdência complementar, considerada privada e aberta. A primeira, administrada pelo Estado, e a segunda, pelas instituições financeiras privadas.

A previdência básica garantiria renda mínima a todos os contribuintes, mesmo àqueles cujas contribuições tenham sido insuficientes para assegurar o benefício básico, cujo teto foi estipulado em até 2 salários-mínimos, sendo os recursos administrados sob o regime de repartição simples. Seu financiamento seria feito por meio de contribuições das empresas e dos trabalhadores, que incidiriam sobre aquele teto, afora o aporte de contribuições adicionais a cargo do Estado. Entretanto, os riscos cobertos restringem-se a velhice, invalidez e morte, os quais serão custeados com contribuições dos empregados e empregadores. Os trabalhadores participariam com 11% e os empresários com 11%, perfazendo o total de 22%, sendo 10% para aposentadoria por idade, 3% para o seguro-invalidez ou morte, 2% para o seguro-acidente de trabalho e 7% para assistência médica e auxílio-doença.

Desse modo, a proposta dos banqueiros incorpora a concepção de previdência como um seguro social de natureza contributiva, filosofia esta extensiva aos riscos sociais, posto que define os percentuais de contribuição para cada tipo de seguro. Defende "que a parte assistencial deve ser financiada pela sociedade como um todo" (Marques e Médice, 1993, p. 42).

---

18. Trata-se da proposta apresentada pela Febraban à Comissão Especial do Sistema de Previdência da Câmara. O citado projeto da Febraban é apresentado por Macedo (1993, p. 57-61) e Marques e Médice (1993, p. 41-43).

CULTURA DA CRISE E SEGURIDADE SOCIAL

Quanto ao regime de previdência complementar privado, de interesse específico dos bancos, a Febraban propõe que o valor das aposentadorias e pensões seja definido com base no montante acumulado nas contas de capitalização. A estrutura de contribuições também deverá pressupor taxas distintas, em função das contingências sociais, sendo o percentual total idêntico ao definido para a previdência básica, ou seja, 22%, e poderá, ou não, ser repartido entre os segurados e os empresários, sendo que esse percentual incidiria sobre a parcela de rendimentos superiores a dois salários-mínimos, até um teto máximo de 35 salários-mínimos.

4.3 O pensamento do Instituto Liberal

O Instituto Liberal do Rio de Janeiro é uma instituição de consultoria, estudos e pesquisas dos empresários e reúne nos seus quadros um dos mais expressivos *intelectuais orgânicos da burguesia*: o ex-ministro Roberto Campos. O projeto[19] apresentado pelo Instituto contém uma retrospectiva histórica da seguridade social no Brasil e na Europa. Essa digressão certamente responde pela afirmação de que "graças a uma concepção distorcida do Estado, os sistemas de seguridade social que eram de livre-iniciativa dos trabalhadores e do patronato, passam a ser universais sob o comando do Estado" (1991, p. 2).

Quanto ao sistema de seguridade social brasileiro, o referido órgão desenvolve um conjunto de críticas quanto ao financiamento do sistema, ao papel econômico da seguridade, à regulação

---

19. O projeto do Instituto Liberal, *Previdência social no Brasil*: uma proposta de reforma (Rio de Janeiro, 1991), foi apresentado na Comissão Especial da Câmara dos Deputados, Brasília, em 1992.

estatal do mercado de trabalho e à universalização do sistema estabelecido na Constituição de 1988.

Relativamente ao financiamento do sistema, critica a repartição simples — transferência de recursos financeiros diretamente das fontes para os pagamentos correntes dos proventos dos inativos — e defende o regime de capitalização, sob o seguinte argumento: "no regime de capitalização, os recursos são transferidos das fontes para um fundo financeiro, no qual são acumulados. Os recursos do fundo são aplicados nos mercados financeiros e de bens reais, sendo o resultado das aplicações utilizado para financiar o pagamento de benefícios aos inativos" (1991, p. 39). À parte isso, apresenta outros argumentos ligados à mudança do regime de repartição para o de capitalização: "Há dois argumentos favoráveis ao regime de capitalização. Do ponto de vista dos contribuintes, porque eles obterão o que for efetivamente acumulado em suas contas, aumentando o grau de certeza quanto a ganhos futuros e eliminando distorções na distribuição intergerações; do ponto de vista da sociedade, porque quando o sistema de previdência se inicia, o regime de capitalização permite a constituição de grandes fundos financeiros, com obrigações a longo prazo e com grau bastante alto de previsibilidade, dando lugar a uma fonte segura e poderosa de aplicações a longo prazo" (1991, p. 6).

No que se refere ao papel econômico da seguridade, é essencial a conjugação das aplicações na economia produtiva e no mercado secundário, de forma a garantir um ambiente propício ao desenvolvimento da economia do país e à formação da poupança nacional.

À regulação estatal do mercado de trabalho e à universalização do acesso aos benefícios sociais são atribuídas as deficiências da previdência social. Há, igualmente, críticas contundentes à existência do salário-mínimo, às *reivindicações corporativas* dos sindicatos sobre piso salarial, à jornada de trabalho e à reserva de merca-

CULTURA DA CRISE E SEGURIDADE SOCIAL

do profissional, fatores esses que impediriam o papel regulador que tem a economia de mercado.

Defendendo essa regulação do mercado, sugere que a melhor proteção ao trabalhador é o crescimento econômico e não a ampliação de benefícios sociais, como os que foram *generosamente consignados* na Constituição de 1988. Sugere que "uma vez constatada a inviabilidade financeira de se sustentar um sistema previdenciário como definido na Constituição de 1988, precisamos delinear uma política que permita a substituição daquele sistema por um outro melhor. Melhor no sentido econômico, isto é, um sistema previdenciário que promova a eficiência econômica. Melhor no sentido social, isto é, um sistema que preserve a individualidade de seus participantes, retornando-lhes, sob forma de benefícios aquilo que a sociedade, através do mercado, avalia como sua poupança acumulada no passado" (1991, p. 30).

Na definição operacional da proposta, o paradigma adotado é o do modelo chileno de previdência. Esse modelo é integralmente privado, privilegia a liberdade individual e confere ao Estado apenas uma função assistencial, além de fortalecer o sistema de mercado e, com isso, produzir um forte impacto no mercado de capitais.

Mais que isso, argumenta que o caráter *universal* da seguridade deve residir na ausência de benefícios diferenciados e aduz o seguinte: "um sistema de previdência deve ser universal, tratando a todos igualmente, sem que sejam garantidos a qualquer categoria funcional, como ocorre no atual sistema, privilégios especiais" (1991, p. 38). Em consequência, a natureza insalubre do trabalho não habilita o trabalhador para aposentadorias especiais; o princípio é o de que "o próprio mercado dê um tratamento especial, na medida em que as atividades insalubres ou de risco são objeto de remuneração mais elevada" (1991, p. 38). Até porque, "num sistema de capitalização, em que a contribuição é proporcional ao salário, o trabalhador que tem este tipo de trabalho teve condições de fazer uma poupança compatível com seus rendimentos" (1991, p. 38). Essa é a razão por que o Instituto defende "uma revisão na CLT para que o mercado de trabalho, funcionando mais livremente, incorpore, face ao novo sistema previdenciário, o diferencial de salário adequado para atrair trabalhadores para tais atividades" (1991, p. 38).

Quanto aos benefícios oferecidos, identificamos na proposta o seguinte modelo: aposentadoria por idade e um seguro por invalidez ou morte que se transforma em pensão para os herdeiros. O benefício depende do valor acumulado pelo fundo previdenciário, que subsiste mediante contribuição exclusiva dos trabalhadores na base de 10,5% do seu rendimento. O teto dos benefícios depende dos rendimentos do fundo, cuja expectativa é a de atingir 70% da renda do trabalhador na ativa. A função assistencial é restrita àqueles que não conseguirem acumular poupança suficiente que lhes garanta uma renda mínima na aposentadoria. Nesse caso, "exatamente para amparar tais situações, a proposta contempla a participação do Estado de forma complementar" (1991, p. 38).

O sistema é compulsório, sob a alegação de que "o sustento dos idosos poderia induzir pessoas a não se preocuparem, durante a vida laboral, com a sua manutenção na velhice. A compulsoriedade da participação no sistema previdenciário elimina, portanto, a estratégia individual de se obter benefícios sem o correspondente esforço de poupança" (1991, p. 38). Além das contribuições específicas da previdência, a proposta postula a contribuição de 2,5% para o seguro-invalidez ou de morte e de 4% para o custeio dos programas de saúde, perfazendo o total de 17%, que é a contribuição incidente sobre o salário.

Em defesa da supressão das contribuições patronais, o Instituto sugere a transferência, para o salário dos trabalhadores, do percentual de 15,75% do valor das contribuições atualmente pagas pelos empresários. Note-se que, no regime atual, a contribuição patronal atinge o percentual de 25,7% sobre a folha de salários. Neste caso, os 10% remanescentes representariam uma redução dos custos da mão de obra, o que, segundo a proposta daquele órgão, aumenta o nível de emprego. Quanto ao repasse das contribuições para os salários dos trabalhadores, enfatiza que o seu impacto nos salários reais seria da ordem de 5,3%. Por fim, propõe a transformação do FGTS em seguro-desemprego.

5. AS PROPOSTAS DOS ORGANISMOS INTERNACIONAIS

5.1 Fundo Monetário Internacional, Banco Mundial e Banco Interamericano de Desenvolvimento

A proposta formal apresentada pelo FMI[20] é ampla e contém, no seu conjunto, prescrições para a contenção do déficit público, recomendações relativas às *reformas estruturais* e aos acordos de pagamento da dívida externa brasileira.

Em linhas gerais, o FMI não altera os princípios da seguridade social estabelecidos na Constituição de 1988, mas, a exemplo das demais propostas dos setores vinculados ao grande capital, propõe a separação das fontes de custeio, desvinculando a previdência, da saúde e da assistência, procedimento este que amplia significativamente as oportunidades para o setor privado lucrativo, na esfera da saúde e da previdência.

---

20. Além da proposta *Brasil*: opções para a reforma da seguridade social (Fundo Monetário Internacional, 1992 [Mimeo.]) apresentada à Comissão Especial da Câmara, utilizamos, na pesquisa, síntese elaborada por Macedo (1993), bem como detalhamento e apreciação de autoria de Marques e Médice (1993).

Em relação à previdência, sugere que o seu custeio se faça pela folha de salário, com uma alíquota de 15% para trabalhadores e empregadores. As áreas da saúde e da assistência social seriam custeadas com recursos dos estados e municípios. A proposta contempla dois regimes: um geral e básico, de natureza pública e obrigatória; e um complementar, de natureza facultativa. O primeiro daria cobertura até o teto de cinco salários-mínimos, equivalente a, no máximo, 60% da renda do trabalhador na ativa. Propõe que os benefícios acidentários passem a obedecer às mesmas regras dos demais benefícios da previdência, sem a exigência de uma contribuição patronal específica dos empresários.

Prevê, ainda, a concessão de um salário-mínimo ou de uma cesta básica para os idosos, mas considera inadequado estender esse benefício aos carentes, ou seja, àqueles que não são contribuintes do sistema previdenciário. O segundo, de natureza complementar e voluntária, seria composto pelos fundos de seguros privados, com fins lucrativos (Macedo, 1993, p. 65).

Segundo comentário de Marques e Médice, "além da redução substantiva da contribuição das empresas (e do aumento da dos segurados), a proposta prevê a extinção da contribuição sobre o faturamento das empresas, do PIS/Pasep e do Finsocial. A perda desses recursos seria compensada por receitas fiscais incidentes sobre o consumo e a renda da pessoa jurídica" (1993, p. 47).

Ao lado da proposta do FMI, incluímos o Relatório elaborado pelo Banco Mundial (*Relatório sobre o desenvolvimento mundial*, 1990),[21] que, a exemplo do Fundo Monetário, é uma agência especializada que trabalha mediante acordos com o Conselho Econômico e Social da Organização das Nações Unidas (ONU), compondo o conjunto de organismos que partilham das delibe-

---

21. Os dados acerca da proposta do Banco Mundial foram pesquisados nos Relatórios de 1990 e 1991, e encaminhados ao Conselho Econômico e Social da ONU.

rações emanadas do *Consenso de Washington*, embora cada um possua as suas especificidades. Diferentemente do FMI, o Banco Mundial não tem uma proposta específica para a seguridade social brasileira. Entretanto, a sua concepção, a respeito das políticas voltadas para a pobreza, parece ter uma interferência significativa nos rumos da seguridade nos países periféricos, razão por que cuidamos de expor os traços gerais da filosofia adotada pelo Banco.

O Relatório de 1990 trata, especificamente, da redução da pobreza no mundo, anunciando que, "para os pobres desses países, os anos 80 foram uma década perdida". Afirma o Relatório que a estratégia adotada pelo Banco Mundial, para enfrentar essa situação, é formada por dois elementos: *a busca de um modelo de crescimento que garanta o uso produtivo do trabalho dos pobres e o provimento amplo de serviços sociais básicos aos pobres, sobretudo de educação, assistência médica básica e planejamento familiar.*

O primeiro componente cria oportunidades e o segundo capacita o pobre a usufruir dessas oportunidades. Para tanto, é necessário incentivar o mercado, fortalecer as instituições, criar obras de infraestrutura e melhorar a tecnologia. Mas, o Banco Mundial alerta que essa estratégia "precisa ser complementada por transferências bem seletivas para ajudar os que não se beneficiam dessas políticas e por esquemas de segurança para proteger os que se acham expostos a choques" (1990, p. III).

A política interna de cada país é fundamental para a redução da pobreza, segundo consta do Relatório. Entretanto, faz-se necessária a assistência internacional no sentido de apoiar as ações sociais empreendidas pelos países periféricos, pois que "um aumento puro e simples de recursos não resolverá o problema. Sua concessão deve estar mais estreitamente vinculada ao comprometimento de cada país em adotar programas de desenvolvimento que visem à redução da pobreza" (1990, p. IV).

De forma mais incisiva, o Relatório aponta o fato de que "ao longo dos anos 80, vários países em desenvolvimento se viram a braços com crises macroeconômicas, o que trouxe à baila uma preocupação básica: a necessidade de se formular políticas de ajuste que dessem a devida importância às necessidades dos pobres". Reconhece, entretanto, que "foi inevitável um período de ajuste macroeconômico penoso em muitos países em desenvolvimento". Razão pela qual, concebe que, "a prazo mais longo, a estratégia de dois elementos mostra perfeita coerência com a reestruturação econômica ligada ao ajuste" (1990, p. 3).

À luz dessa perspectiva, o Banco Mundial propõe o desenvolvimento de uma política de *transição* para compensar as dificuldades sociais provocadas pelo ajuste global das economias periféricas. Assim, afirma que, "através de uma combinação criteriosa de políticas macroeconômicas [...] e de medidas que atenuem o declínio do consumo privado [...], é possível redirecionar a despesa pública em favor dos pobres mesmo dentro de um contexto geral de disciplina fiscal [...], definindo também com mais precisão as clientelas-alvo das transferências" (1990, p. 3).

Sobre a definição das políticas sociais, propõe claramente um sistema de "compensações entre pobres e não pobres: não se trata de uma compensação entre crescimento e redução da pobreza. No entanto o crescimento faz com que se destine aos pobres uma parcela maior de renda e da despesa pública, e por isto a principal compensação, sobretudo a curto prazo, se dá entre os interesses dos pobres e dos que não são pobres" (1990, p. 4).

Por isso, apresenta sua principal diretriz: aumentar as despesas públicas em programas específicos para os pobres. Entretanto, dadas as limitações orçamentárias do Estado, o desenvolvimento dessa meta só pode ser viabilizado com a participação das ONGs, ou mediante a autosseleção, via programas muito específicos e que atenderiam às necessidades dos pobres, como é o caso de "programas de trabalho público" (equivalente às frentes de trabalho no Nordeste, em época de secas).

Outra alternativa seria a ajuda externa ajustada à estratégia proposta pelo Banco. A eficiência dessa ajuda poderia ser preservada se ela fosse destinada, exclusivamente, aos programas de assistência a grupos mais vulneráveis. Para tanto, prevê que "se a economia dos países industrializados crescer 3% ao ano e este aumento incidir nos fluxos de assistência para os países em desenvolvimento, sempre que os países em desenvolvimento estiverem empenhados em reduzir a pobreza, a resposta dos países industrializados deveria traduzir-se em mais assistência" (1990, p. 5).

Na avaliação do Banco Mundial, a questão da pobreza nos países periféricos depende, intimamente, do movimento do capital nos países desenvolvidos, já que "Do mesmo modo que a conjuntura externa dos últimos anos explica em parte o desempenho decepcionante de muitos países em desenvolvimento, também o panorama econômico descreve os alicerces sobre os quais deverão se assentar os esforços futuros de combate à pobreza" (1990, p. 7).

Baseado numa reavaliação das estratégias adotadas para lidar com a crise da dívida externa nos países periféricos, o Relatório afirma que, desde 1989, o Plano Brady "reconhece a necessidade de redução da dívida e da participação plena tanto de agências oficiais como de credores privados", na mudança das estratégias adotadas até então para o pagamento da dívida externa destes países (1990, p. 11).

Discorrendo, ainda, sobre a conjuntura dos anos 80, acentua que o choque nas taxas de juros e nas relações de troca reduziu a renda real da maioria dos países em desenvolvimento. "O ajuste exigiu cortes nos gastos públicos e no consumo. Os países que dependiam, sobretudo, das exportações de produtos primários ou estavam muito sobrecarregados com dívidas se viram obrigados a efetuar cortes ainda mais profundos" (1990, p. 11).

"Os surtos periódicos de inflação alta que assolaram a América Latina têm ligação com a base tributária, a estrutura social e a política interna. Uma inflação acentuada desmantela a economia e agrava as crises econômicas de várias maneiras: mina a confiança nacional, reduz o investimento, provoca fuga de capital e frequentemente conduz à má alocação de divisas escassas [...]. O resultado é uma economia que não reage a medidas de ajuste" (1990, p. 12).

"Para os países que entraram na década de 80 com problemas estruturais, aumentar o crescimento a longo prazo exigiu medidas de ajuste direcionadas para a reforma institucional e a realocação de recursos. Ao contrário das medidas de estabilização, que quase sempre giram em torno de ajuste rápido e decisivo, a reestruturação da economia também exige planejamento de longo prazo. O regime comercial, o setor financeiro e a estrutura normativa interna são vitais para isso" (1990, p. 12).

Para os anos 90, a avaliação do relatório é otimista. As premissas são de que "os países em desenvolvimento deverão crescer, em média, 5,1% ao ano, em comparação com os 4,3% dos anos 80. Esse raciocínio reflete a convicção de que, pelo fim da década, a combinação de melhoria nas políticas internas com maior assistência externa fará o crescimento pouco a pouco se aproximar novamente de seu potencial a longo prazo" (1990, p. 17).

As diretrizes das políticas, estabelecidas para os anos 90, são as seguintes:

1. estímulo ao desenvolvimento rural e ao emprego urbano em base ampla, aumentando o retorno da produção dos pequenos agricultores e do trabalho assalariado;
2. acesso à terra, ao crédito, a obras de infraestrutura e aos insumos produtivos.

Quanto à relação entre emprego e previdência, especificamente, afirma que as políticas de mercado de trabalho — salário-mínimo, regulamentação sobre segurança no trabalho e seguridade social — visam, geralmente, aumentar o bem-estar ou reduzir a exploração. Mas, na realidade, elas redundam no aumento do custo da mão de obra no setor formal e reduzem a demanda de mão de obra. "Na maioria dos países em desenvolvimento o setor informal desempenha um papel proeminente na geração de emprego e de rendas" (1990, p. 65), razão pela qual o Banco Mundial defende a expansão do setor informal, quando diz que é necessário "eliminar distorções em favor de grandes empresas, fazer uma regulamentação simplificada, aliada à provisão da infraestrutura urbana apropriada, é o melhor caminho para facilitar o crescimento do setor informal" (1990, p. 66).

No final da década, todas as agências internacionais tinham consciência da repercussão dos efeitos sociais decorrentes dos ajustes, razão por que agora todos os programas de ajuste, financiados pelo Banco Mundial, têm que ser examinados à luz desse procedimento. Isto é, adotar, sem demora, políticas fundamentais que visem criar condições para o crescimento futuro, e, ao mesmo tempo, adotar políticas macroeconômicas que moderem a queda do consumo privado durante o período de transição.

Articulada com a estratégia geral de atuação dos organismos internacionais, o BID, que é uma agência regional financiadora de projetos para os Estados-membro da ONU, tem uma proposta para a seguridade social na América Latina.

O diagnóstico do BID sobre a seguridade social é o de que: "A situação de endividamento externo e a crise econômica por que passou a maioria dos países da América Latina na década de 80 refletiu numa diminuição das contribuições do Estado e dos empregadores para os sistemas de seguridade social, em virtude de diversos fatores, entre os quais se destacam a contração dos salários-mínimos reais urbanos, o incremento do desemprego aberto, o crescimento do setor informal, a aceleração do processo inflacionário e os atrasos nas contribuições do Estado" (1991, p. 185). Afirma, ainda, que "a diminuição do salário real da população deu origem a um aumento da demanda dos sistemas de seguridade social, resultante do deslocamento de usuários que normalmente utilizavam serviços privados. Isso deu ensejo ao incremento de serviços que o sistema de seguridade social tem de prestar, aumentando consequentemente os respectivos custos em virtude das modalidades predominantes de atenção" (1991, p. 185). Esse fato provocou o crescimento do déficit do orçamento da seguridade e a solução foi o aumento da contribuição dos empregados e empregadores, com repercussões negativas no campo do emprego. As dificuldades para a concessão de seguridade social aos trabalhadores do setor informal é um fato na América Latina, sobretudo pelas altas taxas de crescimento demográfico da população e da sua média de vida. É com base nesse diagnóstico que o BID apresenta as linhas gerais de uma reforma da seguridade social para a América Latina, indicando os princípios que devem reger as reformas:

a. precisar o tipo específico de intervenção necessária para edificar uma estrutura que responda harmonicamente à situação econômica, às condições do mercado de trabalho e às condições preexistentes;

b. separar os programas de saúde dos da previdência. Enquanto o primeiro é de caráter universal, o segundo deve atender, prioritariamente, a população de idade avançada e de poucos recursos, por meio de subsídios fiscais, além de apoiar e incentivar outros sistemas que atendam as camadas da população de rendas médias e altas;

c. selecionar setores que podem ser privatizáveis.

Destaca, ainda, o documento do BID que a seguridade social afeta praticamente todos os aspectos socioeconômicos do desenvolvimento: "pode ser um veículo de poupança e investimento ou provocar crescimento do déficit fiscal; seus benefícios podem contribuir para melhorar a produtividade do assalariado, assim como aumentar os custos de produção e reduzir a capacidade competitiva das exportações; o sistema de financiamento atual [...] pode ser um incentivo à substituição de mão de obra por capital, com o consequente impacto negativo sobre o emprego; e a seguridade social pode contribuir para melhorar o padrão de vida e a distribuição da renda, mas também pode exercer efeito regressivo" (1991, p. 189).

Sobre o Brasil, afirma que o país "se inclui entre os países pioneiros no que diz respeito à criação do sistema de seguridade social" e, em seguida, faz a seguinte avaliação: "os custos excessivos com a universalização da cobertura, a generosidade dos benefícios, a liberalidade das condições de qualificação, a maturação do programa de pensões e o envelhecimento da população [...] [deram] origem a desequilíbrios que exigem crescentes subsídios do Estado" (1991, p. 202-203).

Aponta, também, as causas do declínio das receitas: "queda dos salários, aumento do desemprego, informalidade do emprego, inflação e sonegação fiscal". Recomenda que sejam implementadas políticas de transição na esfera da seguridade, com o objetivo de modificar a universalização da cobertura, a generosidade dos benefícios, a liberdade de filiação e o ajustamento do valor das pensões, como forma de restabelecer o equílibrio financeiro do sistema.

Enfatiza que as contribuições patronais devem ser substituídas por um imposto sobre o consumo, já que elas respondem pela expansão do setor informal e do desemprego, além de propor as seguintes medidas: eliminar as aposentadorias antecipadas e por antiguidade e, se inviável politicamente, aumentar o número de anos de serviço exigidos para a jubilação; fixar uma idade mínima para aposentadoria; incrementar a percentagem da substituição salarial de acordo com o número de anos de trabalho; equiparar as idades para a aposentadoria do homem e da mulher; e, por fim, indexar os reajustes dos benefícios com base nas regras de aumento salarial, em vez do reajuste com base no aumento do custo de vida.

Sugere, ainda, a criação de um sistema básico de pensões, com tetos mínimos e máximos, aposentadorias e pensões complementares privadas, sob regime de capitalização, em estreita correspondência com as contribuições dos usuários.

Relativamente às dificuldades políticas das reformas, em função dos grupos organizados e ameaçados com a perda de benefícios, recomenda: "É aconselhável que a reforma seja efetuada somente após uma campanha de educação do público, dos líderes políticos e da burocracia da seguridade social [...]. É necessário mostrar aos segurados a proporção dos benefícios recebidos que efetivamente pagam. Os grupos necessitados terão que ser mobilizados em apoio à reforma [...] e também será necessário fazer ver aos políticos a existência de um grande número de eleitores (a população não coberta) cujo número de votos seria muito maior que o da minoria coberta" (1991, p. 223).

Em relação aos organismos financeiros e de cooperação internacional, o BID propõe que "os empréstimos e outros tipos de assistência financeira geral desses organismos sejam condicionados à implementação das reformas necessárias, que estas organizações coordenem sua assistência à seguridade social e que apoiem os programas de treinamento técnico e de educação pública no tocante ao sistema previdenciário" (1991, p. 224).

Para tanto, "é necessário desenvolver um consenso nacional baseado numa liderança responsável, na conscientização do público, na partilha de sacrifícios e na assistência técnica externa. Se este objetivo for atingido, a região ingressará no século XXI democraticamente mais forte, socialmente mais justa e com um padrão de vida mais alto do que o já alcançado no século que está por terminar".

6. A PROPOSTA DOS TRABALHADORES

6.1 O pensamento da Força Sindical

Tendo como principais lideranças os sindicalistas Luiz Antônio Medeiros e Antônio Rogério Magri, este último, ex-ministro do Trabalho e da Previdência Social no governo de Collor de Mello, a Força Sindical é uma central sindical que representa o chamado sindicalismo de resultados ou de negócios.[22] Antunes resume alguns pontos do ideário político desta central: *o reconhecimento da vitória do capitalismo e da inevitabilidade da lógica do mercado; a limitação e restrição da luta sindical, que se deve ater à busca de melhorias salariais e das condições de trabalho; a desvinculação dos partidos políticos; defesa da redução da intervenção do Estado em favor de uma política privatizante* (1990, p. 42-47). A estratégia política por ela adotada é a de recusar o confronto e procurar sempre extrair resultados imediatos nas suas ações, sem extrapolar o âmbito da negociação entre patrões e empregados.

A proposta da Força Sindical para a seguridade social tornou-se conhecida como *Proposta Magri* e foi apresentada ao Congresso Nacional em 1991.[23] O texto não altera o conceito de seguridade social vigente na Constituição de 1988, mas introduz um conjunto de reformas que modificam significativamente o atual modelo de seguridade social.

Em relação à previdência social, propõe dois planos de benefícios: um básico, geral e compulsório e outro complementar e

---

22. Sobre o assunto, ver Antunes (1990) e Cardoso (1992).

23. A proposta Magri foi encaminhada ao Congresso Nacional durante a gestão do proponente sob a forma de *Propostas de Anteprojetos de Atos Legislativos* (BRASIL. Ministério do Trabalho e da Previdência Social. Brasília, 1991). Naquele período era considerada como a proposta do governo. Contudo, como noticiou a imprensa, a proposta tinha o apoio de Luiz Antônio Medeiros, naquela época, à frente da Força Sindical.

facultativo. No regime básico, teriam acesso todos os trabalhadores contribuintes, cujo benefício estivesse no intervalo de 1 salário mínimo até o teto máximo de 5 salários-mínimos. Desse plano "participariam todos os segurados da Previdência Social atual. Dele estariam excluídos os servidores da União, das autarquias e das fundações públicas federais, os quais teriam um regime próprio" (Marques e Médice, 1993, p. 39). Dos benefícios existentes, seriam excluídos os relativos aos acidentes de trabalho e às enfermidades comuns e profissionais (auxílio-doença). Esse plano seria administrado sob o regime de repartição simples.

Quanto à previdência complementar, sugere que ela pode ser pública ou privada, desde que administrada sob regime de capitalização. "Prevê, ainda, que além da previdência complementar pública e da previdência complementar privada, fechada e aberta, as *federações, os sindicatos e as associações profissionais* podem organizar previdências complementares" (grifo nosso).

O financiamento da seguridade social seria realizado mediante a contribuição de 6% sobre o faturamento, a ser paga pelas empresas. Mas, em compensação, a contribuição dos empregadores sobre a folha de salários seria extinta, como, também, a dos empregados. Além disso, seriam igualmente extintas as atuais contribuições sobre o faturamento (Finsocial e Cofins).

Quanto aos seguros de acidente de trabalho e o das enfermidades comuns e profissionais, eles seriam cobertos pelo plano de "Seguro de Riscos Sociais" (SRS), que seria gerido pelo INSS, por seguradoras privadas ou por entidades fechadas de previdência social. Nesse caso, o seguro de acidente de trabalho seria financiado pelo empregador, com alíquotas diferenciadas, em função do grau de risco das suas atividades, enquanto o seguro-saúde (doenças comuns) contaria com uma participação dos trabalhadores, da ordem de 30% do total das despesas.

CULTURA DA CRISE E SEGURIDADE SOCIAL

A Força Sindical, posteriormente à apresentação da Proposta Magri, encaminhou uma outra proposta à Comissão Especial da Câmara, cujo teor apresenta divergências em relação ao texto do ex-ministro da Previdência.

Em entrevista, o representante da entidade, Luiz Antônio Medeiros, definiu o pensamento da central sindical: "A previdência social básica deve ser pública e universal, mas restrita a faixas de renda mais baixas e no modelo de repartição simples, mas só deverá aumentar a base de cálculo daqueles que efetivamente contribuem. A previdência privada complementar fechada — os fundos de pensão — não deve ter interferência do governo na sua administração, mas sim das empresas, dos empregados e dos sindicatos. Este sistema garante aposentadoria digna, justiça previdenciária e economia para o Estado e para o contribuinte, que *não vai continuar financiando benefícios de quem não contribui*. Essa previdência complementar é uma forma de cooperação entre capital/ trabalho" (Abrapp. *Jornal dos Fundos de Pensão*, São Paulo, nov. 1993; grifo nosso).

O projeto específico da Força Sindical defende a manutenção da seguridade nos termos da Constituição de 1988, mas, diferentemente da Proposta Magri, sugere a separação das fontes de custeio para a saúde, a previdência e a assistência. A primeira seria custeada com contribuições específicas e as demais seriam financiadas com recursos da União, dos estados e dos municípios.

6.2 O pensamento da CUT

Os trabalhadores organizados em torno do sindicalismo autônomo e da CUT, como já anunciado nos primeiros itens deste capítulo, não chegaram a apresentar uma proposta detalhada para a seguridade social, seja por ocasião da Assembleia Nacional Constituinte, seja quando das atividades da Comissão Especial da Câmara dos Deputados. Esse fato não impediu que a CUT, articulada com os partidos políticos de esquerda, defendesse, já em 1987, alguns princípios fundamentais, dentre eles a concepção de seguridade social como um conjunto de ações articuladas nas áreas da saúde, da previdência e da assistência social; a universalização dos benefícios; a criação do orçamento da seguridade, a fixação do valor do benefício mínimo; e a defesa inflexível da participação dos trabalhadores na gestão do sistema.

Esses princípios, em igual medida, defendidos pelo Partido dos Trabalhadores, constituíram-se num verdadeiro paradigma para o movimento sindical *cutista* exercer uma atitude de crítica e vigilância sobre o processo de implementação das medidas inseridas na Constituição de 1988.

Note-se, por exemplo, que a bancada do PT na Câmara dos Deputados, já em 1991, quando da votação do Plano de Custeio da Previdência, foi a única a votar contra esse projeto por entender que ele incorria em distorções e inconstitucionalidades.[24]

Também por ocasião dos trabalhos da Comissão Especial da Câmara, a liderança do PT emitiu um documento dirigido àquela comissão com o objetivo de "demarcar de forma clara e inequívoca a posição do Partido dos Trabalhadores, haja vista o grande interesse de transformar o Relatório Britto em um consenso dentro do Congresso Nacional".[25] O documento pontua, em seguida, as posições do PT sobre as questões expostas no Relatório: imprecisão conceitual, crise estrutural e conjuntural, financiamento, vinculação

---

24. A exposição de motivos desse posicionamento está expressa em *Nota da bancada do PT*, divulgada em julho de 1991 (Brasil, Câmara dos Deputados, 1992).

25. Conforme documento da liderança do PT na Câmara dos Deputados, Brasília, jan. 1992.

CULTURA DA CRISE E SEGURIDADE SOCIAL

da receita, gestão e várias outras. Dentre os posicionamentos *contrários* àqueles estabelecidos no Relatório Antônio Britto, destacam-se: a discordância em relação à revisão constitucional antes de 1995; a redução das contribuições dos empregadores; a extinção do FINSOCIAL e da contribuição sobre o lucro; e qualquer arranjo que contradissesse a concepção de seguridade social, como definida na Constituição de 1988.

A posição mais representativa do pensamento dos trabalhadores vinculados à CUT foi expressa na campanha e no documento "13 Pontos em Defesa da Seguridade Social".[26] São os seguintes esses treze pontos:

1. Gestão pública da previdência

2. Auditoria pela sociedade

3. Modernização da gestão

4. Ampliação e melhoria dos serviços

5. Recursos da seguridade para a seguridade

6. Fiscalização pela sociedade

7. Execução das dívidas públicas e privadas

8. Aplicação imediata dos benefícios

9. Aposentadoria por tempo de serviço

10. Não à privatização do benefício acidentário

11. Reajuste mensal pela inflação

12. Pagamento dos 147%

13. Revogação do Decreto n. 430.

---

26. Esse movimento, em defesa da seguridade social, ocorreu em 1992 e teve como principal evento um seminário nacional realizado pela Secretaria de Políticas Sociais da CUT, em março de 1992, em São Paulo. Observe-se que esse evento e o próprio movimento ocorrem, concomitantemente, ao posicionamento assumido pela bancada do PT na Câmara sobre o Relatório Antônio Britto.

Além de elaborar esse documento, a CUT tomou algumas deliberações importantes, como a de aprofundar o debate sobre a previdência complementar, a aposentadoria dos servidores públicos, e, também, em relação ao financiamento, defender a "progressividade das contribuições em relação ao capital intensivo, grandes produtores, grandes fortunas, latifúndios, faturamento das empresas e impostos gerais" (CUT, 1992b).

No que se refere ao Relatório Antônio Britto, a CUT formulou o seu posicionamento sobre alguns aspectos abordados pelo documento, passando a defender, em nível nacional, os seguintes pontos:

- defesa do pagamento imediato dos 147% dos aposentados; combate à corrupção; auditoria e fiscalização pela sociedade; ampliação e melhoria dos serviços;
- gestão pública realizada por meio da formação de um conselho indicado por trabalhadores ativos, inativos, empresários e o Estado, com amplo poder de gestão, em contrapartida ao proposto no Relatório Antônio Britto, que defende um conselho eleito pelo Congresso e com poderes limitados de gestão;
- recursos da seguridade para a seguridade, mas admitindo a discussão sobre a especialização das fontes de custeio, em oposição àquele Relatório, que defende a contribuição sobre a folha de salário apenas para aposentadorias e pensões;
- manutenção da contribuição dos empresários sobre a folha de salários, sobre o faturamento e o lucro das empresas; alíquotas baseadas no princípio da progressividade sobre o capital, inclusive com uma contribuição maior sobre o capital intensivo e financeiro, além das fontes fiscais, de que são exemplos o imposto territorial urbano e o das grandes fortunas; oposição intransigente quanto à extinção do Finsocial e da contribuição sobre o lucro; e posição

contrária à redução das contribuições dos empresários sobre a folha de salários e a criação da contribuição sobre transações financeiras.

Note-se que a democratização da gestão, realizada com a criação do Conselho Nacional de Previdência Social, no qual a CUT possui um representante, produziu resultados positivos para os trabalhadores, em função do acesso a informações que a sociedade, como um todo, desconhecia. Assim, a participação da CUT no fórum da Comissão Especial sobre seguridade social da Câmara foi da maior valia para o aprofundamento das discussões e para divulgação, junto a órgãos sindicais, dos elementos que permitem a formação da opinião dos trabalhadores sobre as questões mais polêmicas e que vieram a ser objeto da revisão constitucional.

Em documento de autoria do representante da CUT, no CNPS, consta a afirmação de que "a revisão constitucional foi o ponto de encontro daqueles que pretendiam mudar o sistema de seguridade social estabelecido em 1988, a partir de intensa propaganda que visava entregá-lo ao capital privado nacional e multinacional" (Documento da Comissão de Seguridade Social da CUT, s/d.).

Observa-se, assim, que ao término dos trabalhos da Comissão Especial, a CUT passa a ter uma ação mais contundente em relação aos desdobramentos do Relatório Antônio Britto. Três questões básicas passam a permear o discurso e as questões defendidas pela CUT: a privatização da previdência social e suas implicações na redução do teto de benefícios, a transferência do seguro de acidente de trabalho para o setor privado e o fim das contribuições patronais sobre o lucro e sobre o faturamento das empresas.

Após a realização de diversos seminários, a CUT elaborou e divulgou um texto intitulado *Enfrentar as dificuldades da previdência e impedir o processo de privatização do sistema*, no qual denuncia, com argumentos técnicos e políticos, o *uso* que vem sendo feito — pela classe dominante — da crise da seguridade com o objetivo de formar uma cultura privatista junto à sociedade.

O documento afirma que "a previdência social vem sendo novamente objeto de uma propaganda apocalíptica de alguns economistas e mesmo governantes com o claro objetivo de entregá-la ao capital privado". Ao final do documento, propõe-se que os sindicatos e partidos instrumentalizem as discussões no sentido de barrar a privatização e desmistificar o tratamento privatista dado pela mídia.

Esse documento, que subsidiou um novo encontro da CUT, em outubro de 1993, serviu de base para a elaboração das propostas que compõem o seu projeto de seguridade social. O diagnóstico da CUT sobre a crise da previdência é o de que a "A previdência necessita de ajustes internos [...] envolvendo decisões governamentais nas esferas da política salarial, do modelo econômico e da ação social do Estado. Contudo, este fato é distinto da cultura do colapso emergente". Nesses termos, o documento contesta os diagnósticos da crise da previdência veiculados pelo governo e pela imprensa, com base nos pontos a seguir comentados.

Sobre a crítica dos empresários a respeito da carga tributária brasileira, a CUT demonstra que ela se mantém abaixo da carga tributária dos países do Primeiro Mundo e do Chile, como, também, que a relação folha de salários/Produto Interno Bruto brasileiro apresenta discrepâncias. Atualmente, essa relação é de 10% do PIB, quando, em 1979, era de 23,6%, segundo dados do Ipea. Quanto à receita previdenciária, informa que ela vem se mantendo no patamar de 4,5% a 5,5% do PIB, quando em outros países chega a 29,4%, como é o caso da Holanda, enfatizando que as médias e grandes empresas sonegam contribuições à previdência em montante equivalente a 25% da folha de salários.

Conclui o documento, com base na análise das propostas de privatização, que a fragmentação da previdência, sob o regime de

CULTURA DA CRISE E SEGURIDADE SOCIAL

previdência básica — redução do teto das aposentadorias para 3 (três) salários-mínimos — e o regime de previdência complementar — abertura de um enorme mercado para as seguradoras privadas — envolve recursos da ordem de US$ 20 bilhões. O argumento utilizado pela CUT é o de que se "a principal fonte de custeio da previdência — 9% sobre o salário até o limite de 10 (dez) salários-mínimos, para os trabalhadores, e 22% sobre o total da folha de salários, para as empresas — responde por 85% do total da arrecadação da previdência, a redução do teto de contribuição dos trabalhadores e o fim da contribuição das empresas sobre a folha de salários restringiriam a arrecadação para algo em torno de US$ 4 bilhões".

Quanto ao acidente de trabalho, sua fonte de custeio é de 1,2% a 3,0% sobre a folha de salários, significando, a preços de 1992, US$ 2 bilhões. Se repassados para o setor privado, as seguradoras apenas se responsabilizariam pelo pagamento do auxílio ao trabalhador durante um curto espaço de tempo, já que as aposentadorias por invalidez seriam arcadas pela previdência.

Desse modo, a CUT vem tentando demonstrar, junto à sociedade, que a privatização da previdência não se caracterizaria como uma reforma institucional no sistema existente, mas como um desmantelamento da seguridade social brasileira. Por isso, defende que, *em relação à previdência, há condições dela subsistir, por certo tempo e com certa tranquilidade, caso os aportes financeiros já previstos em lei e na Constituição lhe sejam efetivamente repassados.* Argumenta, ainda, que a previdência deve proporcionar àqueles que perderam total ou parcialmente a capacidade de gerar seu próprio sustento, durante ou após a vida laborativa, um padrão de vida digno. Por isso, posiciona-se pelo teto de 10 salários-mínimos para a concessão de benefícios e o mesmo teto para as contribuições.

Defende, ainda, gestão pública da seguridade, através da "refuncionalização dos atuais conselhos nacional e estadual, inflexionando suas áreas de competência na esfera executiva". Quanto ao financiamento, propõe a manutenção da contribuição sobre a folha de salários e sobre o faturamento das empresas, como também a manutenção do seguro de acidente de trabalho na esfera da previdência, sugerindo apenas medidas que inibam os acidentes de trabalho.

Finalmente, a CUT alerta para que a matéria relativa aos direitos previdenciários não seja transferida para a legislação ordinária, pois somente assim evita-se que ela seja vulnerabilizada pela *desconstitucionalização*.

Considerações finais

Logo na introdução, dissemos que, no leito da crise brasileira dos anos 80, vem sendo gestada uma cultura política da crise que recicla as bases da constituição da hegemonia do grande capital. Indicamos, também, que dois vetores vêm sendo tecidos, *molecularmente*, na formação dessa cultura: a defesa do processo de privatização e a constituição do cidadão-consumidor.

Com essa perspectiva, procuramos estudar uma situação particular — as mudanças e reformas no sistema de seguridade social brasileiro — para identificar como tal movimento vem se desenvolvendo e sob que condições ele se articula com o movimento mais geral da crise.

Defendemos a hipótese de que se trata de um movimento sob a direção da burguesia e ousamos utilizar a categoria gramsciana de "guerra de posição" para definir o alcance dessa estratégia política, que privilegia a cultura e aposta na formação de uma subjetividade, fundada na ideia de que a ordem atual do capital é imutável.

Ao longo do movimento de investigação — quando "teríamos que voltar a fazer a viagem de modo inverso" (Marx, 1978b, p. 116) até chegar ao ponto de partida, "mas desta vez não com uma representação caótica de um todo, porém com uma rica totalidade de determinações e relações diversas" (Marx, 1978b, p. 116) —, deparamo-nos com algumas descobertas que enriqueceram e ampliaram nossas formulações iniciais.

Desse modo, constatamos, com mais rigor e acuidade, que a *cultura da crise*, numa sociedade de classes, como a brasileira, expressa a própria dinâmica conflitiva e contraditória da relação entreclasses antagônicas. Ora permeável às demandas das classes exploradas e subalternizadas, ora impermeável às exigências fundamentais dos trabalhadores, a *cultura da crise* dos anos 80 e 90 incorpora um novo modo de tratamento da questão social brasileira.

Ou melhor, no bojo das grandes questões sociais, que atravessam o mundo contemporâneo, surge, com todas as suas contradições, um outro modo de tratamento da desigualdade social, que aponta para uma etérea cultura da solidariedade social, seja ela denominada de *redes de proteção social*, de *políticas de combate à pobreza*, de *comunidades solidárias* ou de *expansão dos programas de assistência social*.

A nosso ver, entretanto, o novo *fetiche* dessa *ajuda solitária* reside na metamorfose operada pelo capital para apropriar-se perversamente do discurso, dos métodos e das formas utilizadas pelas classes trabalhadoras para construírem a sua cultura de resistência e oposição, necessária à superação da desigualdade social.

Dessa forma, a crise econômica, social e política dos anos 80 constitui a base material, com base na qual as ideologias práticas de origem neoliberal ampliam-se, desdobram-se e formam uma cultura política. Como afirma Schneider (1989), "estas ideias e valores compõem um ambiente particular, espécie de *cultura da solução de problemas*: idealizando a especialização e a competência, a ideologia neoliberal projeta uma cultura *despolitizada* na aparência, movida pela busca de soluções ágeis e eficientes" (Schneider, apud Draibe, 1993, p. 88-89).

Contudo, a dominância das iniciativas e do pensamento prático-emergencial não teve o poder de obliterar e despolitizar as posições e as lutas das classes subalternas. De fato, o que constatamos é uma ação ofensiva do capital para deslocar os objetos reais das lutas dos trabalhadores para o campo das suas propostas de enfrentamento da crise econômica.

No caso da seguridade social, esse deslocamento é feito com base na ampla divulgação de uma *crise catastrófica na previdência* que procura responsabilizar a todos pela sua solução, como se os efeitos dessa crise na seguridade recaíssem de forma equânime sobre capitalistas e trabalhadores.

Para isso, o tema da seguridade é tratado de forma deslocada da sua razão de ser — a proteção social dos trabalhadores brasileiros — e introduzido num outro patamar temático: a viabilidade financeira da previdência, o valor dos benefícios e das contribuições, a necessidade de redefinição de formas de custeio etc., todos eles justificadores de ajustes e reformas, sem os quais o sistema entraria em falência.

Transfere-se, assim, o tema da constitucionalidade dos direitos e garantias sociais para o domínio da governabilidade, do orçamento fiscal, do alto custo das contribuições patronais e da falta de equidade na concessão de benefícios e aposentadorias.

Nesse sentido, o grande capital, os organismos internacionais e a burocracia estatal utilizam-se de problemas conjunturais, que afetam os seus interesses mediatos e imediatos — reestruturação produtiva, restabelecimento de níveis de produtividade, redução de custos com a força de trabalho e cumprimento dos acordos financeiros internacionais — e os transformam em questões estruturais que exigem reformas e aprovação da sociedade como um todo.

Além disso, a burguesia socializa com os trabalhadores alguns dos seus objetivos de mudanças, como é o caso da supressão das contribuições patronais, sob o argumento de que são muito elevadas e de que produzem impactos na lucratividade das empresas e, consequentemente, no emprego.

De igual forma, a burocracia, atrelada aos interesses da burguesia, tenta associar questões conjunturais com problemas que afetam diretamente os trabalhadores, como, por exemplo, a alegação de que é impossível o aumento do salário-mínimo por causa do seu impacto na previdência. Argumentos como este têm um objetivo implícito: obter a concordância dos trabalhadores para desindexar o valor dos benefícios previdenciários do salário-mínimo e criar supostos dilemas entre trabalhadores ativos e aposentados. Trata-se daquelas situações descritas por Burawoy como de *despotismo hegemônico*, isto é, "do atrelamento dos interesses dos trabalhadores à sorte dos patrões" (1990, p. 48).

Assim agindo, a burguesia tenta difundir e envolver os trabalhadores em questões pontuais, transferindo as necessidades dela, enquanto classe, para o âmbito dos interesses imediatos dos trabalhadores, formando uma cultura que dilui o seu projeto de sociedade em medidas práticas e consensuais.

Desse modo, podemos afirmar que a burguesia ao enfrentar a crise — seja do ponto de vista da economia, seja do ponto de vista da política — utiliza-se desse momento conjuntural para restabelecer não somente seus ganhos materiais, mas, fundamentalmente, para reestruturar as bases da sua hegemonia, expondo e socializando o seu projeto de sociedade, no Brasil.

O primeiro passo nesse sentido foi o de derruir, no plano simbólico, os impactos e as percepções diferenciadas da crise econômica sobre os trabalhadores e o grande capital, estendendo tal estratégia à questão da seguridade.

Para tanto, a burguesia procura construir uma visão *indiferenciada* das formas de enfrentamento da crise da previdência, sob o pretexto de que ela afeta a todos e, por isso mesmo, exige sacrifícios de toda a sociedade para: reduzir gastos públicos; recuar diante de direitos arduamente conquistados; consentir com a ideia de que a seguridade social é injusta com os que ganham até 3 salários-mínimos e pródiga com os trabalhadores assalariados que ganham até dez vezes um dos salários-mínimos mais baixos do mundo.

Assim, ela difunde o conservadorismo do *mal menor*, das *saídas possíveis*, expresso na ideia de que é *melhor dar mais a quem tem menos*, com o objetivo de estimular a solidariedade como expressão material, ideológica e cultural da naturalização da desigualdade social.

Tudo isso, na verdade, conforme assinalamos anteriormente, constituiu o grande *mote* dos movimentos coletivos dos anos 90, consubstanciando a solidariedade entre classes opostas como um dos principais eixos formadores da cultura política da crise, a exemplo do que ocorreu com a *campanha contra a fome*.

A interferência desse processo nas tendências da seguridade social — que está sendo nosso objeto específico aqui —, como já sugerido, desdobra-se em duas posições antagônicas: a preservação e manutenção da seguridade social pública e universal, como estabelecida na Constituição de 1988; e o desmantelamento da seguridade social pública, por meio da introdução do mercado como o mecanismo regulador do acesso dos trabalhadores à previdência social e aos serviços de saúde, deixando a cargo do Estado a assistência social e a concessão de uma parcela dos benefícios da previdência aos trabalhadores de menor renda.

Na primeira posição, alinha-se o discurso da CUT. Na outra, estão alinhados o grande capital industrial e financeiro, os organismos internacionais e, em grande medida, a Força Sindical. Destacamos, contudo, a existência de algumas diferenças entre as propostas dos empresários e aquelas defendidas pelas agências internacionais e pela Força Sindical.

No caso dos empresários, além das diferenças relativas aos modelos operativos, também há divergências quanto à manutenção ou supressão das contribuições patronais.

Com efeito, é comum aos empresários a defesa da economia de mercado e a admissão da participação do Estado apenas no custeio dos programas assistenciais. Suas propostas operacionais também sinalizam para a ampliação do consumo mediado pelo mercado. Esse é o caso, por exemplo, da defesa dos tíquetes para a saúde, da transferência do seguro de acidente de trabalho para o setor privado e, por fim, do repasse do valor equivalente às contribuições, que seriam pagas à previdência, para o salário dos trabalhadores.

Nesse sentido, a proposta mais radical, em termos de privatização, é a do Instituto Liberal do Rio de Janeiro que restringe a participação do Estado às ações assistenciais. Aqui, chama-nos atenção a ênfase dada à responsabilidade individual do contribuinte e a crítica à seguridade social, como um programa que colide com os interesses do capital, na suposição de que a seguridade poderia desestimular a ética do trabalho e a propensão para poupança individual, como, aliás, ensina Milton Friedman, o mais *liberal dos liberais* norte-americanos.

Por sua vez, a proposta da Fiesp, bem mais próxima do *neoliberalismo possível*, como o defendido pelas agências internacionais, conjuga a defesa da privatização com a criação de *redes de proteção social ao cidadão*. Propõe a supressão total das contribuições, embora inclua a educação como um dos componentes para a referida rede de proteção, ao lado da previdência, da saúde e da *assistência social educativa*. A Febraban, que apenas discorre sobre a previdência, admite, contudo, a manutenção das contribuições patronais.

Do conjunto das três propostas, observamos os seguintes pontos comuns: o empresariado propõe uma reforma que tem como prerrogativa o fim da seguridade social, na forma estabelecida na Constituição de 1988. Em primeiro lugar, seriam suprimidos os pressupostos que caracterizam a seguridade social como uma política social pública, de natureza contributiva e distributiva, fundados nos *princípios da universalidade, da uniformidade, da seletividade, da distributividade; na equidade; e no caráter democrático e descentralizado da gestão administrativa*.

No entanto, podemos observar que, no discurso empresarial, a atenção se volta para a previdência social que passa a ser desdobrada em dois sistemas: previdência pública e básica, sob regime de repartição simples, com tetos de contribuição e de benefícios bem inferiores aos vigentes; e previdência complementar privada, dirigida para os trabalhadores de maior salário, sob regime de capitalização. Em contrapartida, admite e reforça a existência da assistência social, desde que custeada pelo Estado.

Assim, as propostas da Fiesp, da Febraban e do Instituto Liberal do Rio de Janeiro não deixam dúvidas quanto ao seu fundamento nitidamente liberal, caracterizado pela defesa intransigente e cristalina da privatização da previdência e da institucionalização da assistência social. Esta última, quando localizada na previdência, é dirigida àqueles que não conseguem ser contribuintes; quando concebida como uma política setorial, é voltada exclusivamente para os idosos e deficientes.

A argumentação utilizada pelos empresários reafirma a nossa suposição de que as classes dominantes e exploradoras *necessitam* tratar as questões sociais no limite do seu projeto. Assim, *pari passu* com a estratégia a que nos referimos anteriormente — socialização dos interesses classistas sob forma de problemas que afetam a todos —, eles desenvolvem um outro procedimento que consiste em *absorver, de forma seletiva, as demandas e o discurso dos trabalhadores, imprimindo-lhes, também, uma direção conforme os seus interesses particulares de classe.*

Os eixos dessa incorporação, feita pela burguesia, podem ser observados em alguns aspectos das propostas, tais como: a referência à pobreza, à cidadania, à universalização e à eficácia das políticas sociais. Esses aspectos passam a ser tratados com base na ideia de que o mercado é o principal regulador da economia e das necessidades de consumo da sociedade. Coerentes com o seu referencial, os empresários admitem que a intervenção social do Estado deve se ater apenas àquelas pessoas que estejam impossibilitadas de produzir.

Tal concepção, entretanto, não só explicita a crença que os empresários brasileiros têm nos papéis do Estado e do mercado, como expõe com nitidez a sua maquiagem liberal, pois o que eles pretendem, em última análise, é reconstruir novas modalidades de expansão do capital.

Modernamente, essa expansão ocorreria de forma diferente daquela dos anos 50 e dos anos 70, porque marcada pela ampla e irrestrita utilização dos fundos públicos nos investimentos privados. Agora, o capital pode se reproduzir, transformando a previdência e a saúde em negócios rentáveis, isto é, em mercadorias ou, ainda, captar recursos dos trabalhadores valendo-se dos fundos de pensão ou dos seguros privados.

A rigor, os fundos de capitalização, que aparecem nas propostas empresariais como *sistema de previdência complementar*, surgem como o grande filão do capital fianceiro, que passaria a dispor de recursos anuais de quase US$ 20 bilhões para financiar o capital industrial e alimentar o mercado de capitais.

Todavia, essa nova estratégia — que se caracteriza pelo fato de serem os recursos trabalhadores que financiarão o capital — implica a prévia formalização de um novo modelo de previdência e de assistência social, regulado pelo próprio Estado.

Trata-se, na verdade, de uma metamorfose ímpar: o capital exige que o Estado intervenha minimamente, mas é deste que emana a regulação das condições necessárias à expansão do capitalismo dentro da crise.

Do ponto de vista da socialização da proposta, entretanto, o capital trata a criação da previdência complementar como uma questão de eficiência, justiça e reparação da *penúria* dos trabalhadores, que dependem da previdência pública, como declarou Mário Amato, ex-presidente da Fiesp.

Além disso, tal modelo pode absorver as novas necessidades do capital, em função da reestruturação produtiva, na qual se inclui a formação de um mercado de trabalho dual: os trabalhadores estáveis das grandes empresas, os trabalhadores *terceirizados* e os desempregados.

Os primeiros, recebedores de melhores salários e benefícios, passariam a ser os efetivos mantenedores dos seus empregos e consumidores dos serviços privados — contraditoriamente, por eles mesmos reivindicados nas campanhas salariais — que podem ser criados nas próprias empresas, ou comprados diretamente no mercado.

Os demais trabalhadores — ainda que convivendo, muitas vezes, nas mesmas empresas ou nos *quintais circunvizinhos* — passariam a ser os clientes da previdência básica, universal, *et pour cause*, mantida pelo Estado. Os desempregados da crise, por seu turno, iriam compor a clientela da assistência social.

Mais do que isso, o capital não se sente responsável por nenhum daqueles segmentos. Note-se que os empresários postulam, nas suas propostas, aumentar as contribuições dos trabalhadores e reduzir ao mínimo ou, mesmo, excluir totalmente suas próprias contribuições sociais. Dessa forma, a assistência, amplamente reconhecida como necessária, seria paga por toda a sociedade.

No entanto, para desmantelar a seguridade social, os empresários necessitam do consentimento dos trabalhadores e, para isso, reconstroem alguns conceitos como, por exemplo, o de cidadania, limitando o seu exercício aos que possuem a condição *particular* de consumidores, de trabalhadores do grande capital e de pobres.

De outra forma, como bem deixa patente o documento do Instituto Liberal do Rio de Janeiro, a universalização também é reconceituada, restringindo-se à liberalidade do acesso aos serviços, seja mediante o mercado, seja mediante os serviços públicos. A redefinição implica tratar o princípio da universalização nos limites das possibilidades do consumo, dando origem ao *cidadão-consumidor*.

Mais que isso, os empresários tratam o conceito de justiça social no limite da relação entre consumo e renda dos assalariados — privilegiados e injustiçados — transformando a questão da distributividade numa problemática inerente aos trabalhadores e não ao capital, que é o sujeito da acumulação.

Nesse sentido, uma das prerrogativas do grande capital, para fazer a sua reforma, é subtrair os direitos sociais e trabalhistas estabelecidos na Constituição, substituindo-os pelos direitos do consumidor e da assistência aos pobres, coerente com a sua proposta de privatizar e assistencializar a seguridade.

Por sua vez, as propostas das agências internacionais contêm algumas particularidades que as afastam das elaboradas pelos empresários brasileiros, sendo a principal delas a manutenção do

CULTURA DA CRISE E SEGURIDADE SOCIAL   255

conceito de seguridade, como estabelecido pela Constituição de 1988. Esse fato, todavia, não exclui das pautas dessas agências a defesa da privatização e da assistencialização. A rigor, a sua elaboração é mais complexa e vincula-se diretamente com as deliberações emanadas do *Consenso de Washington*, que defende uma reforma na seguridade consoante com uma política geral de ajustes macroeconômicos.

Tanto é assim que o FMI apresentou uma proposta específica para a seguridade, semelhante àquelas formuladas pelos empresários nacionais. Além disso, o BID, ao emitir o seu diagnóstico sobre a seguridade social, ousa sugerir estratégias e táticas para realizar uma reforma que tenha a legitimidade dos trabalhadores.

Nesse sentido, os organismos internacionais implementam, também, a mesma estratégia do grande capital, isto é, a apropriação da questão social de acordo com os seus objetivos, embora o façam com uma outra retórica.

Dois são os vetores básicos trabalhados por esses organismos: a centralidade dos problemas da pobreza nos países do Terceiro Mundo (principalmente o Banco Mundial e o BID); e a redução dos impactos dos ajustes econômicos, como já discorremos anteriormente, colocando a questão da seguridade no centro da agenda dos organismos internacionais.

O fundamento das suas propostas afasta-se do pensamento privatista e lucrativo defendido pelos empresários, mas, em função da defesa da *focalização* da pobreza, abre amplas perspectivas para a participação do setor privado na área da previdência e da saúde.

Com clareza meridiana, o Banco Mundial e o BID definem sua política de ação para os países do Terceiro Mundo. Condicionam os atuais acordos da dívida externa à implementação de programas de combate à pobreza, e disciplinam os objetivos e a utilização dos auxílios internacionais.

Denominada de "estratégia de dois elementos", essa política tem duas linhas de ação: a) incentivo ao mercado de trabalho; e b) criação de políticas sociais para aqueles que não conseguem viver das rendas do trabalho.

No entanto, ressaltamos que o núcleo temático daquelas propostas consubstancia-se no caráter eficaz, prático e emergencial das mudanças. De um lado, esse pragmatismo é oriundo das preocupações com o crescimento do déficit público; de outro, nutre-se da nova cultura da *solidariedade* indiferenciada entre países ricos e pobres, capitalistas e trabalhadores. Chama-nos a atenção, em particular, o papel que os organismos internacionais atribuem às ONGs, aos estados e aos municípios, considerando-os como instituições e instâncias viabilizadoras da descentralização e da melhor aplicação de recursos.

Destacamos, também, a questão da *valorização* e da *naturalização* do mercado informal de trabalho. Nesse sentido, há uma conexão visível entre a proposta do grande capital, para os *trabalhadores terceirizados*, e a proposta dos organismos internacionais, para os trabalhadores considerados informais. Em consequência, ambas as partes concordam que a proteção destes últimos trabalhadores, independe do reconhecimento dos direitos sociais. Por isso mesmo, trata-se de uma *cobertura assistencializada e conjuntural.*

Dentre as organizações dos trabalhadores, a Força Sindical defende um projeto para a seguridade coerente com o seu ideário político e, em linhas gerais, compatível com o que propõe o grande capital.

De fato, a Força Sindical advoga que a previdência seja composta por um plano básico e outro complementar, limitando o primeiro a até 5 salários-mínimos. Igualmente, como expõe Luiz Antônio Medeiros, a universalização dos direitos sociais deve ser mediada pelas possibilidades contributivas e de consumo do trabalhador.

Diferentemente do patronato, entretanto, a Força Sindical não defende a supressão das contribuições dos empresários, embora se deva enfatizar uma peculiaridade da proposta: a defesa de que os sindicatos organizem fundos de previdência complementar, sugerindo que aquelas entidades retomem as atividades assistenciais de prestação de serviços sociais aos trabalhadores, como se fez no pós-64.

Quanto ao discurso e às propostas da CUT, o primeiro destaque relaciona-se com o esforço que vem desenvolvendo no sentido de manter as conquistas estabelecidas na Constituição de 1988.

De fato, podemos afirmar que a CUT vem conseguindo *desmontar* os diagnósticos apresentados pelo grande capital e pelos organismos internacionais no que se refere às linhas gerais das propostas de reformas, identificando, inclusive, o principal objetivo de tais mudanças: *a privatização e a supressão das contribuições patronais.*

Segundo nossa observação, a posição da CUT, em divulgar dados que colidem com aqueles apresentados pelo governo e pela grande imprensa, evidencia que uma parcela significativa dos trabalhadores assalariados e organizados vem mantendo uma postura crítica e reticente a respeito da crise da previdência. Embora seja formadora de uma cultura de resistência, ela não foi suficiente para que a CUT desenvolvesse uma ação mais ofensiva, evidenciadora de um projeto dos trabalhadores, para a seguridade social e, particularmente, para a previdência.

Dada a natureza dos meios utilizados pelo capital para socializar o seu projeto, os trabalhadores admitem reformas de natureza gerencial na seguridade social, mas resistem em consentir com a supressão dos seus direitos e conquistas sociais, particularmente em relação à saúde e à previdência, fato que não nos parece suficiente para construir a sua *civiltá.*

A rigor, o movimento organizado dos trabalhadores assalariados, mais do que resistir à sedução da necessidade das reformas e denunciar o uso que delas vem sendo feito pelo capital, necessita identificar os objetivos reais e *pós-modernos* do grande capital nacional e internacional para com a seguridade social brasileira, como uma condição para sair do *campo de luta* forjado pela burguesia.

Aqui a descoberta que viemos trazer — realmente imprevista, se é que os trabalhadores mais conscientes já não a fizeram —, é a de que a reforma na previdência é apenas um instrumento para que os trabalhadores sejam os novos financiadores do capital. O que desejam os empresários e os banqueiros brasileiros, no atual estágio da crise, é obter recursos financeiros, imprescindíveis ao restabelecimento do processo de acumulação, a exemplo do que fizeram os norte-americanos, que têm grande parte da sua economia financiada pelos fundos de pensão.

Assim, o que a *inteligente, justa e engenhosa* proposta do grande capital pretende é que o trabalho financie o capital. Para tanto, a fragmentação da previdência — previdência básica e complementar — é uma forma de apropriação de parte do salário dos trabalhadores assalariados que, a título de contribuição à previdência complementar, passam a constituir uma fonte de recursos para o grande capital. Materializam, assim, uma estratégia de enfrentamento da crise econômica sob os argumentos da redução do Estado, da justiça e da liberdade individual do trabalhador. Desse modo, o capital desloca para a seguridade uma questão que diz respeito ao seu projeto social, isto é, a indiferenciação entre trabalhadores e capitalistas. Para isso, defende a parceria e a constituição de um *cidadão--consumidor*, que também virá a ser sócio menor do capital — *um trabalhador-patrão* — sob pretexto de uma saída conjunta da crise.

Essa estratégia, de fato, sitia as lutas *anticapitalistas* dos trabalhadores brasileiros, desenvolvidas ao longo dos anos 80 e objetivadas no consumo não mercantil de bens e serviços sociais públicos. Inegavelmente, o que deseja a burguesia é uma remercantilização da força de trabalho.

Por isso, mais do que denunciar, o movimento organizado dos trabalhadores necessita, neste momento, resistir à fragmentação dos trabalhadores — assalariados da grande empresa, desempregados e pobres — e ter projetos diferenciados daqueles da burguesia, qualificando as suas demandas como exigências de classe e construindo, assim, a sua *civiltá*.

Referências

1. OBRAS E ARTIGOS DE REVISTAS

AGLIETTA, Michel. *Regulación y crisis del capitalismo*. Madrid: Siglo XXI, 1979.

AGUIRRE, Basília Maria Baptista et al. *A trajetória das negociações de trabalho nos anos 80*. São Paulo/Brasília: Ibrart/MTB, 1985.

ALMEIDA, Maria Hermínia T. O sindicalismo brasileiro entre a conservação e a mudança. In: SOY, Bernard; ALMEIDA Maria H. T. de. *Sociedade e política no Brasil pós-64*. São Paulo: Brasiliense, 1984.

_____. Direitos sociais e corporativismo no Brasil. *Novos Estudos*, São Paulo, Cebrap, n. 25, p. 50-60, out. 1989.

ALMEIDA, Sandra Cristina F. de. As contribuições sociais de empregadores e trabalhadores: repercussões sobre o mercado de trabalho e grau de evasão. *Documento de Política*, Brasília, Ipea, n. 8, fev. 1992.

ALTVATER, E. A crise de 1929 e o debate sobre a teoria da crise. In: HOBSBAWM, E. (Org.). *História do marxismo*. São Paulo: Paz e Terra, 1989a. v. VIII.

_____. O capitalismo se organiza: o debate marxista desde a guerra mundial até a crise de 1929. In: HOBSBAWM, E. (Org.). *História do marxismo*. São Paulo: Paz e Terra, 1989b. v. VIII.

ALVES, Maria Helena M. *Estado e oposição no Brasil*: 1964/1984. Petrópolis: Vozes, 1989.

ANDERSON, P. As antinomias de Gramsci. In: ANDERSON, P. et al. *Crítica marxista*. São Paulo: Joruês, 1986.

ANTUNES, Ricardo. *A rebeldia do trabalho*. São Paulo: Ed. da Unicamp/ Ensaio, 1988.

_____. *As tendências e as mudanças no sindicalismo brasileiro na última década*. Campinas: Ed. da Unicamp/IFCH, 1990. (Mimeo.)

BADALONI, N. Gramsci: a filosofia da práxis como previsão. In: HOBSBAWM, E. (Org.). *História do marxismo*. Rio de Janeiro: Paz e Terra, 1991. v. X.

BARBALET, J. M. *A cidadania*. Lisboa: Estampa, 1989.

BELLUZZO, Luiz G. de Mello; COUTINHO, Luciano. Estado, sistema financeiro e forma de manifestação da crise: 1929-1974. In: _____; COUTINHO, Renata (Orgs.). *Desenvolvimento capitalista no Brasil*: ensaios sobre a crise. São Paulo: Brasiliense, 1982.

BEHRING, E. *Política social e capitalismo contemporâneo, um balanço crítico-bibliográfico*. Dissertação (Mestrado em Serviço Social) — Faculdade de Serviço Social, UFRJ, Rio de Janeiro, 1993.

BLACKBURN, R. (Org.). *Depois da queda*. Rio de Janeiro: Paz e Terra, 1993.

BOITO JR., Armando. *O sindicalismo brasileiro nos anos 80*. Rio de Janeiro: Paz e Terra, 1991.

BOYER, R. *A teoria da regulação*. São Paulo: Nobel, 1990.

BRAGA, José Carlos de Souza; PAULA, Sérgio Góes de. *Saúde e previdência*. São Paulo: Hucitec, 1986.

BRUNHOFF, Suzanne de. *Estado e capital*: uma análise da política econômica. Rio de Janeiro: Forense Universitária, 1985.

_____. *A hora do mercado*: crítica do liberalismo. São Paulo: Ed. da Unesp, 1991.

BUCI-GLUCKSMANN, C. Sobre os problemas políticos da transição: classe operária e revolução passiva. In: INSTITUTO GRAMSCI. *Política e história em Gramsci.* Rio de Janeiro: Civilização Brasileira, 1978.

_____. *Gramsci e o Estado.* Rio de Janeiro: Paz e Terra, 1990.

BURAWOY, M. *The politics of production.* Londres: Verso, 1985.

_____. A transformação dos regimes fabris no capitalismo avançado. *Revista Brasileira de Ciências Sociais.* São Paulo, Vértice/Anpocs, ano 5, n. 13, jun. 1990.

CABRERO, Gregorio R. Introducción: que es la economía política: ¿que es el estado del bienestar? In: GOUGH, I. *Economía política del Estado del bienestar.* Madrid: H. Blume Ediciones, 1982.

CALLINICOS, Alex. *A vingança da história.* Rio de Janeiro: Jorge Zahar, 1992.

CARTAXO, Ana Maria B. *A dupla face das estratégias de sobrevivência do segurado da previdência social.* Dissertação (Mestrado em Serviço Social) — Faculdade de Serviço Social, PUC/SP, São Paulo, 1992. (Mimeo.)

CARDOSO, Adalberto M. O pragmatismo impossível. *Novos Estudos,* São Paulo, Cebrap, n. 32, p. 165-182, mar. 1992.

CARVALHO, Ruy Quadros. *Tecnologia e trabalho industrial.* Porto Alegre: L&PM, 1987.

CASTRO, N. Araújo. Operários em construçao: a formação de classe operária na fronteira do moderno capitalismo industrial brasileiro. In: LARANJEIRA, Sônia (Org.). *Classes sociais e movimentos sociais na América Latina.* São Paulo: Hucitec, 1990.

CHAUI, Marilena. *Cultura e democracia:* o discurso competente e outras falas. São Paulo: Moderna, 1981. [6. ed. São Paulo: Cortez, 1993.]

CIGNOLLI, Alberto. *Estado e força de trabalho.* São Paulo: Brasiliense, 1985.

CLARKE, S. Crise do fordismo ou crise da social democracia? *Lua Nova,* São Paulo, Cedec/Marco Zero, n. 24, p. 117-150, set. 1991.

CORIAT, Benjamin. *El taller y el cronómetro*: ensayo sobre el taylorismo, el fordismo y la producción en masa. México: Siglo Veintiuno, 1985.

COUTINHO, Carlos Nelson. As categorias de Gramsci e a realidade brasileira. In: _____; NOGUEIRA, M. A.; BADALONI, N. (Orgs.). *Gramsci e a América Latina*. Rio de Janeiro: Paz e Terra, 1988.

_____. *Gramsci*: um estudo sobre seu pensamento político. Rio de Janeiro: Campus, 1992.

CRUZ, Sebastião C. V. Política empresarial em tempos de crise. *Primeira Versão*, São Paulo, IFCH/Unicamp, n. 48, 1992.

DAIN, Sulamis. O financiamento das políticas sociais no Brasil: características estruturais e desempenho no período recente. In: BRASIL. *Economia e Desenvolvimento*, Financiamento das políticas sociais no Brasil. Brasília, MPAS/Cepal, v. 2, n. 4, p. 41-158, 1989a.

_____. A crise da política social: uma perspectiva comparada. In: BRASIL. *Economia e Desenvolvimento*. Reflexões sobre a natureza do bem-estar. Brasília, MPAS/Cepal, v. I, n. 3, p. 20-56, 1989b.

_____. Financiamento da seguridade social. A previdência social e a revisão constitucional. In: BRASIL. *Debates*, Brasília, MPS/Cepal, v. II, p. 101-128, 1994.

DEAN, W. N. *A industrialização de São Paulo*. São Paulo: Difel, 1971.

DESEP/CUT. Políticas sociais e os trabalhadores. *Debate Sindical*, São Paulo, ano 3, n. 11, out. 1989.

DIAS, Edmundo Fernandes. *Democracia operária*. Campinas: Unicamp, 1987.

_____. *Educação e cidadania*: classes e racionalidades. Campinas, 1991a. (Mimeo.)

_____. Hegemonia: nova *civiltá* ou domínio ideológico? *História & Perspectivas*, Universidade Federal de Uberlândia, n. 5, jul./dez. 1991b.

DINIZ, Eli. *Empresário, estado e capitalismo no Brasil*: 1930-1945. Rio de Janeiro: Paz e Terra, 1978.

DINIZ, Eli; BOSHI, Renato R. Empresários e constituintes: continuidades e rupturas no modelo de desenvolvimento capitalista no Brasil. *Cadernos de Conjuntura*, Rio de Janeiro, Iuperj, n. 11, out. 1987.

DRAIBE, Sônia M. *O Welfare State no Brasil:* características e perspectivas. São Paulo: Anpocs, 1988.

_____. As políticas sociais brasileiras: diagnósticos e perspectivas. In: _____. *Prioridades e perspectivas de políticas públicas.* Brasília, Ipea/Iplan, 1990. (Col. para a década de 90.)

_____. As políticas sociais e o neoliberalismo. Dossiê liberalismo/neoliberalismo. *Revista USP*, São Paulo, n. 17, p. 68-101, mar./maio 1993.

_____; AURELIANO, Liana. A especificidade do *Welfare State* brasileiro. In: BRASIL. *Economia e Desenvolvimento.* Reflexões sobre a natureza do bem-estar. Brasília, MPAS/Cepal, v. I, n. 3, p. 85-178, 1989.

_____; HENRIQUE, Wilnês. *Welfare State*, crise e gestão da crise: um balanço da literatura internacional. *Revista Brasileira de Ciências Sociais*, São Paulo, Vértice/Anpocs, v. 3, n. 6, p. 53-78, fev. 1988.

DRUCK, Maria G.; BORGES, A. Crise global, terceirização e a exclusão do mundo do trabalho. *Cadernos CRH/UFBA*, Salvador, n. 19, p. 22-45, 1993.

FALEIROS, Vicente de Paula. Previdência social e sociedade em período de crise. In: FIGUEIREDO, Wilma de M. (Coord.). *Cidadão, Estado e políticas no Brasil contemporâneo.* Brasília, Ed. da UnB, 1986.

_____. *O trabalho da política*: saúde e segurança do trabalhador. São Paulo: Cortez, 1992.

_____. Previdência social e neoliberalismo. *Revista Universidade & Sociedade*, Andes, ano 14, n. 6, p. 87-93, fev. 1994.

FIORI, José Luís. Ajuste, transição e governabilidade: o enigma brasileiro. In: _____; TAVARES, Maria da Conceição. *Desajuste global e modernização conservadora.* Rio de Janeiro: Paz e Terra, 1993.

FLEURY, M. T. L. O simbólico nas relações de trabalho. In: _____; FISHER, Rosa Maria. *Cultura e poder nas organizações.* São Paulo: Atlas, 1992.

FRANCISCO, Elaine M.; CARDOSO, Isabel C. da Costa. As políticas sociais empresariais e as novas tecnologias de gerenciamento de recursos humanos. *Revista de Serviço Social*, São Paulo, n. 41, p. 83-117, 1993.

FRIEDMAN, Milton. *Capitalismo e liberdade*. São Paulo: Abril Cultural, 1984. (Col. Os Economistas.)

GALPER, Jeffry. *Política social e trabalho social*. São Paulo: Cortez, 1986.

GOUGH, I. *Economía política del Estado del bienestar*. Madrid: H. Blume Ediciones, 1982.

GRAMSCI, Antonio. Per un'associazione di cultura. In: _____. *Scritti Giovanilli*: 1914-1918. Turim: Einaudi, 1958.

_____. *Pasado y presente*. Barcelona: Granica Editor, 1977.

_____. *Obras escolhidas*. São Paulo: Martins Fontes, 1978.

_____. *Os intelectuais e a organização da cultura*. Rio de Janeiro: Civilização Brasileira, 1982.

_____. Americanismo e fordismo. In: _____. *Maquiavel, a política e o Estado moderno*. Rio de Janeiro: Civilização Brasileira, 1988a.

_____. *Maquiavel, a política e o Estado moderno*. Rio de Janeiro: Civilização Brasileira, 1988b.

GREVET, Patrice. *Besoins populaires et financement publique*. Paris: Ed. Sociales, 1976.

GUIMARÃES, A. S.; AGIER, Michel. Identidades em conflito. *Revista Brasileira de Ciências Sociais*, São Paulo, Anpocs/Vértice, ano 5, n. 13, p. 51-68, jun. 1990.

HABERMAS, J. A nova intransparência. *Novos Estudos*, São Paulo, Cebrap, n. 18, p. 103-114, set. 1987.

_____. *O discurso filosófico da modernidade*. Lisboa: Dom Quixote, 1990. (Col. Nova Enciclopédia.)

HARVEY, D. *A condição pós-moderna*. São Paulo: Loyola, 1993.

HIRSCHMAN, Alberto. *A retórica da intransigência*: perversidade, futilidade e ameaça. São Paulo: Companhia de Letras, 1992.

HOBSBAWM E. (Org.). *História do marxismo*. Rio de Janeiro: Paz e Terra, 1982. v. II.

_____. Adeus a tudo aquilo. In: BLACKBURN, R. *Depois da queda*. Rio de Janeiro: Paz e Terra, 1993.

IAMAMOTO, Marilda; CARVALHO, Raul de. *Relações sociais e serviço social no Brasil*. São Paulo: Cortez, 1988.

IANNI, O. *Sociedade global*. Rio de Janeiro: Civilização Brasileira, 1992.

JACOBI, Pedro. *Movimentos sociais e políticas públicas*. São Paulo: Cortez, 1993.

KANDIR, A. Previdência social: a experiência internacional. In: BRASIL. *Pesquisas*, Brasília, MPS/Cepal, v. IV, p. 107-122, 1994.

KENNEDY, P. *Preparando para o século XXI*. Rio de Janeiro: Campus, 1993.

KURZ, R. *O colapso da modernização*. Rio de Janeiro: Paz e Terra, 1993.

LECHNER, N. Estado, mercado e desenvolvimento na América Latina. *Lua Nova*, São Paulo, Cedec/Marco Zero, ns. 28/29, p. 237-248, 1993.

LESSA, Carlos. Apresentação. In: TAVARES M. da C.; FIORI J. L. (Orgs.). *Desajuste global e modernização conservadora*. Rio de Janeiro: Paz e Terra, 1993.

LIPIETZ, A. *Miragens e milagres*. São Paulo: Nobel, 1988.

LUKÁCS, G. *História e consciência de classe*. Porto: Publicações Escorpião, 1974.

MAGALINE, A. D. *Luta de classes e desvalorização do capital*. Lisboa: Moraes, 1977.

MALOY, James M. *Política de previdência social no Brasil*. Rio de Janeiro: Graal, 1986.

MANDEL, E. *O capitalismo tardio*. São Paulo: Nova Cultural, 1985.

_____. Marx, la crise actuelle et l'avenir du travail humain. *Quatrième Internationale*, Paris, n. 20, maio 1986.

MANDEL, E. *A crise do capital*. Campinas: Ed. da Unicamp/Ensaio, 1990.

_____. *Socialismo x mercado*. São Paulo: Cadernos Ensaio, 1991.

MARRAMAO, G. Política e complexidade: o Estado tardo-capitalista como categoria e como problema teórico. In: HOBSBAWM, E. (Org.). *História do marxismo*. Rio de Janeiro: Paz e Terra. 1989. v. 12.

_____. *O político e as transformações*. Belo Horizonte: Oficina de Livros, 1990.

MARX, Karl. Prefácio para a crítica da economia política. Trad. José Arthur Gianotti e Edgar Malagodi. In: _____. *Marx*. São Paulo: Abril Cultural, 1978a. p. 127-132. (Col. Os Pensadores.)

_____. Introdução à crítica da economia política. In: _____. *Marx*. São Paulo: Abril Cultural, 1978b.

_____. *O capital*. Rio de Janeiro: Civilização Brasileira, 1980. Livro I, v. 1.

_____. *Elementos fundamentales para la crítica de la economía política (Grundrisse)*: 1857-1858. México: Siglo Veintiuno, 1987. v. 1.

_____. *O capital*. Rio de Janeiro: Bertrand Brasil, 1991a. Livro III, v. 4.

_____. *O capital*. Rio de Janeiro: Bertrand Brasil, 1991b. Livro III, v. 5.

_____. *O capital*. Capítulo VI, inédito. São Paulo: Moraes, s/d.

MÉDICE, André César. Saúde e crise na América Latina. *Revista de Administração Pública*, Rio de Janeiro, v. 23, n. 3, p. 7-98, maio/jul. 1989.

MELLO, J. M. Cardoso de. *O capitalismo tardio*. São Paulo: Brasiliense, 1984.

MELLO, J. M. Cardoso de; BELLUZZO, Luiz G. de Mello. Reflexões sobre a crise atual. In: BELLUZZO, Luiz G. de M.; COUTINHO, R. (Orgs.). *Desenvolvimento capitalista no Brasil*: ensaios sobre a crise. São Paulo: Brasiliense, 1982.

MENEZES, Maria Thereza C. G. de. *Em busca da teoria*: políticas de assistência pública. São Paulo/Rio de Janeiro: Cortez/Uerj, 1993.

MERQUIOR, J. Guilherme. *O liberalismo, antigo e moderno.* 2. ed. Rio de Janeiro: Nova Fronteira, 1991.

MESA-LAGO, Carmelo. Seguridade social na América Latina. In: BANCO INTERAMERICANO DE DESENVOLVIMENTO. *Progresso socioeconômico na América Latina.* Washington, D.C., out. 1991.

MÉSZÁROS, I. *Produção destrutiva e Estado capitalista.* São Paulo: Cadernos Ensaio, 1989.

MINELLA, Ary. *Banqueiros, organização e poder político no Brasil.* Rio de Janeiro: Espaço e Tempo, 1988.

MOTA, Ana Elizabete. *O feitiço da ajuda.* São Paulo: Cortez, 1985.

_____. O pacto da assistência: articulações entre empresa e Estado. *Serviço Social & Sociedade,* São Paulo, n. 30, p. 127-136, 1989.

_____. A cidadania do fordismo. *História & Perspectivas.* Uberlândia, n. 5, p. 71-83, jul./dez. 1991.

_____. Discutindo as demandas sindicais por seguridade social. *Revista Universidade & Sociedade,* Andes, ano II, n. 4, dez. 1992.

MOTA, Ana Elizabete et al. *Reivindicações sindicais por seguridade social.* Recife: UFPE/Departamento de Serviço Social, 1990.

NASCIMENTO, E. P. Crise e movimentos sociais: hipóteses sobre os efeitos perversos. Revista *Serviço Social & Sociedade.* São Paulo, n. 43, p. 71-92, 1993.

NAVARRO, V. Produção e estado de bem-estar: o contexto político das reformas. *Lua Nova,* São Paulo, Cedec/Marco Zero, ns. 28/29, p. 157-199, 1993.

NELSON, Joan M. A política da transformação econômica: a experiência do Terceiro Mundo é relevante para a Europa Oriental? In: SOLA, L. (Org.). *Estado, mercado e democracia.* Rio de Janeiro: Paz e Terra, 1993.

NETTO, José P. *Democracia e transição socialista.* Belo Horizonte: Oficina de Livros, 1990.

_____. *Ditadura e serviço social.* São Paulo: Cortez, 1991.

NETTO, José P. *Capitalismo monopolista e serviço social*. São Paulo: Cortez, 1992.

_____. *Crise do socialismo e ofensiva neoliberal*. São Paulo: Cortez, 1993.

NEVES, L. *A hora e a vez da escola pública?* Tese (Doutorado em Educação) — Centro de Filosofia e Ciências Humanas, Faculdade de Educação, UFRJ, Rio de Janeiro, 1991.

_____. *Educação e política no Brasil de hoje*. São Paulo: Cortez, 1994.

NUM, José. A democracia e a modernização trinta anos depois. *Lua Nova*, São Paulo, Cedec/Marco Zero, n. 27, p. 31-57, 1992.

OFFE, Claus. *Problemas estruturais do estado capitalista*. Rio de Janeiro: Tempo Brasileiro, 1984.

_____. *O capitalismo desorganizado*. São Paulo: Brasiliense, 1989.

OLIVEIRA, Francisco de. *A economia da dependência imperfeita*. Rio de Janeiro: Graal, 1977.

_____. O surgimento do antivalor. *Novos Estudos*, São Paulo, Cebrap, n. 22, p. 8-28, out. 1988.

_____. A metamorfose da arribaçã. *Novos Estudos*, São Paulo, Cebrap, n. 27, p. 67-92, jul. 1990a.

_____. Os protagonistas do drama: estado e sociedade no Brasil pós-64. In: LARANJEIRA, S. *Classes e movimentos sociais na América Latina*. São Paulo: Hucitec, 1990b.

OLIVEIRA, Jaime A. A. de; TEIXEIRA, Sônia Maria Fleury. *A imprevidência social*. Petrópolis: Vozes/Abrasco, 1986.

PEREIRA, Jaime M. Crise do *Welfare State*, políticas do setor informal e consenso liberal na América Latina. *Cadernos CRH/UFBA*, Salvador, n. 20, p. 9-31, 1994.

PERRUCI, G. *O canto do cisne dos barões do açúcar (um congresso de classe)*: introdução aos trabalhos do Congresso Agrícola do Recife de 1978. Recife: CEPA-PE, 1978. [Edição facsimilar.]

PORTANTIERO, J. C. *Los usos de Gramsci*. México: Plaza & Janés/Fólios Ediciones, 1987.

PRZEWORSKI, A. *Capitalismo e social-democracia*. São Paulo: Companhia das Letras, 1991.

_____. A falácia neoliberal. *Lua Nova*. São Paulo, Cedec/Marco Zero, ns. 28/29, p. 209-225, 1993.

RAMALHO, José R. Controle, conflito e consentimento na teoria do processo de trabalho: um balanço do debate. *Boletim Informativo e Bibliografia de Ciências Sociais*, Rio de Janeiro, Relume-Dumará/Anpocs, n. 32, p. 31-48, 1991.

RODRIGUES, I. Jácome. As comissões de empresa e o movimento sindical. In: BOITO, Armando. *Sindicalismo brasileiro nos anos 80*. Rio de Janeiro: Paz e Terra, 1991.

ROSANVALLON, Pierre. *A crise do Estado de providência*. Trad. Isabel Maria Santa Aubyn. Lisboa: Editorial Inquérito, 1984.

ROSDOLSKY, R. *Génesis y estructura de El capital de Marx*. México: Siglo Veintiuno, 1989.

RUBIN, I. I. *A teoria marxista do valor*. São Paulo: Brasiliense, 1980.

SALAMA, P. Intervenção do Estado e legitimação na crise financeira: o caso dos países semi-industrializados. *Revista de Economia Política*, São Paulo, Brasiliense, v. 8, n. 4, p. 67-87, out./dez. 1988.

SANTOS, Wanderley Guilherme. *Cidadania e justiça*. Rio de Janeiro: Campus, 1979.

SCHONS, Selma M. *Assistência social, entre a ordem e a desordem*: mistificação dos direitos sociais e da cidadania. Dissertação (Mestrado em Serviço Social) — Faculdade de Serviço Social, PUC/SP, São Paulo, 1994.

SILVA, Beatriz Azeredo. *Um estudo sobre as contribuições sociais*. Dissertação (Mestrado em Economia) — Faculdade de Economia, UFRJ/IEI, Rio de Janeiro, 1987.

SILVA, Beatriz Azeredo. *Da previdência à seguridade social*: os perigos da transição. Rio de Janeiro: UFRJ/IEI, 1990. (Série Texto de Discussão.)

SIMIONATTO, Ivete. *Gramsci*: sua teoria, incidência no Brasil, influência no Serviço Social. Tese (Doutorado em Serviço Social) — Faculdade de Serviço Social, PUC/SP, São Paulo, 1993.

SOLA, Lourdes. Estado, transformação econômica e democratização no Brasil. In: SOLA, L. (Org.). *Estado, mercado e democracia*. Rio de Janeiro: Paz e Terra, 1993.

SOUZA, A. Tude de. O Estado e os movimentos populares na esfera da reprodução. In: _____ et al. *Movimentos sociais*: para além da dicotomia rural e urbano. João Pessoa: Finep/CNPq/Anpocs/UFPB, 1985.

_____. Sobre "americanismo e fordismo" de Antonio Gramsci. *História & Perspectiva*, Uberlândia, n. 5, p. 45-69, jul./dez. 1991.

_____. A crise contemporânea e a nova ordem mundial: as forças produtivas e as classes sociais na atual ordem hegemônica. *Revista Universidade & Sociedade*, Andes, ano 4, n. 6, p. 30-39, fev. 1994.

SPOSATI, A. *Vida urbana e gestão da pobreza*. São Paulo: Cortez, 1988.

TAVARES, Maria da Conceição. Ajuste e reestruturação nos países centrais: a modernização conservadora. In: _____; FIORI, J. L. *Desajuste global e modernização conservadora*. Rio de Janeiro: Paz e Terra, 1993a.

_____. As políticas de ajuste no Brasil: os limites da resistência. In: _____; FIORI, J. L. *Desajuste global e modernização conservadora*. Rio de Janeiro: Paz e Terra, 1993b.

_____; FIORI, J. L. *Desajuste global e modernização conservadora*. Rio de Janeiro: Paz e Terra, 1993.

TAVARES DE JESUS, A. *Educação e hegemonia no pensamento de Antonio Gramsci*. São Paulo: Cortez/Ed. da Unicamp, 1989.

TAYLOR-GOOBY, P. *Welfare*, hierarquia e a *nova direita* na era Thatcher. *Lua Nova*, São Paulo, Marco Zero, n. 24, p. 165-187, 1991.

TEIXEIRA, Aloísio. *Do seguro à seguridade*: a metamorfose inconclusa do sistema previdenciário brasileiro. UFRJ/IEI, Rio de Janeiro, 1991. (Série Texto de Discussão.)

TEIXEIRA, Sônia Maria Fleury. Cidadania, direitos sociais e Estado. *Revista de Administração Pública*, Rio de Janeiro, FGV, v. 20, n. 4, p. 115-139, out./dez. 1986.

UNIVERSIDADE ESTADUAL DE CAMPINAS. Núcleo de Estudos políticos (NEPP/Unicamp). *Relatório Brasil 1987*. Campinas, 1987.

VARGA, Eugênia. *Capitalismo do século XX*. Rio de Janeiro: Civilização Brasileira, 1962. (Col. BUP.)

VASCONCELOS, Eduardo M. Estado e políticas sociais no capitalismo: uma abordagem marxista. *Serviço Social & Sociedade*, São Paulo, n. 28, p. 5-32, dez. 1988.

_____. Políticas sociais no capitalismo periférico. *Serviço Social & Sociedade*, São Paulo, ano 10, n. 29, p. 67-104, abr. 1989.

VERNON, Ivan (Coord.). *Guia prático da nova Constituição*. Rio de Janeiro: Forense, 1988.

VIANNA, Luiz Werneck. *Liberalismo e sindicato no Brasil*. Rio de Janeiro: Paz e Terra, 1989.

_____. *Atualizando uma bibliografia*: novo sindicalismo, cidadania e fábrica. São Paulo: Anpocs/Cortez, 1990.

VIANNA, Maria Lúcia T. W. Perspectivas da seguridade social nas economias centrais: subsídios para discutir a reforma brasileira. In: BRASIL. *Pesquisas*, Brasília, MPS/Cepal, v. IV, p. 13-106, 1994.

_____ et al. *Público e privado no sistema de saúde brasileiro*: a contextualização do debate em torno dos programas suplementares no setor público. Relatório final de pesquisa. Rio de Janeiro: Capesc/Cassi. 1991.

VIEIRA, E. *Estado e miséria social no Brasil de Getúlio a Geisel*. São Paulo: Cortez, 1983.

VIZENTINI, Paulo G. F. Bases históricas da crise mundial. In: _____ (Org.). *A grande crise*. Rio de Janeiro: Vozes, 1992.

2. FONTES DE PESQUISA

AMATO, Mário. Pronunciamento em 11 fev. 1992. Instituto Roberto Simonsen. *Simpósio sobre previdência*. São Paulo, 1992.

ASSOCIAÇÃO BRASILEIRA DAS ENTIDADES FECHADAS DE PREVIDÊNCIA PRIVADA (ABRAPP). *Jornal dos Fundos de Pensão*, São Paulo, ano 2, n. 18, nov. 1993.

_____. *Boletim*, São Paulo, jun. 1994.

_____. *Reflexões sobre cenários da seguridade social*. São Paulo: FGV, s/d. Parte II.

ASSOCIAÇÃO NACIONAL DOS FISCAIS DE CONTRIBUIÇÕES PREVIDENCIÁRIAS (ANFIP). *Sugestões apresentadas sobre sistema previdenciário*. Brasília, 14 fev. 1992.

BANCO INTERAMERICANO DE DESENVOLVIMENTO (BID). Progresso socioeconômico na América Latina. *Seguridade social na América Latina*. Relatório 1991, Washington, D.C., out. 1991.

BANCO MUNDIAL (BIRD). *Relatório sobre o desenvolvimento mundial*, 1990. Rio de Janeiro, FGV, set. 1990.

BRASIL. Câmara dos Deputados. Bancada do Partido dos Trabalhadores. *Análise do relatório final do Deputado Antônio Britto*. Brasília, s/d.

_____. *Nota da bancada do PT*. Brasília, 17 jan. 1992.

_____. *Nota da bancada do PT*. Brasília, jul. 1991.

_____. *Relatório final da Comissão Especial para Estudos do Sistema Previdenciário*. Relatado [por] deputado Antônio Britto. Brasília, 1992.

_____. Ministério do Trabalho e da Previdência Social. *Propostas de anteprojetos de atos legislativos*. Brasília, 1991. (Mimeo.)

_____. A previdência social e a revisão constitucional. *Pesquisas*, Brasília, v. IV, 1994.

_____. Ministério do Trabalho e da Previdência Social. A previdência social e a revisão constitucional. *Debates*, Brasília, Cepal, v. I, 1993.

BRASIL. A previdência social e a revisão constitucional. *Debates*, Brasília, v. II, 1994.

_____. A previdência social e a revisão constitucional. *Levantamento bibliográfico*. Brasília, 1993.

_____. A previdência social e a revisão constitucional. *Pesquisas*, Brasília, v. I, II e III, 1993.

_____. *Brasil*: um projeto de reconstrução nacional. Brasília, 1991.

_____. *Anuário Estatístico da Previdência Social*: 1988/1992. Brasília, 1993.

_____. A previdência social e a revisão constitucional. *Seminário internacional*. Brasília, 1994.

CENTRO DE ESTUDO E PESQUISA EM SAÚDE COLETIVA (CEPESC). *Público e privado no sistema de saúde brasileiro*: a contextualização do debate em torno dos programas suplementares do setor público. Relatório final de pesquisa. Rio de Janeiro: Convênio Cepesc/Cassi, 1991.

CONJUNTURA ECONÔMICA. Rio de Janeiro, Fundação Getúlio Vargas/Instituto Brasileiro de Economia, v. 48, n. 10, out. 1994.

CUT NACIONAL. *Comissão de seguridade social*. São Paulo, s/d.

_____. *Deliberações do encontro nacional da previdência complementar*. Rio de Janeiro, 5 e 6 dez. 1992a.

_____. *13 pontos em defesa da previdência social*: a previdência é viável. São Paulo, 1992b.

_____. *Análise das propostas de alteração da Constituição Federal no que se refere ao modelo de previdência social brasileiro*. Documento do representante da CUT no Conselho Nacional da Previdência Social. São Paulo, 23 fev. 1994.

_____. *As propostas de alteração do capítulo da seguridade social na reforma constitucional*. Documento do representante da CUT no Conselho Nacional de Previdência Social. Florianópolis, 28 fev. 1994.

_____. *Enfrentar as dificuldades da previdência social brasileira e impedir o processo de privatização do sistema*. Documento do representante da CUT no Conselho Nacional da Previdência Social. São Paulo, 3 nov. 1994.

CUT NACIONAL. *Previdência social no Brasil.* Florianópolis, Sindprevs/ SC, 16 e 17 nov. 1994.

_____. Previdência Social: quadro atual e alternativas. *Seminário sobre as propostas da CUT para uma reforma na previdência social.* Florianópolis, 17 nov. 1994.

CUT. Instituto Nacional de Saúde no Trabalho (INST). Departamento Nacional dos Trabalhadores Rurais. *A nova previdência*: o novo plano de benefícios e de custeio. Brasília, 1991.

_____. Secretaria Nacional de Políticas Sociais. Relatório do Seminário Sindical Nacional sobre a Previdência Social. *InformaCut*, São Paulo, n. 181, p. 2-9, abr. 1992.

_____. Secretaria Nacional de Políticas Sociais. Resumo do seminário "A seguridade social na revisão constitucional". São Paulo, 1º fev. 1994.

FALEIROS, Vicente de Paula. *Análise da previdência social brasileira*: 1985/1989. Relatório de pesquisa apresentado ao CNPq. Brasília, dez. 1993.

FEDERAÇÃO DAS INDÚSTRIAS DO ESTADO DE SÃO PAULO (FIESP). *Uma proposta de reforma tributária e de seguridade social*, São Paulo, v. III, ago. 1991.

FOLHA DE S.PAULO. São Paulo, 15 mar. 1991.

FUNDAÇÃO GETÚLIO VARGAS (FGV). Instituto Brasileiro de Economia. O salário mínimo e a viabilidade da previdência. *Conjuntura Econômica*, Rio de Janeiro, v. 48, n. 10, out. 1994.

FUNDAÇÃO INSTITUTO DE PESQUISAS ECONÔMICAS (FIPE). *Proposta Fipe/Proseg para a reforma da seguridade e da previdência social.* São Paulo, 26 out. 1993.

FUNDO MONETÁRIO INTERNACIONAL (FMI). *Brasil*: opções para a reforma da seguridade social. Washington, D.C., jul. 1992. (Mimeo.)

GAZETA MERCANTIL. São Paulo, 27 out. 1994.

INSTITUTO LIBERAL DO RIO DE JANEIRO. *Previdência social no Brasil*: uma proposta de reforma. Rio de Janeiro, maio 1991. (Mimeo.)

MACEDO, Roberto. Reforma da previdência social: resenha e consolidação de propostas. In: BRASIL. *Pesquisas*, Brasília, MPS/Cepal, v. I, 1993.

MARQUES, Rosa Maria; MÉDICE, André César. *A previdência social na revisão constitucional*: diagnóstico da situação e princípios para uma proposta. Estudo realizado para a Federação Nacional dos Fiscais de Contribuições Previdenciárias. São Paulo, set. 1993. (Mimeo.)

MCM CONSULTORES ASSOCIADOS/SOCIMER INTERNACIONAL BANK. *A previdência social no Brasil*: diagnóstico e propostas de reforma. Informe elaborado para a Federação Brasileira de Bancos. São Paulo, 1992.

SINDICATO DOS TRABALHADORES EM SAÚDE E PREVIDÊNCIA NO SERVIÇO PÚBLICO FEDERAL (SINDPREVS). Seguridade social na América Latina. *Revista do Sindprevs*. Florianópolis, set. 1993.

UNIVERSIDADE FEDERAL DE PERNAMBUCO (UFPE). Departamento de Serviço Social/CNPq. *A constituição do assistencial na empresa e a intervenção do Estado*. Relatório final de pesquisa. Recife, maio 1990.

_____. *A constituição do assistencial na empresa e a intervenção do Estado*. Relatório Técnico de Pesquisa. Recife, abr. 1991.

LEIA TAMBÉM

▶ **O FEITIÇO DA AJUDA**

as determinações do Serviço Social na Empresa

Ana Elizabete da Mota

6ª edição (2012)

176 páginas

ISBN 978-85-249-1402-7

A autora analisa a requisição do Serviço Social na ótica da empresa capitalista, as estratégias e respostas do Serviço Social e a construção de uma nova prática profissional de interesse dos trabalhadores.

LEIA TAMBÉM

▶ **DESENVOLVIMENTISMO E CONSTRUÇÃO DE HEGEMONIA**

crescimento econômico e reprodução da desigualdade

Ana Elizabete Mota (Org.)

1ª edição (2012)

248 páginas

ISBN 978-85-249-1982-4

Traz reflexões que desmistificam o neodesenvolvimentismo. Coloca em questão o novo conformismo mítico, no mesmo passo em que alimenta as lutas sociais e de resistência aos impactos deste projeto nas consciências, no meio ambiente, nas políticas sociais.

GRÁFICA PAYM
Tel. [11] 4392-3344
paym@graficapaym.com.br